Como escrever bem

FÓSFORO

WILLIAM ZINSSER

Como escrever bem

O clássico manual americano de escrita jornalística e de não ficção

Tradução do inglês por
BERNARDO AJZENBERG

3ª reimpressão

7 INTRODUÇÃO

PARTE I — PRINCÍPIOS
15 A negociação
19 Simplicidade
24 Excessos
30 Estilo
38 O público
47 Palavras
53 Usos

PARTE II — MÉTODOS
67 Unidade
73 O lide e o final
88 Miscelânea

PARTE III — GÊNEROS
121 A não ficção como literatura
128 Escrever sobre pessoas: a entrevista
147 Escrever sobre lugares: a reportagem sobre viagens
166 Escrever sobre si mesmo: memórias

PARTE IV — ATITUDES
185 O som da sua voz
196 Prazer, medo e confiança
210 A tirania do produto final
220 Decisões de um escritor
244 Escrever histórias de família e memórias
260 Escreva tão bem quanto puder

270 FONTES
273 ÍNDICE REMISSIVO

Introdução

Uma das fotografias na parede do meu escritório, na região central de Manhattan, é um retrato do escritor E. B. White. Foi feito por Jill Krementz quando White tinha 77 anos, na casa dele em North Brooklin, Maine. Um homem de cabelos brancos está sentado em um banco de madeira junto a uma mesa de madeira — três tábuas pregadas sobre quatro pernas —, dentro de um pequeno barco-casa. A janela aberta dá vista para o mar. White está usando uma máquina de escrever. Os outros únicos objetos são um cinzeiro e um pequeno barril. O barril, percebe-se, é a sua lixeira.

Muitas pessoas ligadas a diferentes facetas da minha vida — escritores e aspirantes a escritores, alunos e ex-alunos — já viram essa imagem. Elas vêm ao meu escritório para conversar sobre questões de escrita ou para contar a vida delas. Mas, normalmente, em poucos minutos, seus olhos são atraídos para aquele velho senhor sentado com sua máquina de escrever. O que chama a atenção delas é a simplicidade do quadro. White tem, ali, tudo de que necessita: um instrumento para a escrita, um pedaço de papel e um recipiente para as frases que não saíram do jeito que ele gostaria.

De lá para cá, a escrita passou a ser eletrônica. Computadores substituíram as máquinas de escrever, a tecla "delete" substituiu a lixeira, e várias outras teclas inserem, movem e rearranjam pedaços inteiros de texto. Nada, porém, substituiu aquele que escreve. O escritor, ou a escritora, ainda se dedica ao velho trabalho de dizer alguma coisa que alguma outra pessoa gostaria de ler. Essa é a questão colocada pela fotografia, e continua a ser — passados trinta anos — a questão deste livro.

Como escrever bem foi escrito inicialmente em um anexo de uma casa, em Connecticut, tão pequeno e despojado como o barracão de White. Minhas ferramentas eram uma lâmpada pendente do teto, uma máquina de escrever Underwood simples, uma resma de papel amarelo e uma lixeira aramada. Na ocasião, eu vinha ministrando um curso de redação de não ficção em Yale havia cinco anos e queria aproveitar o verão de 1975 para tentar transformar aquelas aulas em livro.

Trazia E. B. White quase sempre em minha mente. Por muito tempo, eu o vira como meu modelo de escritor. Ele tinha um estilo construído aparentemente sem nenhum esforço — conquistado, porém, eu sabia, com um grande esforço — que eu tentava imitar e, quando iniciava algum projeto, sempre recorria à leitura de White para captar e interiorizar, em meus ouvidos, o ritmo de seus textos. Mas agora havia também um interesse de ordem pedagógica: White era o grande campeão que imperava em uma arena na qual eu também queria entrar. *The Elements of Style* [Elementos de estilo], atualização que ele fez do livro que mais o havia influenciado, escrito em 1919 por William Strunk Jr., seu professor de inglês em Cornell, era o manual mais usado por escritores. Concorrência difícil.

Em vez de competir com o livro de Strunk ou com o de White, optei por complementá-lo. *The Elements of Style* era um livro de dicas e conselhos: faça isso, não faça aquilo. Não indicava, porém, como aplicar esses princípios nas diversas formas que a escrita de não ficção e o jornalismo podem adquirir. Era sobre isso que eu falava nas minhas aulas e era isso o que ensinaria com o meu livro: como escrever sobre pessoas e lugares, história e memória, e qualquer outra coisa no mundo que estivesse à espera de ser transformada em texto.

Assim nasceu *Como escrever bem*, em 1976, que chega agora à terceira geração de leitores, com suas vendas tendo já superado 1 milhão de exemplares. Hoje em dia, deparo frequentemente com jovens repórteres de jornais que ganharam o livro de presente de seu editor ao serem contratados, da mesma maneira que, por sua vez, esses editores também haviam recebido um exemplar do editor que os contratara. Também costumo encontrar mães de família com cabelos grisalhos a quem o livro foi indicado na faculdade e que não encontraram nele as penosas prescrições que achavam que iriam encontrar. Às vezes me trazem aquelas primeiras edições para autografar, com várias frases sublinhadas ou destacadas com marcador amarelo. Pedem-me desculpas por essa sujeira. Eu, de minha parte, adoro esse tipo de sujeira.

Assim como os Estados Unidos, este livro também mudou bastante nos últimos trinta anos. Revisei-o seis vezes para mantê-lo atualizado em relação às novas tendências sociais e literárias (mais mulheres escrevendo não ficção), novos padrões demográficos (mais escritores com outras tradições culturais), novas tecnologias (o computador), novas palavras e usos. Também incorporei lições que aprendi enquanto praticava meu ofício. Meu objetivo é oferecer ao leitor a minha própria experiência. Se os leitores simpatizam com meus livros, é porque não se sentem lidando com um professor, mas sim com um escritor atuante.

Minhas preocupações como professor também se modificaram. Estou hoje mais interessado em coisas intangíveis que produzem bons textos — confiança, prazer, intenção, integridade — e escrevi capítulos inéditos sobre esses valores. Desde os anos 1990, passei a também ministrar um curso sobre memórias e histórias familiares na New School. Meus alunos são homens e mulheres que pretendem usar a escrita para tentar entender quem eles são e qual é a herança que carregam dentro de si. Ano após ano, suas histórias fazem com que me aprofunde na vida deles e em seu desejo de deixar uma lembrança daquilo que fizeram, pensaram e sentiram. Parece que metade da população dos Estados Unidos escreve memórias.

A má notícia é que a maioria delas acaba ficando paralisada diante da imensidão da tarefa. Como começar a conferir um formato coerente ao passado — esse amplo conjunto desengonçado de pessoas, emoções e acontecimentos lembrados apenas pela metade? Muitos chegam perto do desespero. Para lhes propiciar alguma ajuda e um pouco de conforto, escrevi em 2004 um livro intitulado *Writing About Your Life* [Escrever sobre a sua vida]. São memórias de acontecimentos da minha própria vida, mas que funcionam também como um livro didático: em seu percurso, eu explico as decisões que fui tomando como autor do texto. São as mesmas decisões com as quais depara qualquer escritor em busca de seu passado: questões de seleção, cortes, organização e tom. Agora, para esta sétima edição, incluí as aulas que ministrei em um novo capítulo intitulado "Escrever histórias de família e memórias".

Quando redigi pela primeira vez *Como escrever bem*, os leitores que eu tinha em mente faziam parte de uma pequena parcela da população: estudantes, escritores, editores, professores e pessoas que quisessem aprender a escrever. Não fazia a menor ideia das maravilhas eletrônicas que logo viriam revolucionar o ato de escrever. Primeiro veio o processador de texto, nos anos 1980, que transformou o computador em uma ferramenta do dia a dia para pessoas que jamais haviam imaginado a si mesmas como escritores. Em seguida, nos anos 1990, vieram a internet e o e-mail, dando continuidade à revolução. Hoje em dia, todos escrevem para todos, no mundo inteiro, estabelecendo contato imediato em todas as fronteiras e fusos horários. Os blogs estão saturando o planeta.

Em certo aspecto, essa torrente inédita é uma boa notícia. Qualquer invenção que faça diminuir o medo de escrever é tão bem-vinda quanto o ar-condicionado ou a lâmpada elétrica. Mas, como sempre, há uma armadilha. Ninguém mostrou aos novos escritores de computador que a essência do escrever é reescrever. O mero fato de eles escreverem fluentemente não significa que escrevam bem.

Essa situação foi revelada inicialmente com a chegada do processador de texto. Duas coisas opostas se produziram: bons escritores ficaram melhores, e escritores ruins pioraram. Os bons escritores receberam muito bem a possibilidade de remexer indefinidamente em suas frases — podando, revisando e remodelando — sem ter a trabalheira de datilografar tudo de novo. Os escritores ruins se tornaram ainda mais verborrágicos; afinal, ficou tão fácil escrever, e as frases aparecem tão bem na tela... Como poderiam não ser perfeitas frases tão bonitas como essas?

O e-mail é um meio de comunicação de improviso, que não convida à lentidão ou a olhar para trás. É ideal para a infindável tarefa de tocar o dia a dia. Não há muito problema, na prática, se a escrita for desconjuntada. No entanto, o e-mail é usado também na condução de grande parte dos negócios mundo afora. Diariamente, milhões de mensagens por e-mail fornecem às pessoas informações de que elas necessitam para fazer o seu trabalho, e uma mensagem mal escrita pode causar muitos estragos. Assim como um site na internet. A nova era, mesmo com toda a sua magia eletrônica, ainda se baseia na escrita.

Como escrever bem é um livro sobre um ofício, e seus princípios não mudaram desde que foi escrito, há trinta anos. Não sei quais novas maravilhas virão nos próximos trinta anos para tornar duas vezes mais fácil o ato de escrever, mas sei que elas não tornarão a escrita duas vezes melhor. Isso ainda exigirá o velho e duro hábito de pensar — aquilo que E. B. White fazia em sua casinha à beira do mar — e o manejo das velhas ferramentas da língua.

PARTE I

Princípios

A negociação

Uma escola de Connecticut promoveu, certa vez, um "dia dedicado às artes", e fui convidado a participar para falar sobre a escrita como profissão. Quando ali cheguei, soube que havia mais um palestrante convidado — o dr. Brock (vou chamá-lo assim), um cirurgião que começara a escrever havia pouco tempo e que tinha vendido alguns textos para algumas revistas. Ele falaria sobre a escrita como passatempo. Instalou-se, então, um debate, diante de uma plateia de alunos, professores e pais ávidos por aprender os segredos do nosso glamoroso ofício.

O dr. Brock vestia um vistoso paletó vermelho, que lhe dava um aspecto levemente boêmio, como se imagina que deveriam ser os escritores, e a primeira pergunta foi dirigida a ele. Como é ser um escritor?

Ele disse que era algo extremamente divertido. Ao chegar em casa depois de um árduo dia de trabalho no hospital, ele pegava imediatamente o seu bloco amarelo para despejar no papel as tensões acumuladas no cotidiano. As palavras simplesmente fluíam. Era fácil. Quando chegou minha vez de falar, eu disse que escrever não era divertido nem fácil. Era algo difícil e solitário, e as palavras raramente fluíam com facilidade.

Depois disso, perguntaram ao dr. Brock se reescrever um texto era algo importante. De modo algum, respondeu. "Exprima tudo que você sente", afirmou, acrescentando que a forma como as frases saem, quaisquer que sejam elas, reflete de modo natural a situação em que o autor se encontra. Eu disse, então, que reescrever é a essência da escrita. Ressaltei que escritores profissionais reescrevem suas frases inúmeras vezes e depois ainda reescrevem tudo o que já haviam reescrito.

"O que você faz nos dias em que as coisas não estão saindo bem?", indagaram ao dr. Brock. Ele disse que tão somente parava de escrever e deixava o trabalho de lado, à espera de outro dia, quando as coisas sairiam melhor. Eu disse, então, que um escritor profissional deve estabelecer uma rotina diária e se ater firmemente a ela. Disse que escrever é um ofício, não uma arte, e que um sujeito que abandona seu ofício por lhe faltar inspiração não se leva a sério. E pode acabar economicamente quebrado.

"E o que acontece se você estiver se sentindo deprimido ou infeliz?", perguntou um estudante. "Isso afeta a sua escrita?" "Provavelmente sim", respondeu o dr. Brock. "Melhor sair para pescar. Fazer um passeio." "Provavelmente não", eu disse. "Se o seu trabalho é escrever diariamente, você aprende a fazê-lo todos os dias, como qualquer outro trabalho."

Um estudante perguntou se achávamos útil frequentar o mundo literário. O dr. Brock disse que estava curtindo muito a sua nova vida de homem de letras e contou várias histórias sobre almoços com seu *publisher* e seu agente em restaurantes de Manhattan onde escritores e editores se encontram. Eu disse que escritores profissionais são trabalhadores solitários que raramente veem outros escritores.

"Você utiliza muitos simbolismos em sua escrita?", perguntou-me um aluno.

"Não se eu puder evitar", respondi. Já bati recordes insuperáveis em matéria de não captar o significado profundo existente em histórias, peças de teatro ou filmes e, quanto à dança e à pantomima, nunca consegui fazer a menor ideia do que está sendo transmitido.

"Eu *amo* os símbolos!", exclamou o dr. Brock, antes de descrever com entusiasmo a alegria de poder distribuí-los ao longo dos seus textos.

A manhã transcorreu inteira assim e foi uma revelação para todos nós. Ao final, o dr. Brock me disse ter achado muito interessantes as minhas respostas — nunca lhe havia ocorrido que escrever pudesse ser difícil. Eu lhe disse que também achara as respostas dele muito interessantes — nunca me havia ocorrido que escrever pudesse ser fácil. Talvez eu devesse me dedicar, paralelamente, a fazer cirurgias.

Quanto aos estudantes, alguém poderia pensar que os deixamos totalmente confusos. Mas, na verdade, acabamos por transmitir a eles um olhar mais amplo sobre o processo da escrita do que se somente um de nós tivesse falado. Pois não existe nenhum caminho "certo" para fazer um trabalho tão pessoal. Há todo tipo de escritor e todo tipo de método, e qualquer método que ajude você a dizer aquilo que quer dizer será o método certo para você. Alguns escrevem de manhã; outros, de noite. Alguns precisam de silêncio, outros deixam o rádio ligado. Alguns escrevem à mão, outros no computador, e outros falam para um gravador. Algumas pessoas escrevem o primeiro esboço de um fôlego só e depois o revisam; outras não conseguem passar para o parágrafo seguinte antes de retocar interminavelmente o anterior.

Mas todos são vulneráveis e tensos. São levados por uma compulsão de colocar uma parte de si próprios no papel e, no entanto, não escrevem simplesmente aquilo que lhes surge de modo natural. Eles se sentam para realizar um ato literário, e o eu de cada um que surge no papel é, de longe, mais denso do que a pessoa que se sentou para escrever aquilo. O problema é encontrar o verdadeiro homem ou a verdadeira mulher que existe por trás dessa tensão.

Em última análise, o produto que todo escritor tem para vender não é o assunto sobre o qual escreve, mas sim quem ele, ou ela, é. Muitas vezes me pego lendo com bastante curiosidade sobre um tema que nunca achei que fosse atrair meu interesse — alguma pesquisa científica, por exemplo. O que me prende é o entusiasmo do autor pelo seu campo de atuação. Como ele foi absorvido por aquilo? Que bagagem emocional ele carrega junto com essa atividade? Como isso mudou a sua vida? Não é preciso passar um ano sozinho no lago Walden* para se deixar tocar pelo texto de um escritor que tenha feito isso.

Essa é a negociação pessoal que está no coração de um bom texto de não ficção. Além disso, há duas qualidades muito importantes que este livro procurará abordar: a sensibilidade para o humano e o entusiasmo. A boa escrita possui uma vivacidade capaz de prender o leitor entre um parágrafo e o outro, e não se trata de usar truques para "personificar" o autor. Trata-se, sim, de usar a língua de modo a atingir a maior clareza e intensidade.

Podem-se ensinar esses princípios? Talvez não. Mas a maior parte deles pode ser aprendida.

---

* Nome de um lago e de uma reserva natural em Massachusetts, nordeste dos Estados Unidos, onde o escritor e pensador Henry David Thoreau (1817-1862) viveu durante dois anos, afastado da civilização. A experiência foi narrada por ele no livro *Walden, ou a vida nos bosques* (1854). (N.T.)

Simplicidade

O excesso é o mal da escrita americana. Somos uma sociedade sufocada por palavras desnecessárias, construções circulares, afetações pomposas e jargões sem nenhum sentido. Quem consegue entender o linguajar cifrado usado pelo comércio americano no dia a dia, ou seja, um memorando, um relatório empresarial, uma carta de negócios, um comunicado de banco que explique o seu mais recente e "simplificado" balanço? Qual usuário de um seguro ou de um plano de saúde consegue decifrar o livreto que explica todos os seus custos e benefícios? Que pai ou mãe consegue montar um brinquedo para uma criança com base nas instruções que vêm junto com a embalagem? Nossa tendência é inflar tudo e, assim, tentar parecer importante. O piloto de avião que anuncia que em alguns minutos atravessaremos uma área de turbulência por causa das nuvens carregadas e possíveis precipitações nem sequer pensa em dizer simplesmente que poderá chover. Se a frase é simples demais, deve haver alguma coisa errada nela...

Porém, o segredo da boa escrita é despir cada frase até deixá-la apenas com seus componentes essenciais. Toda palavra que não tenha uma função, toda palavra longa que poderia ser substituída por uma palavra curta, todo advérbio que contenha o mesmo significado que já está contido no verbo, toda construção em voz passiva que deixe o leitor inseguro a respeito de quem está fazendo o quê — todos esses são elementos adulterantes que enfraquecem uma frase. E eles costumam aparecer proporcionalmente à formação e à posição social de quem escreve.

Nos anos 1960, o reitor da minha universidade escreveu uma carta para tentar acalmar os ex-alunos após uma temporada de muita agitação no campus. "Vocês estão provavelmente a par", começou ele, "de que acabamos de experimentar uma situação potencialmente bastante explosiva de expressões de insatisfação sobre questões apenas parcialmente relacionadas entre si." Ele queria dizer que os estudantes vinham azucrinando a direção por causa de diversas questões. Eu me senti bem mais incomodado pelo linguajar do reitor do que pelas potencialmente explosivas expressões de insatisfação dos estudantes. Teria preferido a abordagem adotada pelo presidente Franklin D. Roosevelt quando tentava traduzir comunicados de seu próprio governo, como este decreto sobre um blecaute, de 1942:

> Esses preparativos devem ser executados de modo a deixar totalmente escuros todos e quaisquer edifícios do governo federal ou edifícios não governamentais ocupados pelo governo federal durante um ataque aéreo, por tempo indeterminado, retirando a visibilidade causada por iluminação interna ou externa.

"Fale para eles", disse Roosevelt, "que nos prédios onde for preciso continuar trabalhando [durante um ataque aéreo] se deve então colocar alguma coisa para tapar as janelas."

Simplifique, simplifique. Thoreau disse isso, como se costuma relembrar tão frequentemente, e nenhum outro autor americano praticou de forma tão consistente aquilo que pregava.

Abra qualquer página de *Walden* e você encontrará um homem contando o que passa pela sua mente de forma clara e ordenada:

Mudei-me para o bosque porque queria viver deliberadamente, enfrentar apenas os fatos essenciais da vida e ver se não poderia aprender o que ela tinha a ensinar, em vez de, já próximo da morte, descobrir que eu não tinha vivido.

Como conseguir se libertar, de uma forma tão invejável como essa, de todo excesso? A resposta está em limpar nossa cabeça de todo excesso. Pensamento limpo significa texto limpo; um não pode existir sem o outro. É impossível que um pensador obscuro escreva em bom vernáculo. Ele pode conseguir sustentar o texto por um ou dois parágrafos, mas o leitor logo se sentirá perdido, e não há pecado mais grave do que esse, pois o leitor dificilmente se deixa enganar mais de uma vez.

Quem é o leitor, essa criatura tão esquiva? O leitor é uma pessoa que dispõe de cerca de trinta segundos de atenção — uma pessoa assediada por inúmeras forças que competem entre si por atenção. Houve um tempo em que essas forças eram relativamente poucas: jornais, revistas, rádio, esposa, filhos, animais domésticos. Hoje em dia, a elas se soma toda uma galáxia de equipamentos eletrônicos destinados a entretenimento e informação — a televisão, os DVDs, os CDs, os video games, a internet, o e-mail, os telefones celulares, os tablets, os iPods —, além dos exercícios da academia de ginástica, da piscina, da quadra de esportes e do mais poderoso de todos os concorrentes: o sono. O homem ou a mulher que cochila em uma poltrona com um livro ou uma revista nas mãos é uma pessoa a quem o escritor dedicou inutilmente suas preocupações.

Isso não quer dizer que o leitor seja limitado demais ou preguiçoso demais para acompanhar o fluxo dos pensamentos.

Quando o leitor se perde, em geral é porque o escritor não foi suficientemente cuidadoso. Esse cuidado pode adquirir diversas formas. Talvez o texto seja tão excessivo que o leitor, tendo de abrir caminho em meio à verborragia, simplesmente não capte o que ele significa. Talvez a frase tenha sido tão mal construída que o leitor pode lê-la de várias maneiras. Talvez o autor tenha mudado de pronome no meio da frase, ou tenha mudado de tempo verbal, e o leitor simplesmente tenha perdido a pista de quem está falando ou de quando a ação se deu. Talvez a frase B não seja uma sequência natural da frase A; o autor, em cuja mente a conexão está clara, não se importou em fornecer o elo. Talvez o escritor tenha usado uma palavra de forma incorreta, sem se preocupar em consultar o dicionário.

Diante de tais obstáculos, os leitores são, de início, persistentes. Recriminam-se — obviamente eles é que perderam alguma coisa, e então voltam a ler a frase desconcertante, ou o parágrafo inteiro, desmontando-o como uma escrita ancestral, tentando adivinhar coisas para seguir adiante. Mas eles não conseguem fazer isso por muito tempo. O autor, nesse caso, está fazendo com que trabalhem demais, e eles acabarão procurando alguém que seja melhor no ofício.

Os escritores, assim, devem sempre perguntar: o que estou tentando dizer? Surpreendentemente, muitas vezes nem mesmo eles sabem a resposta. Nesse caso, devem rever o que escreveram e perguntar: eu disse isso? Isso está claro para quem depara com esse tema pela primeira vez? Se não está, é porque alguma felpa se introduziu no meio da engrenagem. O escritor claro é uma pessoa de mente clara o bastante para enxergar a coisa tal como ela é: uma felpa.

Não quero dizer que algumas pessoas nascem com uma mente clara e são, por isso, naturalmente, escritores ou que outras são naturalmente "felpudas" e jamais conseguirão escrever bem.

Pensar com clareza é um ato consciente que os escritores devem se forçar a realizar, como se estivessem trabalhando em qualquer outro projeto que requeira uma lógica: fazer uma lista de compras ou resolver um problema algébrico. Escrever bem não é algo que surja naturalmente, embora a maioria das pessoas ache que seja assim. Escritores profissionais são abordados com frequência por pessoas que dizem que gostariam de "tentar escrever alguma coisa um dia" — querendo dizer com "um dia" a época em que se aposentarem de suas verdadeiras profissões, como a de corretor de seguros ou de imóveis, que, essas sim, seriam atividades difíceis de exercer. Ou, então, dizem: "Eu poderia escrever um livro sobre isso". Duvido muito.

Escrever é um trabalho árduo. Uma frase clara não é acidental. Poucas frases surgem prontas logo de cara, ou mesmo depois de duas ou três vezes. Lembre-se disso nos momentos de desespero. Se você acha difícil escrever, é porque é mesmo difícil.

Excessos

Lutar contra o excesso é como lutar contra as ervas daninhas — o escritor fica sempre um pouco para trás. Novas variedades brotam durante a noite e, ao meio-dia, já fazem parte do discurso americano. Pense no que John Dean, assessor do presidente Richard Nixon, conseguiu fazer em apenas um dia de depoimentos na televisão durante as audiências do caso Watergate. No dia seguinte, todo mundo nos Estados Unidos estava dizendo "no atual momento" em vez de "agora".

Pense em tudo aquilo que acrescentamos aos verbos que não precisam de nenhuma ajuda. Não dirigimos um comitê. Nós estamos na direção de um comitê. Não enfrentamos mais os problemas. Nós encaramos de frente os problemas.

Você poderia dizer que é um detalhe que não merece a nossa preocupação. Ao contrário: *precisamos* nos preocupar com isso. Escrever é algo diretamente proporcional ao número de coisas que não deveriam estar presentes e poderiam ser retiradas do texto. O "algum" antes de "tempo livre" não deveria estar ali. Observe cada palavra que coloca no papel. Você encontrará uma quantidade surpreendente delas que não serve para nada.

Pegue os adjetivos "pessoal" e "particular", como em "um amigo pessoal meu", "seu sentimento pessoal" ou "seu médico particular". São casos típicos de palavras que podem ser eliminadas. Há centenas como essas. O amigo pessoal se introduziu em nosso linguajar para diferenciar este do amigo de trabalho, adulterando, assim, tanto a linguagem quanto a amizade. O sentimento de alguém é o sentimento pessoal dessa pessoa — é isso o que "seu" significa. Quanto ao médico particular, é um homem ou uma mulher chamado para o camarim de uma atriz que passa mal e que não precisa, dessa forma, ser atendida por um médico qualquer, indicado pelo teatro. Um dia eu ainda gostaria de ver essa pessoa identificada como "o seu médico". Médicos são médicos, amigos são amigos. O restante é excesso.

Excesso é a frase elaborada que expulsou a palavra curta que dizia a mesma coisa. Antes de John Dean, as pessoas e o mundo dos negócios já tinham parado de dizer "agora". Eles diziam "no momento" ("Todos os nossos operadores estão ocupados no momento"), ou "atualmente" ("Atualmente, estou trabalhando na Bolsa de Valores"). No entanto, "agora" pode ser sempre usado para expressar essa ideia de momento imediato ("Agora eu posso vê-lo"), assim como "hoje" para expressar o presente histórico ("Os preços subiram hoje"), ou simplesmente o verbo "estar" ("Está chovendo"), em vez de dizer, desnecessariamente, "no atual momento estamos enfrentando alguma precipitação atmosférica".

"Experimentando" é um dos piores excessos. Até mesmo o seu dentista vai perguntar-lhe se você está experimentando alguma dor. Se quem estivesse na cadeira fosse o próprio filho dele, ele perguntaria: "Dói?". Em resumo, ele falaria com naturalidade. Ao usar uma frase mais pomposa em sua atuação profissional, ele parece não apenas afetar ter mais importância, mas também mitigar a dolorosa verdade. É a mesma linguagem da aeromoça ao demonstrar como funciona a máscara de oxigênio que deve cair caso diminua a pressão da cabine do avião. "Em caso de uma eventual despressurização da aeronave, máscaras de ar cairão automaticamente", começa ela — uma frase que por si só suga tanto do nosso oxigênio que já ficamos preparados para qualquer desastre.

Excesso é o poderoso eufemismo que transforma um bairro pobre em uma "área socioeconômica deprimida", lixeiros em "pessoas que coletam lixo" e lixão em "unidade de reciclagem". Penso em uma charge de Bill Mauldin em que dois vagabundos conduzem um vagão de carga. Um deles diz: "Comecei como simples vagabundo e agora virei um desempregado profissional". O excesso é o politicamente correto em estado enfurecido. Vi uma publicidade de um acampamento para meninos em que se prometia "dedicar atenção particular a tudo o que seja minimamente extraordinário".

Excesso é a linguagem oficial usada pelas corporações para ocultar seus erros. Quando a Digital Equipment Corporation fechou 3 mil postos de trabalho, seu comunicado não falou em demissões; mencionou-se apenas que se tratava de "metodologias involuntárias". Quando um míssil da Força Aérea caiu, ele "se chocou com o solo prematuramente". Quando uma fábrica da General Motors parou, o que houve foi "um ajuste no cronograma relacionado ao volume de produção". Empresas que faliram tiveram "uma posição negativa de fluxo de caixa".

Excesso é a linguagem usada pelo Pentágono ao chamar uma invasão de "ataque reforçado de reação protetora" e ao justificar a enormidade de seu orçamento alegando a necessidade de uma "coibição das forças inimigas". Como afirmou George Orwell em "A política e a língua inglesa", ensaio escrito em 1946, mas citado frequentemente durante as guerras do Camboja, do Vietnã e do Iraque, "os discursos e textos políticos são em grande parte uma defesa do indefensável [...]. Assim, o linguajar político tem de ser formado amplamente por eufemismos, falácias e meras imprecisões nebulosas". O alerta de Orwell de que o excesso não é apenas algo inconveniente mas também um instrumento mortal se mostrou verdadeiro nas últimas décadas de aventureirismo militar dos Estados Unidos. Foi durante o governo de George W. Bush que as vítimas civis no Iraque transformaram-se em "danos colaterais".

A camuflagem verbal atingiu novas alturas durante o mandato do general Alexander Haig como secretário de Estado do presidente Ronald Reagan. Antes de Haig, ninguém havia pensado em dizer "nesta conjunção de amadurecimentos" quando queria dizer "agora". Ele afirmou aos americanos que o terrorismo podia ser combatido com uma "garra punitiva expressiva" e que o uso dos mísseis nucleares intermediários estava "no turbilhão da crucialidade". Com relação às preocupações que a população pudesse alimentar, sua mensagem foi "deixa comigo", embora o que ele realmente disse tenha sido: "Precisamos levar a atenção do público quanto a isso a um nível de decibéis mais baixo. Não acredito que haja uma espécie de curva de conhecimento a ser traçada nessa área de conteúdo".

Poderia continuar citando exemplos de diferentes campos — toda profissão tem o seu arsenal sempre crescente de jargões para jogar poeira nos olhos do populacho. Mas a lista seria entediante. Meu objetivo ao destacar esse ponto é demonstrar que o excesso é o inimigo. Portanto, tome cuidado. Uma palavra comprida nunca é melhor do que uma curta: "assistência" (ajuda), "inúmeros" (muitos), "facilitação" (ajuda), "indivíduo" (homem ou mulher), "restante" (resto), "inaugural" (inicial), "implemente" (faça), "somente" (só), "intente" (tente), "conhecido como" (chamado), entre centenas de outros exemplos. Tome cuidado com essas escorregadias palavras da moda: paradigma e parâmetro, priorizar e potencializar. São ervas daninhas que vão asfixiar aquilo que você escreve. Não *dialogue* com uma pessoa com quem você pode *falar*. Não crie uma interface com ninguém.

Tão insidiosas quanto elas são as junções de palavras com que tentamos explicar como nos propomos a avançar em nossas explanações: "Devo acrescentar que", "vale a pena destacar que", "é interessante observar que". Se você deveria acrescentar, acrescente. Se algo deveria ser destacado, destaque. Se é interessante observar isso ou aquilo, *torne* isso ou aquilo interessante. É comum ficarmos pasmos com o que acontece quando alguém diz: "Será que isso interessa a você?". Não infle aquilo que não precisa ser inflado: "com a possível exceção de" (exceto), "devido ao fato de que" (porque), "perdeu totalmente a habilidade para" (não conseguiu), "até o momento em que" (até), "com o propósito de" (para).

Existe alguma maneira de perceber de imediato quando há excesso? Há um recurso que meus alunos de Yale achavam de grande utilidade. Eu colocava entre colchetes todos os elementos de um texto que não cumpriam nenhuma função. Muitas vezes apenas uma palavra era assinalada: a dispensável preposição ligada a um verbo ("fazer com que"), ou um advérbio que possui o mesmo sentido que o verbo ("sorriu alegremente"), ou um adjetivo que declara um fato já presumido ("alto arranha-céu"). Meus colchetes destacavam muitas vezes pequenos qualificativos que enfraquecem qualquer frase em que apareçam ("um pouco de", "uma espécie de"), ou expressões como "em um certo sentido", que não querem dizer nada. Às vezes os meus colchetes destacavam um período inteiro — que repetia essencialmente o que o período anterior já havia dito ou que dizia algo que os leitores não precisavam saber ou que podiam deduzir por conta própria. A maioria dos rascunhos iniciais pode ser cortada em 50% sem que se perca nenhuma informação e sem prejudicar a voz do autor.

O motivo pelo qual eu colocava as palavras supérfluas de meus alunos entre colchetes em vez de riscá-las era evitar a violação de sua prosa sagrada. Eu queria deixar as frases deles intactas, para que pudessem analisá-las. Eu dizia: "Posso estar enganado, mas acredito que isso possa ser descartado sem afetar o conteúdo. Mas é você quem decide. Leia a frase sem o que está entre colchetes e veja se funciona". Nas primeiras semanas do semestre, eu lhes devolvia textos infestados de colchetes. Parágrafos inteiros ficavam entre colchetes. Logo os alunos aprenderam a colocar colchetes mentais em seus próprios excessos, e ao final do semestre seus textos ficavam quase limpos. Muitos desses alunos são hoje escritores profissionais e me dizem: "Ainda vejo os seus colchetes — eles me perseguem o tempo todo".

Você mesmo pode desenvolver esse olhar. Procure detectar todos os excessos no seu texto e corte-os sem dó. Agradeça sempre que puder jogar algo fora. Releia cada frase que colocou no papel. Todas as palavras cumprem alguma função? Este ou aquele pensamento não poderia ser expresso com menos palavras? Há alguma coisa pomposa, pretensiosa ou "da moda"? Está mantendo algum elemento inútil só porque o acha bonito?

Simplifique, simplifique.

Estilo

Há muitas coisas a ponderar, logo de início, sobre os monstrengos à espreita do escritor que tenta colocar de pé um texto bem escrito.

Você poderia perguntar: "Mas, se eu eliminar tudo o que você acha excessivo e enxugar todas as frases até deixá-las no osso, sobrará alguma coisa de mim mesmo no texto?". É uma pergunta pertinente. Se levada ao extremo, a simplicidade pode resultar em um estilo tão sofisticado quanto o das frases: "João gosta de Maria" e "Veja o Totó correndo".

Vou responder a ela, primeiramente, no que diz respeito à carpintaria do texto. Em seguida, passarei para a questão mais ampla sobre quem é o escritor e como preservar a sua identidade.

Poucas pessoas se dão conta de como escrevem mal. Ninguém nunca lhes mostrou a quantidade de excessos ou a falta de clareza que se alastram por seu estilo e quanto isso atrapalha o entendimento daquilo que elas querem dizer. Se você me der um texto com oito páginas, eu lhe direi para cortá-lo para quatro páginas. Você vai reclamar dizendo que é impossível. Então irá para casa, fará os cortes, e o texto ficará bem melhor. Depois é que vem a parte mais difícil: cortar para três páginas.

A questão é que você precisa enxugar o texto antes mesmo de poder reconstruí-lo. Você precisa saber quais são as ferramentas essenciais e qual a função de cada uma delas. Ainda conforme a metáfora da carpintaria, é necessário primeiro saber serrar a madeira corretamente e martelar pregos. Depois disso você pode alinhar as pontas ou acrescentar florões refinados, se for do seu gosto. Mas nunca se esqueça de que você está praticando um ofício que se baseia em certos princípios. Se os pregos forem fracos, a sua casa vai cair. Se o seu verbo for fraco e a sua sintaxe não tiver firmeza, suas frases despencarão.

Devo admitir que alguns autores de não ficção, como Tom Wolfe e Norman Mailer, construíram casas notáveis. Mas esses são escritores que levaram anos praticando o seu ofício e quando, ao final, ergueram as suas torres fantásticas e seus jardins suspensos, para a surpresa de todos nós, que nunca havíamos sonhado com tais ornamentações, eles sabiam muito bem o que estavam fazendo. Ninguém vira um Tom Wolfe da noite para o dia, nem mesmo o próprio Tom Wolfe.

Primeiro, portanto, aprenda a martelar pregos e, se o que você construir for firme e útil, poderá sentir-se plenamente satisfeito.

Mas você vai querer descobrir um "estilo" — embelezar as palavras simples de forma que os leitores o identifiquem como alguém especial. Você irá atrás de sinônimos mais chamativos e de adjetivos floreados, como se "estilo" fosse algo que se pudesse comprar em uma loja para depois enfeitar suas palavras com cores brilhantes e decorativas. (Cores decorativas são as que os decoradores gostam de usar.) Não existem lojas de estilo; estilo é algo inerente à pessoa que está escrevendo, é uma parte constitutiva dessa pessoa, como o cabelo ou, no caso de um careca, a falta dele. Tentar adicionar um estilo é como colocar uma peruca. À primeira vista, o então ex-careca parece mais jovem e até mesmo bonito. Mas, olhando novamente — e, no caso de uma peruca, lança-se sempre uma segunda olhadela —, ele não parece muito bem. A questão não é que não pareça bem penteado; até parece, mas passamos a admirar apenas a técnica do fabricante de perucas. A questão é que não parece ser ele mesmo.

Esse é o problema com escritores que tentam deliberadamente enfeitar demais o texto. Você perde tudo aquilo que o torna único. O leitor vai perceber que está querendo se exibir. Os leitores querem que a pessoa que está se dirigindo a eles seja autêntica. Assim, uma regra fundamental é a seguinte: seja você mesmo.

Porém, não há regra mais difícil de seguir do que essa. Ela exige que os escritores façam duas coisas incompatíveis com o seu próprio metabolismo. Eles precisam relaxar e ter confiança.

Dizer para um escritor relaxar é o mesmo que dizer para um homem relaxar enquanto está sendo examinado por causa de uma hérnia. Quanto à confiança, veja só a rigidez com que ele se senta, olhando para a tela que aguarda as suas palavras. Veja quantas vezes ele se levanta para pegar alguma coisa para beber ou comer. Um escritor faz qualquer coisa para evitar o ato de escrever. Por experiência própria como jornalista, posso assegurar que o número de vezes que cada repórter vai, por hora, ao bebedouro ultrapassa de longe a necessidade de água que seu corpo tem.

O que pode ser feito para livrar o escritor desses sofrimentos? Infelizmente, nenhuma cura foi descoberta. Posso oferecer apenas, como consolação, a ideia de que você não está sozinho. Alguns dias serão melhores do que outros. Alguns serão tão ruins que você perderá qualquer esperança de um dia voltar a escrever. Todos nós já passamos por momentos assim e passaremos por muitos outros.

No entanto, seria bom tentar reduzir os dias ruins ao mínimo, o que me leva de volta à questão do relaxamento.

Suponha que você seja o escritor que se senta para trabalhar. Você deduz que o seu texto precisa ter certo tamanho, caso contrário não parecerá importante. Imagina como ele ficará garboso quando impresso. Pensa na quantidade de pessoas que o lerão. Considera que ele precisa ter o peso e a solidez da autoridade. Decide que o seu estilo precisará deslumbrar as pessoas. Não admira que você se veja travado; está tão ocupado pensando na sua tão espetacular responsabilidade pelo texto final que não consegue nem sequer começá-lo. Mesmo assim, você se julga digno da tarefa e, indo em busca de frases imponentes que não lhe ocorreriam se não estivesse querendo impressionar tanto, mergulha no trabalho.

O primeiro parágrafo é um desastre — uma reunião de generalidades que parecem ter saído de uma máquina. Nenhuma *pessoa* poderia ter escrito isso. O segundo parágrafo não sai muito melhor. Mas o terceiro começa a apresentar algo parecido a uma qualidade humana, e lá pelo quarto parágrafo a sua voz começa a soar no texto. Você começou a relaxar. É incrível a frequência com que um editor pode descartar os primeiros três ou quatro parágrafos de um artigo, ou até mesmo as primeiras páginas, e começar com o parágrafo em que o texto passa a soar com a voz do autor. Aqueles primeiros parágrafos não são apenas impessoais e rebuscados; eles não dizem nada — não passam de uma tentativa canhestra de fazer um prólogo fantástico. O que sempre procuro, como editor, é uma frase que diga algo como "Nunca esqueci o dia em que eu...". Então penso: "Ah, eis finalmente uma pessoa!".

Os escritores, obviamente, mostram-se com maior naturalidade quando escrevem na primeira pessoa. A escrita é uma relação íntima entre duas pessoas levada ao papel e ela será tão boa quanto a sua capacidade de preservar a sua humanidade. Por isso, estimulo a escrita na primeira pessoa: o uso de "eu" e "mim", e "nós" e "nosso". É uma luta.

"Quem sou eu para dizer o que penso?", perguntam. "Ou o que sinto?"

"Quem é você para *não* dizer o que sente?", eu respondo. "Só existe uma pessoa como você. Ninguém mais pensa ou sente exatamente da mesma maneira."

"Mas ninguém liga para as minhas opiniões", dizem. "Eu me sentiria exposto."

"As pessoas ligarão se você lhes disser alguma coisa interessante", eu digo, "e faça isso com palavras que lhe venham naturalmente."

Seja como for, fazer escritores usarem o "eu" não é nada fácil. Eles acham que precisam antes conquistar o direito de expor as suas emoções ou ideias. Ou então que isso é egoísmo. Ou algo não muito digno — um medo que aflige o mundo acadêmico. Daí o uso professoral do "alguém" ("Alguém que não estava totalmente de acordo com a visão do dr. Maltby sobre a condição humana") ou do impessoal "nós" ("Esperamos que a monografia do professor Felt encontre o amplo público que ela realmente merece"). Eu não quero me encontrar com "alguém" — deve ser um cara bem chato. O que eu quero é que um professor apaixonado pelo seu tema me diga por que isso fascina tanto *a ele*.

Entendo que há vários tipos de texto em que o "eu" não é admitido. Os jornais não querem o "eu" nos textos noticiosos; muitas revistas não o querem em seus artigos; o mundo dos negócios e as instituições não o querem nos relatórios que enviam tão profusamente para os lares americanos; faculdades não querem o "eu" nos trabalhos de fim de semestre ou nas dissertações, e os professores de inglês desencorajam todo e qualquer pronome da primeira pessoa que não seja o literário "nós" ("Notamos no uso simbólico que Melville faz da baleia branca..."). Muitas dessas proibições são válidas. Também tenho simpatia pelos professores que não querem dar aos seus alunos uma válvula de escape fácil para a sua opinião — "Eu acho que Hamlet era um estúpido"— antes de eles terem se defrontado com a disciplina de avaliar um trabalho a partir dos seus méritos e com fontes externas. O "eu" pode ser uma autoindulgência e uma forma de tirar o corpo fora. No entanto, temos medo de revelar quem somos. As instituições que pedem o nosso apoio enviando-nos seus folhetos parecem todas iguais — hospitais, escolas, bibliotecas, museus, jardins zoológicos — embora tenham sido fundadas e ainda sejam mantidas por homens e mulheres com sonhos e visões diferentes uns dos outros. Onde estão essas pessoas? É difícil detectá-las em meio a todos esses textos impessoais na voz passiva que dizem "iniciativas foram adotadas" e "prioridades foram estabelecidas".

Mesmo onde o "eu" não é admitido ainda é possível criar um tom pessoal. O colunista político James Reston não usava "eu" nas suas colunas, mas eu podia ter uma boa ideia do tipo de pessoa que ele era, e era capaz de dizer o mesmo de muitos outros ensaístas e repórteres. Os bons escritores são visíveis por trás de suas palavras. Se você não puder usar o "eu", pelo menos pense com o "eu" enquanto escreve, ou então escreva o primeiro rascunho na primeira pessoa e depois retire o "eu". Isso dará uma temperatura específica ao seu estilo impessoal.

O estilo está ligado ao psíquico, e escrever é algo que possui profundas raízes psicológicas. As razões pelas quais nos expressamos desta ou daquela maneira ou falhamos na tentativa de nos expressarmos por causa do "bloqueio da página em branco" encontram-se parcialmente em nosso subconsciente. Há tantos tipos de bloqueio quantos são os tipos de escritores, e não pretendo desvendá-los. Este é um livro curto, e eu não me chamo Sigmund Freud.

Notei, porém, a existência de um novo motivo para evitar o "eu": os americanos não querem assumir posições. Na geração passada, nossos dirigentes nos diziam onde se situavam e em que acreditavam. Hoje, eles realizam manobras verbais incríveis para escapar dessa necessidade. Basta ver como se contorcem nas entrevistas de televisão para evitar qualquer comprometimento. Eu me lembro de o presidente [Gerald] Ford garantir a um grupo de empresários que sua política fiscal daria certo. Ele disse: "Tudo o que vemos à frente são nuvens, mês após mês, cada vez mais claras". Para mim isso sugere que as nuvens ainda estavam bastante escuras. Mas a frase de Ford é vaga o bastante para não dizer nada e, ao mesmo tempo, acalmar seus eleitores. A situação não melhorou muito nos governos mais recentes. Ao comentar a crise política na Polônia, em 1984, o secretário de Defesa [dos EUA], Caspar Weinberger, disse: "Permanecem os motivos para sérias preocupações, e a situação continua muito séria. E, quanto mais ela continua a ser séria, mais motivos haverá para estarmos seriamente preocupados". O primeiro presidente Bush, ao ser questionado a respeito de sua posição sobre os fuzis de assalto, disse: "Muitos grupos acham que você pode proibir alguns tipos de arma. Não vejo dessa maneira. O que eu sinto é uma profunda preocupação com isso".

Porém, para mim, o maior campeão de todos os tempos é Elliot Richardson, que ocupou quatro cargos importantes nos anos 1970.* É difícil saber por onde começar a retirar exemplos de seu imenso tesouro de declarações ambíguas, mas veja só esta: "No fim das contas, a ação afirmativa, por ora, tem sido, eu acho, um sucesso relativo". Uma frase de dezesseis palavras com três modalizações. Atribuo a ela a medalha de ouro da frase mais escorregadia do discurso público moderno, embora possa

---

* No governo Richard Nixon, secretário da Saúde, Educação e Bem-Estar Social, secretário de Defesa e procurador-geral. No governo Gerald Ford, secretário do Comércio. (N.T.)

rivalizar com a análise que Richardson fez de como diminuir o tédio reinante entre os trabalhadores da linha de montagem: "Então, por fim, chego à firme convicção que mencionei no início: esse é um tema ainda muito novo para emitirmos um julgamento definitivo".

É isso uma firme convicção? Dirigentes que ficam gingando para lá e para cá, como boxeadores idosos, não inspiram confiança — ou não a merecem. O mesmo vale para escritores. Se você for você mesmo, o assunto de que tratar exercerá o seu próprio poder de atração. Acredite na sua própria identidade e em suas opiniões. Escrever é uma atividade do ego, e você precisa aceitar o seu. Use a energia dele para seguir em frente.

O público

Logo depois de trabalhar a questão da preservação da sua identidade, outra pergunta surgirá: "Para quem eu escrevo?".

É uma pergunta fundamental, e ela tem uma resposta fundamental: você escreve para si mesmo. Não tente visualizar uma grande massa de público. Esse público não existe — cada leitor é uma pessoa diferente. Não tente adivinhar que tipo de coisa os editores querem publicar nem se paute pelo que você acredita que o país esteja a fim de ler. Os editores e os leitores não sabem o que querem ler até o momento em que o leem. Além disso, estão sempre procurando coisas novas.

Não fique preocupado em saber se o leitor vai "entender" caso você sinta necessidade de satisfazer um impulso súbito de humor. Se isso o diverte no ato da escrita, vá em frente. (O trecho sempre poderá ser retirado depois, mas só você é que poderá, de início, colocá-lo.) Você escreve, primeiramente, para agradar a si mesmo e, se consegue seguir adiante com satisfação, também agradará aos leitores que forem dignos daquilo que você faz. Se os mais broncos ficarem para trás, comendo poeira, é porque não são eles que você quer atingir.

Isso pode parecer um paradoxo. Eu mesmo disse antes que o leitor é um pássaro empoleirado sobre um galho frágil, à beira da distração ou do sono. Agora, afirmo que você deve escrever para si mesmo sem se deixar atormentar por esta dúvida: o leitor está ou não está ficando para trás?

São duas questões diferentes. Uma é o ofício, outra é a atitude. A primeira diz respeito a controlar uma técnica determinada. A segunda se refere a como você utiliza essa técnica para expressar a sua personalidade.

No que diz respeito ao ofício, não há desculpas para quem perde leitores por escrever de modo desleixado. Se o leitor se desliga no meio do seu artigo porque você se descuidou de algum detalhe técnico, a culpa é sua. Mas, quanto à questão mais ampla de saber se o leitor gosta de você, ou gosta daquilo que você está dizendo ou da maneira como você está dizendo, ou concorda com aquilo, ou sente afinidade com o seu senso de humor ou a sua visão de mundo, não há motivo para se preocupar. Você é você, ele é ele, e os dois acabarão se dando bem — ou não.

Talvez essa técnica possa parecer um paradoxo. Como é possível zelar para não perder o leitor e ao mesmo tempo não ligar para a opinião dele? Pois eu garanto que são dois processos independentes.

Primeiramente, trabalhe duro para ter controle sobre as ferramentas utilizadas. Simplifique, enxugue, até não poder mais. Pense nisso como um gesto mecânico, e suas frases logo ficarão mais limpas. O gesto nunca será tão mecânico quanto, por exemplo, fazer a barba ou lavar os cabelos; você sempre terá de pensar nas várias possibilidades de uso das ferramentas disponíveis. Mas, ao final, as suas frases estarão sustentadas por bases sólidas, e o risco de perder o leitor será menor.

Pense que o outro processo é um gesto criativo: a expressão daquilo que você é. Relaxe e diga o que quer dizer. E, como o estilo é aquilo que somos, você só precisa ser verdadeiro consigo mesmo para vê-lo surgir pouco a pouco dos excessos e resíduos acumulados, tornando-se a cada dia mais peculiar. Talvez o estilo precise de anos para se consolidar como o *seu* estilo, a *sua* voz. Assim como levamos muito tempo para sermos nós mesmos, é preciso muito tempo para encontrarmos a nós mesmos como donos de um estilo singular, e, mesmo depois disso, nosso estilo irá modificar-se à medida que ficarmos mais velhos.

Qualquer que seja a sua idade, seja você mesmo ao escrever. Muitos idosos ainda escrevem com o mesmo ímpeto que tinham aos vinte ou trinta anos de idade; obviamente, as suas ideias ainda são de jovens. Outros escritores também idosos apenas divagam e repetem a si mesmos; seu estilo é uma indicação de que se transformaram em seres prolixos e enfadonhos. Muitos universitários escrevem como se tivessem sido congelados trinta anos atrás. Nunca diga por escrito algo que você não se sentiria confortável para dizer em uma conversa. Se você não diz "efetivamente" ou "ademais", ou não chama uma pessoa de "sujeito" ("ele é um sujeito agradável"), *por favor*, não escreva isso.

Vamos dar uma olhadinha em alguns autores para sentir o prazer com que eles colocam no papel as suas paixões e suas extravagâncias, sem se importarem com a opinião do leitor. O primeiro trecho é extraído de "The Hen (An Appreciation)" [A galinha (uma apreciação)], escrito por E. B. White em 1944, no ápice da Segunda Guerra Mundial:

> As aves nem sempre gozaram de boa reputação entre as pessoas de bem, embora o ovo, pelo que observo, tenha grande prestígio. Agora, entretanto, a galinha está em alta. A guerra a divinizou, e ela é a queridinha atual dos lares, passou a ser exibida nos banquetes dos congressos e louvada nos vagões de fumantes; seus modos de mocinha e seus hábitos curiosos são tema de conversas animadas

de administradores para quem, até ontem, ela não passava de um ser estranho, sem valor nem encanto.

A minha ligação com as galinhas data de 1907, e sempre me mantive fiel a elas, nos tempos bons ou ruins. Nunca foi um relacionamento fácil. Quando eu era menino e vivia em um subúrbio bastante subdividido, precisava prestar contas à polícia e à vizinhança; minhas aves tinham de ficar muito bem guardadas, como um jornal clandestino. Mais tarde, já adulto e com vida social, eu tinha de prestar contas aos velhos amigos na cidade, pois a maioria deles via as galinhas como um objeto cômico perfeito para um teatro de variedades... O escárnio deles só fazia aumentar a minha devoção por elas. Permaneci leal, como faria um homem cuja noiva fosse recebida por sua família com chacotas. Agora chegou a minha vez de rir, quando ouço toda essa tagarelice entusiasmada das pessoas da cidade que de repente adotaram as galinhas socialmente e espalham no ar sua nova euforia, seu novo conhecimento, e os encantos das raças New Hampshire Red ou Laced Wyandotte.* Ao ouvir suas exclamações nervosas de deslumbramento e louvor, você poderia até pensar que a galinha surgiu ontem mesmo nos subúrbios de Nova York, não em um passado distante nas florestas da Índia.

Para um homem que cria galinhas, todo conhecimento sobre aves domésticas é algo estimulante e infinitamente fascinante. Toda primavera, eu abro o meu diário da fazenda e leio, com a mesma expressão de enlevo no rosto, o velho texto sobre como montar uma incubadora...

É alguém escrevendo sobre um assunto pelo qual eu não tenho o menor interesse. No entanto, gosto desse texto do começo ao fim. Gosto da beleza singela do seu estilo. Gosto do ritmo, das palavras inesperadas mas revigorantes ("divinizou", "en-

---

* Duas raças de galinha. (N.T.)

cantos", "tagarelice") e dos detalhes precisos, como a menção à Laced Wyandotte e à incubadora. Mas o que me agrada, acima de tudo, é o fato de se tratar de um homem contando para mim despudoradamente o seu caso de amor com aves domésticas, que remonta a 1907. É um texto escrito com calor humano. Depois de três parágrafos, fico sabendo bastante coisa sobre que tipo de homem é esse amante de galinhas.

Ou então considere um escritor que é quase o oposto de White em termos de estilo, que se delicia com palavras opulentas simplesmente pela sua opulência e que não endeusa as frases simples. Apesar disso, um e outro compartilham as opiniões firmes e o hábito de dizerem o que pensam. A seguir, H. L. Mencken escreve sobre o famoso "Julgamento do macaco" — o julgamento de John Scopes, um jovem professor que ensinava a teoria da evolução em suas aulas no Tennessee —, no verão de 1925:

> Fazia muito calor em Dayton, Tennessee, quando decidiram julgar o incrédulo John Scopes, mas foi para lá que eu me dirigi, com enorme boa vontade, ansioso para ver os cristãos evangélicos em ação. Nas grandes cidades da República, apesar dos infindáveis esforços dos devotos, o assunto foi colocado em quarentena, como um doente terminal. Os próprios supervisores das escolas de catecismo balançam suas pernas resistentes ouvindo jazz no rádio às escondidas; seus alunos, próximos da adolescência, já não reagem aos hormônios em ebulição se alistando para atividades missionárias na África; ao contrário, preferem mesmo é o agarramento. Até em Dayton, apesar de a turba ser favorável à execução de Scopes, deparei com um cheiro forte de antinomismo. No domingo, as nove igrejas do vilarejo estavam ocupadas só pela metade, e ervas daninhas tomavam conta de seus jardins. Apenas dois ou três dos pastores locais conseguiam se sustentar com a sua ciência espiritual; os demais tinham de trabalhar atendendo a encomendas de calças por via postal

ou nas plantações de morango da região; um deles, ouvi dizer, era barbeiro... Exatamente doze minutos depois de chegar à cidade, fui guiado por um cristão que me apresentou a bebida predileta do Cumberland Range: uma dose de licor de milho com uma de Coca-Cola. Pareceu-me uma mistura horrível, mas descobri que os iluminados de Dayton bebiam aquilo com enorme prazer, alisando a pança e revirando os olhos. Eram todos eles loucos pelo *Gênesis*, mas os rostos estavam corados demais para pertencerem a abstêmios e, quando aparecia uma linda garota caminhando pela rua principal, eles levavam as mãos ao lugar onde as gravatas costumam terminar, com uma desenvoltura amorosa digna de estrelas do cinema...

É puro Mencken, com sua impetuosa energia e sua irreverência. Em quase todas as páginas de seus livros, ele diz alguma coisa que certamente agride a declarada religiosidade de seus compatriotas. A santidade com que os americanos envolviam seus heróis, suas igrejas e suas nobres leis — especialmente a Lei Seca — era para ele a fonte de uma hipocrisia inesgotável. Algumas de suas munições mais pesadas foram dirigidas a políticos e presidentes — as páginas de seu perfil do "Arcanjo Woodrow" permanecem abrasadoras até hoje. Quanto aos fiéis e clérigos cristãos, eles aparecem infalivelmente como tolos e charlatães.

Pode parecer miraculoso que Mencken, com tantas heresias, tenha conseguido sobreviver nos anos 1920, momento em que o culto ao herói era uma religião americana e em que a ira santa do Cinturão Bíblico* se espalhava de uma costa à outra. Mas ele não apenas sobreviveu como se tornou o jornalista mais reverenciado e influente de sua geração. Seu impacto nos autores de

---

* *Bible Belt*, ou Cinturão Bíblico, nome atribuído a uma vasta região no sudeste e no sul dos Estados Unidos, cujos estados são majoritariamente formados por credos protestantes e marcados pelo conservadorismo político e moral. (N.T.)

não ficção que o sucederam é imensurável, e até hoje seus textos soam atuais como se tivessem sido escritos ontem.

O segredo da sua popularidade — à parte o uso pirotécnico que soube fazer do linguajar americano — é que ele escrevia para si mesmo e não estava nem aí para o que o leitor pudesse achar. Não era preciso compartilhar de seus preconceitos para saborear a espontaneidade jovial com que os expressava. Mencken nunca era contido ou evasivo; não se ajoelhava diante do leitor nem bajulava ninguém. É preciso coragem para ser um escritor assim, e é essa coragem que forja os jornalistas reverenciados e influentes.

Mais próximo dos dias de hoje é o trecho abaixo de *How to Survive in Your Native Land* [Como sobreviver em sua terra natal], um livro em que James Herndon relata sua experiência como professor do ensino fundamental em um colégio na Califórnia. De todos os livros sérios sobre educação que brotaram pelos Estados Unidos afora, o de Herndon é, para mim, o que melhor soube captar como as coisas se passam de verdade em uma sala de aula. Seu estilo não é necessariamente peculiar, mas a sua voz é autêntica. Eis o início do livro:

> Seria aconselhável começar com Piston. Vou descrevê-lo: Piston era um aluno da oitava série, ruivo, gordinho e de altura mediana; sua principal característica, porém, era ser muito teimoso. Sem entrar em detalhes, ficou claro logo de início que aquilo que Piston não queria fazer Piston não fazia e que aquilo que Piston queria fazer Piston fazia.
>
> Não era um grande problema. Piston queria, principalmente, pintar, desenhar monstros, rabiscar formas em folhas de mimeógrafo e imprimi-las, escrever uma ou outra história de terror — algumas crianças se referiam a ele como O Necrófilo — e, quando não queria fazer nada disso, gostava de circular pelos saguões e, de vez em quando (como ouvi dizer), bisbilhotar os banheiros das meninas.

Tínhamos alguns confrontos menores. Certa vez, pedi aos alunos que se sentassem para escutar o que eu tinha a lhes dizer — alguma coisa sobre a maneira como eles vinham se comportando nos corredores da escola. Eu os deixava circular livremente e cabia a eles (era isso o que eu planejava enfatizar) não aprontar demais, a ponto de fazer com que outros professores viessem se queixar a mim. A questão, ali, era que todos se sentassem — eu aguardaria que fizessem isso e só então começaria a falar. Piston permaneceu de pé. Eu mandei, de novo, que ele se sentasse. Ele não deu atenção. Eu salientei que estava falando com ele. Ele fez um sinal de que estava me ouvindo. Perguntei, então, por que cargas-d'água ele não se sentava. Ele disse que não queria se sentar. Eu disse que queria que ele se sentasse. Ele disse que para ele isso não importava. Eu disse para se sentar mesmo assim. Ele perguntou por quê. Eu disse porque eu estou mandando. Ele disse que não iria se sentar. Eu disse veja bem, eu quero que você se sente e escute o que vou dizer. Ele disse que *estava* escutando. Eu vou escutar, mas não vou sentar.

Bem, é assim que as coisas acontecem, às vezes, nas escolas. Você, como professor, acaba ficando obcecado com uma questão — eu era a parte atingida, tendo concedido, como de costume, uma liberdade inédita, e eles, como de costume, se aproveitavam disso. É fogo ter de ouvir alguém dizer, quando você chega à sala dos professores para tomar um café, que fulano ou sicrano da *sua* classe estava circulando pela escola *sem autorização, fazendo caretas* e *fazendo gestos obscenos* para crianças da *minha* classe durante a parte mais importante da *minha* aula sobre o *Egito* — você precisa, então, pedir permissão para fazer aquele seu discurso tendencioso, e quase todo mundo dá permissão, você se senta para fazê-lo, mas, de vez em quando, alguém abre os olhos se recusando a ceder ali onde não há necessidade... Como é que chegamos a isso? É o que precisamos sempre nos perguntar.

Qualquer escritor que usa "é fogo" e "tendencioso" em uma mesma frase e recorre a citações sem usar aspas sabe o que está fazendo. Esse estilo aparentemente sem artifícios e, no entanto, tão recheado de arte, é ideal para o objetivo de Herndon. Ele evita a arrogância que não raro contamina os textos de pessoas que exercem trabalhos valorosos e permite a expressão de boas doses de humor e senso comum. Herndon soa como um bom professor e um homem cuja companhia me agradaria compartilhar. Mas, essencialmente, ele escreve para si mesmo: um público formado por uma pessoa só.

"Para quem eu escrevo?" Essa pergunta, com a qual se inicia este capítulo, deixou alguns leitores incomodados. Eles queriam que eu dissesse "A quem devo escrever?". Mas eu não consigo falar assim. Isso não seria eu.

Palavras

Há um tipo de escrita que pode ser chamado de jornalês e representa o fim de todo frescor, qualquer que seja o estilo. É a moeda corrente de jornais ou revistas como *People* — uma mistura de palavras vulgares, palavras inventadas e chavões tão difundidos que dificilmente um escritor consegue evitar o seu uso.

Você precisa combater essas frases, caso contrário soará como um escrevinhador qualquer. Você nunca deixará a sua marca como escritor se não desenvolver o respeito pelas palavras e uma curiosidade quase obsessiva em relação aos vários matizes de seus significados. Toda língua é rica em palavras fortes e flexíveis. Invista tempo em revolver bastante o terreno e encontrar aquelas que você quer.

O que é jornalês? É uma colcha de palavras correntes remendada com outras de outros discursos. Adjetivos são usados como substantivos ("os famosos"). Substantivos dão origem a verbos inusitados ("impactar", "pedagiar") ou são mutilados para formar verbos ("impeachar", "googlar"). É um mundo onde pessoas eminentes são "celebridades" e seus assistentes são "o staff", onde o futuro está sempre "por vir" e alguém está sempre "despejando" anotações no papel.

A seguir, o texto de uma afamada revista noticiosa que é difícil de ser igualado em termos de cansaço:

Em fevereiro passado, vestido à paisana, o policial Frank Serpico bateu à porta de um suspeito de tráfico de heroína no Brooklyn. Quando uma fresta se abriu, Serpico abriu caminho apenas para acabar sendo atingido pela bala de uma pistola calibre 22 carregada que explodiu em seu rosto. De alguma forma, ele sobreviveu, embora ainda haja estilhaços zunindo em sua cabeça, causando tonturas e surdez permanente no ouvido esquerdo. Quase tão dolorosa quanto é a suspeita de que ele pode ter sido alvejado por outros policiais. Pois Serpico, 35 anos, vinha travando uma guerra solitária nos últimos quatro anos contra a endêmica e rotineira corrupção que ele e outros afirmam ser frequente no departamento de polícia da cidade de Nova York. Seus esforços estão agora deixando os famosos de Nova York com um frio na espinha [...]. Embora o impacto do relatório que está previsto sobre o caso ainda precise ser sentido, Serpico tem poucas esperanças de que [...].

O impacto do relatório que está previsto ainda precisará ser sentido porque o relatório ainda está por vir, e quanto à surdez permanente, ainda é um pouco cedo para dizer alguma coisa. E o que faz esses estilhaços zunidores zunirem? Até o momento, só a cabeça de Serpico é que poderia estar zunindo. Mas, deixando de lado essas negligências para com a lógica, o que torna esse texto tão cansativo é a incapacidade do autor de se livrar do mais absoluto clichê. "Abriu caminho", "explodiu em seu rosto", "travando uma guerra solitária", "corrupção frequente", "deixando com um frio na espinha", "os famosos de Nova York" — essas expressões horríveis traduzem a escrita em seu nível mais banal. Sabemos exatamente o que esperar. Nenhuma surpresa nos aguarda sob a forma de alguma palavra incomum, algum olhar indireto. Estamos nas mãos de um escrevinhador e sabemos exatamente por onde ele seguirá. Interrompemos a leitura.

Não caia em uma situação dessas. O único caminho para evitá-la é uma atenção profunda às palavras. Se você se pegar escrevendo que uma pessoa vivenciou recentemente uma sequência de enfermidades ou que uma empresa vivenciou uma queda repentina, pergunte-se quanto eles vivenciaram mesmo isso. Observe as decisões que outros escritores tomam na escolha das palavras e seja exigente na seleção que você mesmo fará entre a infinidade de palavras disponíveis. A disputa, na escrita, não é pelo primeiro lugar, mas pela originalidade.

Adquira o hábito de ler o que se escreve atualmente e o que foi escrito pelos antigos mestres. Escrever é algo que se aprende por imitação. Se alguém me perguntasse como foi que eu aprendi a escrever, eu responderia que aprendi lendo autores que produziam o tipo de texto que eu queria escrever e tentando imaginar como eles faziam. Mas cultive os melhores modelos. Não parta do princípio de que um texto é bom apenas porque foi publicado em um jornal ou em uma revista. O desleixo na edição é algo comum nos jornais, muitas vezes por falta de tempo, e os autores que usam clichês frequentemente trabalham para editores que já viram tantos clichês que nem mesmo os identificam mais.

Adquira também o hábito de usar dicionários. Meu favorito para uso diário é o *Webster's New World Dictionary*, segunda edição para universidade, embora, como todos os maníacos por palavras, eu também tenha dicionários maiores que me dão boas recompensas quando devo realizar alguma pesquisa mais especializada. Se você tem alguma dúvida sobre o significado de uma palavra, consulte o dicionário. Aprenda a sua etimologia e observe as curiosas ramificações originadas a partir da raiz dessa palavra. Veja se ela tem algum significado que você ignorava. Conheça a fundo as mais sutis diferenças entre palavras que parecem ser sinônimas. Qual é a diferença entre "lisonjear", "adular", "bajular" e "incensar"? Tenha um dicionário de sinônimos. E não subestime aquele volume bojudo e amassado do velho *Roget's Thesaurus*.* É fácil pensar nesse livro como algo hilariante. Pegue a palavra *villain* [vilão], por exemplo, e você acompanhará todo tipo de malandragem que só um lexicógrafo poderia resgatar de séculos de iniquidade, perversidade, depravação, safadeza, devassidão, fraqueza, atrocidade, infâmia, imoralidade, corrupção, malvadeza, maldade, contumácia e pecado. Você encontrará rufiões e gente da ralé, canalhas e malfeitores, patifes e malandros, arruaceiros e desordeiros, biltres e tratantes, salafrários e imprestáveis, perversos e degenerados. Você encontrará adjetivos para classificar todos eles (torpe e diabólico, execrável e demoníaco), advérbios e verbos para descrever como os maldosos praticam o mal, além de referências cruzadas que remetem a outros tipos de venalidade e vício. Por isso, para ativar a memória, não existe amigo melhor para ter por perto do que o *Roget's*. No mínimo, ele poupa o tempo que você gastaria para vasculhar seu cérebro — essa rede de ranhuras sobrecarregadas — à cata da palavra exata que está na ponta da sua língua, mas que você não consegue dizer. O *Thesaurus* é para o escritor aquilo que um dicionário de rimas é para um letrista de canções — algo que aponta todas as possibilidades de escolha —, e você deveria usá-lo sem hesitações. Se, depois de localizar o salafrário e o patife, você quiser saber a diferença entre eles, *então* procure o dicionário.

Ao escolher e ordenar as palavras, leve em conta também a sua sonoridade. Isso pode parecer um absurdo, pois, afinal, os leitores leem com os olhos. Mas a verdade é que eles ouvem o

---

* Dicionário de ideias afins feito pelo britânico Peter Mark Roget e lançado em 1852. É publicado até hoje, com adaptações. (N.T.)

que estão lendo bem mais do que você imagina. Assim, aspectos como ritmo e aliteração são essenciais para cada frase. Um exemplo típico — talvez não o melhor, mas certamente o mais próximo — é o parágrafo precedente. Obviamente eu me deleitei ao definir a ordem de colocação dos meus rufiões e gente da ralé, meus desordeiros e arruaceiros, e meus leitores também se deleitaram com isso — bem mais do que se eu tivesse fornecido uma mera lista. Eles se deleitaram não apenas com o arranjo que fiz, mas também com o esforço feito para entretê-los. Mas não fizeram isso com os olhos. Estavam escutando as palavras em seu ouvido interno.

E. B. White trata do caso de forma convincente em *The Elements of Style*, um livro que todo autor deveria ler uma vez por ano, ao sugerir que se tente reordenar alguma frase que tenha sobrevivido a um ou dois séculos, como esta de Thomas Paine, que diz "Estes são tempos que desafiam a alma dos homens":

Tempos como estes desafiam a alma dos homens.
Como é desafiador viver nestes tempos!
São tempos desafiadores para a alma dos homens.
Para a alma, estes são tempos desafiadores.

A frase original de Paine soa poeticamente, enquanto as outras quatro são como mingau de aveia — eis o mistério divino do processo criativo. Bons prosadores precisam ser um pouco poetas, sempre ouvindo aquilo que escrevem. E. B. White é um dos meus estilistas preferidos porque percebo estar diante de um homem que se preocupa com a cadência e as sonoridades da língua. Eu saboreio (com o ouvido) a conformação que as palavras adquirem ao formarem uma sentença. Procuro imaginar como, ao reescrever uma sentença, ele rearranja tudo para finalizá-la com uma expressão que vai ressoar por algum tempo, ou como ele escolhe palavra por palavra em busca de uma determinada ênfase emocional. É a diferença, digamos, entre "sereno" e "impávido" — uma tão suave e a outra tão altissonante.

Essas considerações sobre ritmo e sonoridade deveriam estar presentes em tudo o que você escrevesse. Se todas as suas frases se estendem na mesma cadência dura, que você mesmo sente como desagradável, mas não sabe como melhorar, leia-as em voz alta. (Eu escrevo meus textos totalmente de ouvido e leio tudo em voz alta antes de expô-los ao mundo.) Você começará a ouvir onde está o problema. Veja se consegue criar variações, invertendo a ordem de uma frase, substituindo uma palavra que tenha alguma fragilidade ou estranheza, alterando o comprimento das sentenças de modo a não permitir que todas elas pareçam ter saído da mesma máquina. Uma frase curta pode ter um efeito tremendo. Ela permanece ecoando no ouvido do leitor.

Lembre-se de que as palavras são a sua única ferramenta. Aprenda a usá-las com originalidade e carinho. E lembre-se também: alguém do outro lado está ouvindo.

Usos

Essa conversa toda sobre palavras boas e palavras ruins nos remete a uma zona cinzenta, mas muito importante, que podemos chamar de "usos". O que é um bom uso da língua? Quais palavras recém-inventadas são OK, e quem avalia isso? É OK usar "OK"?

Referi-me, há pouco, a um episódio em que universitários azucrinavam a direção de uma faculdade e, no capítulo precedente, revelei ser um maníaco por palavras. Pois aí se encontram, justamente, duas recém-chegadas. O verbo "azucrinar"* significa perturbar uma pessoa, e quem quer que já tenha sido azucrinado por um funcionário por não conseguir preencher um formulário corretamente haverá de concordar que essa palavra cai como uma luva.

"Maníaco", no caso, significa um entusiasta das palavras, e isso não tira a aura de obsessão que se subentende ao chamarmos alguém de maníaco por jazz, ou maníaco por xadrez, ou maníaco por sol, embora provavelmente eu corresse o risco de me dar mal se tentasse descrever uma pessoa que frequenta

---

* No original em inglês o autor usa *hassle*, que tem sentido de disputa, controvérsia. (N.T.)

compulsivamente hospitais psiquiátricos como um maníaco por maníacos.

Seja como for, admito com alegria esses usos dessas palavras. Não as vejo como gíria nem as colocaria entre aspas para mostrar que estou me enturmando um pouco com o linguajar dos mais jovens, quando na verdade estou em outra. São palavras boas e precisamos delas. Mas eu não aceitaria "impactar" e "impeachar" e muitas outras novidades do gênero. São palavras inferiores, e *não* precisamos delas.

Por que uma palavra é boa e outra é inferior? Não consigo dar uma resposta, pois o uso das palavras não tem fronteiras fixas. A linguagem é uma estrutura que muda de uma semana para outra, acrescentando novos elementos e excluindo outros, e até mesmo maníacos por palavras se defrontam com aquilo que é ou não admissível, muitas vezes tomando a decisão a partir de critérios totalmente subjetivos, como o gosto ("impactar" é espalhafatoso demais), o que deixa no ar a pergunta sobre quem é que forma os nossos gostos.

Essa questão foi colocada nos anos 1960 para os editores de um novo dicionário, *The American Heritage Dictionary*. Eles formaram uma "comissão de usos" para ajudá-los a avaliar as novas palavras e as construções dúbias que surgiam. Quais deveriam ser acatadas e quais deveriam ser descartadas no ato? A comissão era composta de 104 homens e mulheres — em sua maioria escritores, poetas, editores e professores — conhecidos pelo trato cuidadoso da língua e por tentarem fazer bom uso dela. Eu fazia parte desse grupo e, durante alguns anos, respondi a vários questionários. Será que eu admitiria o uso de "inicializar" e "deletar"? O que eu sentia em relação a "para mim fazer"? Eu permitiria o uso de "tipo" — tipo o que tantas pessoas fazem? E quanto a "mega" sendo usado como "megaótimo"?

Fomos informados de que, no dicionário, as nossas opiniões seriam compiladas em um apêndice do tipo "Nota sobre os usos" para que os leitores pudessem conhecer como foram os nossos votos. O questionário também deixava espaço para qualquer comentário que nos sentíssemos impelidos a fazer — oportunidade que os membros da comissão aproveitaram com avidez, como ficamos sabendo quando o dicionário foi publicado e os nossos comentários foram divulgados para a imprensa. Opiniões passionais correram soltas. "Meu Deus, isso não, isso nunca!", exclamou Barbara W. Tuchman, quando questionada sobre o verbo *to author* ["autorar"]. O mundo erudito não conhece fúria maior do que a de um purista da língua que se defronta com porcarias como essa, e eu compartilhei da visão de Tuchman de que *to author* não deveria ser autorizado, assim como concordei com Lewis Mumford em que o uso de *good* [bom] como advérbio deveria ser "considerado propriedade exclusiva de Ernest Hemingway".

Mas os guardiães do uso de palavras fariam o seu trabalho apenas em parte se só preservassem a pureza da língua. Qualquer tolo poderia definir que o sufixo "ice", quando utilizado em "diversionice", é uma tolice ou que ser "quase único" é tão impossível como estar "quase grávida". A outra metade do trabalho é contribuir para o avanço da língua ao acolher a palavra nova que lhe acrescente força ou vivacidade. Nesse sentido, gostei de saber que 97% de nós havíamos votado a favor da incorporação de *dropout* [deixar de comparecer, desligar-se], que é uma palavra clara e viva, e de que só 47% admitiriam *senior citizen* [cidadão sênior], que é típico desses novos intrusos rechonchudos vindos da sociologia, os mesmos para quem um estrangeiro ilegal é, agora, um residente sem documentos. Gostei que *escalate* [ganhar escala] foi aprovada; é um tipo de artifício verbal que eu normalmente não aprecio, mas que a Guerra do Vietnã dotou de um sentido preciso, completado com muitas sugestões de equívocos cometidos.

Fico feliz de que tenhamos incorporado plenamente várias palavras saudáveis que os dicionários anteriores classificavam de modo pejorativo como coloquiais: adjetivos como *rambunctious* [indisciplinado, turbulento], verbos como *trigger* [ser esperto, ter raciocínio rápido] e *rile* [irritar, exasperar], substantivos como *shambles* [matadouro, açougue, carnificina], *tycoon* [magnata] e *trek* [viagem, migração em carros], esta última aprovada por 78% como significando qualquer viagem difícil, como em "*the commuter's daily trek to Manhattan*" ["a difícil viagem cotidiana dos passageiros até Manhattan"]. Originalmente, tratava-se de uma palavra no idioma africâner para designar as árduas jornadas dos bôeres em carroças puxadas por bois. Mas nossa comissão evidentemente considerou que a viagem diária até Manhattan não é menos árdua.

Ainda assim, 22% estavam contra a admissão do uso generalizado para *trek*. Essa era a virtude da revelação de como fora a votação em nosso grupo — expunha-se a nossa opinião, e os autores que se sentissem em dúvida poderiam agir conforme achassem mais apropriado. Da mesma forma, os 95% de votos registrados contra o uso de *myself* [eu mesmo] tal como em "*He invited Mary and myself to dinner*" [ele convidou Mary e a mim mesmo para jantar], uma palavra interditada como "presunçosa", "horrível" e "afetada", deveria servir de alerta para todos aqueles que não quisessem ser presunçosos, horríveis ou afetados. Como escreveu Red Smith, "*myself* é o refúgio dos idiotas que aprenderam desde cedo que *me* [eu] é uma palavra indecente".

Por outro lado, apenas 66% da comissão rejeitou o verbo *to contact* [contatar], visto antes como deselegante, e apenas metade se opôs ao uso do infinitivo com um advérbio a separá-lo da partícula *to* e aos verbos *to fault* [censurar, criticar] e *to bus* [transferir, mudar, transportar]. Portanto, somente 50% dos seus leitores irão criticá-lo [*to fault*] se você decidir voluntariamente telefonar para a direção da escola e transferir [*to bus*] seus filhos para outra cidade. Se você contatar [*to contact*] a direção da escola, porá a sua reputação em risco para outros 16%. Nosso modo aparente de proceder foi definido por Theodore M. Bernstein, autor do excelente *The Careful Writer* [O escritor cuidadoso]: "Deveríamos fazer o teste da utilidade. A palavra preenche uma necessidade real? Se sim, devemos dar passagem a ela".

Tudo isso confirma aquilo que os lexicógrafos sempre souberam: que as leis do uso são relativas, alterando-se sempre segundo o gosto do legislador. Um dos membros da nossa comissão, Katherine Anne Porter, chamou "OK" de "vulgaridade detestável" e garantiu nunca ter dito essa palavra em toda a sua vida, enquanto eu admiti abertamente ter dito a palavra "OK". *Most* [a maioria, maior quantidade], usado sob a forma de *most everyone* [quase todo mundo], foi execrado como uma "fala engraçadinha de fazendeiro" por Isaac Asimov e acatado como um "bom estilo em inglês" por Virgil Thomson. *Regime*, no sentido de designar um governo ou forma de governo, como no caso de "*the Truman regime*" [gestão de Truman], conquistou a aprovação de quase todo mundo da comissão, como aconteceu também com *dynasty* [dinastia]. Mas elas atraíram a cólera de Jacques Barzun, que disse: "São termos técnicos, seus malditos ignorantes da história!". Eu provavelmente dei um OK para *regime*. Agora, depois de repreendido por Barzun por falta de precisão, considero que essa palavra parece mais jornalês do que qualquer outra coisa. Uma das palavras que eu rechacei foi *personality* [personalidade] tal como se usa para dizer *TV personality* [celebridade de TV]. Mas hoje eu me pergunto se essa não seria mesmo a única palavra cabível para esse vasto lamaçal de pessoas famosas por serem famosas — e possivelmente por nada mais do que isso. O que as irmãs Gabor* realmente *faziam*?

---

* As atrizes e socialites Magda (1915-1997), Eva (1919-1995) e a mais famosa, Zsa Zsa (1917-2016). (N.T.)

No final, caiu-se na questão do que é o uso "correto" da língua. Não temos um rei para determinar qual é o inglês régio; temos apenas o inglês do presidente, que não desejamos. O *Webster*, defensor de longa data da tradição, turvou as águas em 1961 com a sua permissiva terceira edição, na qual se argumentava que quase tudo é válido desde que alguém o utilize, observando que o *ain't* (*am not* e *are not*: não ser, não ter) é "usado oralmente na maior parte dos EUA por muitos falantes cultos da língua".

Onde é que o *Webster* encontrou esses falantes, eu não tenho ideia.* De todo modo, é verdade que a língua falada é mais livre do que a língua escrita, e o *American Heritage Dictionary*, corretamente, colocava-nos as perguntas considerando as duas formas. Muitas vezes autorizávamos uma expressão oral que vetávamos, porém, por escrito, por ser informal demais, totalmente conscientes, no entanto, de que "a pena deve, ao final, encaminhar-se conforme a língua", como disse Samuel Johnson, e que o lixo oral de hoje pode amanhã ser o ouro da escrita. A crescente aceitação do *split infinitive*,** ou da preposição ao final de uma frase, prova que a sintaxe formal não consegue erguer uma barreira eterna contra uma forma oral mais confortável para dizer a mesma coisa — e nem deveria fazê-lo. Eu acredito que o final da frase em inglês é um ótimo lugar onde colocar uma preposição.***

Nossa comissão admitiu que a correção de um determinado uso pode até mesmo variar conforme a utilização que se faça

---

* *I ain't sure*, usado ironicamente pelo autor. (N.T.)

** Ocorre o "*split infinitive*" [infinitivo dividido] quando um advérbio, ou outra palavra, é colocado entre o *to* e o verbo. Embora informal, seu uso é cada vez mais frequente, como neste exemplo: "You have to really read it" — o correto seria "You really have to read it" [você realmente deve lê-lo]. (N.T.)

*** Propositadamente, o autor conclui a frase com uma preposição: "*a sentence is a fine thing to put a preposition at the end of*". (N.T.)

de uma mesma palavra. Votamos maciçamente contra *cohort* [bando, grupo, comparsa] como sinônimo de *colleague* [colega], a não ser quando usado em tom jocoso. Assim, um professor não pode estar entre os seus *cohorts* em uma reunião formal na faculdade, mas eles seriam muitos em uma reunião de faculdade, informal, com todos usando chapéus engraçados. Rejeitamos *too* [também, demais, muito] como sinônimo de *very* [muito], como em "*His health is not too good*" [A saúde dele não é muito boa]. Da saúde de quem estamos falando? Mas o aprovamos se o uso for de sarcasmo ou em tom bem-humorado, como em "*He was not too happy when she ignored him*" [Ele não ficava muito contente quando ela o ignorava].

Essas diferenciações podem parecer ninharias. Mas não são. São sinais para o leitor de que você é sensível às nuanças do uso da língua. *Too*, quando substituído por *very*, cria algo rebarbativo: "*He didn't feel too much like going shopping*" [Ele não se viu muito como alguém que estivesse fazendo compras]. Mas o ácido exemplo do parágrafo anterior é digno do [escritor satírico] Ring Lardner. Ele adiciona um toque de sarcasmo que de outra maneira não existiria ali.

Por sorte, a partir das deliberações da comissão, acabou se estabelecendo um padrão, que oferece uma pauta útil até hoje. Acabamos sendo liberais ao aceitar novas palavras e expressões, mas conservadores na gramática.

Seria loucura rejeitar uma palavra tão perfeita como *dropout* [desligar-se, desistir] ou fingir que todos os dias um sem-número de palavras e expressões não atravessa o portal do bom uso, palavras provenientes da ciência e tecnologia, negócios, esportes e mudanças sociais: *outsource* [terceirização], *blog, laptop, mouse-pad, geek, boomer* [celebridade], Google, iPod, *hedge fund* [certo tipo de fundo de investimento], 24/7, *multi-tasking* [multitarefas], *slam dunk* [algo com sucesso garantido] e centenas de outras palavras. Também não devemos esquecer todas as palavras curtas inventadas pela contracultura nos anos 1960 como um meio de atacar a verborragia cheia de soberba do establishment: *trip* [viagem], *rap* [pancada], *crash* [choque], *trash* [lixo, refugo], *funky* [vibrante], *split* [fenda, ruptura], *rip-off* [imitação barata], *vibes* [vibrações], *downer* [depressivo], *bummer* [vagabundo]. Se a brevidade valesse prêmios, todos esses seriam vencedores. O único problema de aceitar palavras que entram no linguajar das pessoas da noite para o dia é que frequentemente elas desaparecem com a mesma velocidade. Os happenings do final dos anos 1960 não acontecem mais, a expressão *out of sight* [longe dos olhos] se perdeu no horizonte e até mesmo *awesome* [incrível, impressionante] começou a sair de moda. O escritor que dá importância ao uso das palavras tem que saber distinguir o vivo do morto.

Com relação ao campo em que a nossa comissão de uso foi conservadora, preservamos a maior parte das distinções clássicas definidas pela gramática — *can* [poder, mais no sentido de habilidade ou condições para fazer algo] e *may* [poder, mais no sentido de ter permissão para fazer algo], *fewer* [menos, em sentido quantitativo] e *less* [menos, em sentido mais subjetivo], *eldest* [o mais velho, usado mais para se referir a parentes ou familiares] e *oldest* [o mais velho, sendo utilizado para qualquer pessoa] etc. — e execramos os velhos erros, insistindo que *flout* [ignorar, escarnecer, zombar] ainda não tem o mesmo significado de *flaunt* [ostentar], mesmo que muitos escritores ostentem a sua ignorância insultando as regras, e que *fortuitous* [casual, fortuito] ainda quer dizer o mesmo que *accidental* [acidental], *disinterested* [desinteressado] ainda significa *impartial* [imparcial] e *infer* [deduzir, inferir] não quer dizer *imply* [implicar, subentender]. Neste caso, fomos motivados por nosso amor pela bela precisão da língua. Um uso incorreto fará você perder os leitores que mais gostaria de ganhar. Saiba a diferença entre *reference* [referência] e *allusion* [alusão], entre *connive* [ser conivente] e *conspire* [conspirar], entre *compare with* [comparar com, cotejar] e *compare to* [comparar a, equiparar a]. Se você precisa usar *comprise* [conter, incluir], use corretamente. Significa *include* [incluir]: *dinner comprises meat, potatoes, salad and dessert* [o jantar inclui carne, batata, salada e sobremesa].

"Opto sempre pela forma gramaticalmente correta, a não ser que isso soe afetado demais", afirmou Marianne Moore, e esse foi, no fim das contas, o critério adotado pela comissão. Não éramos um grupo de pedantes, fissurados na correção a ponto de não admitir que a língua possa se renovar com expressões como "fissurados". Mas isso não significava que tínhamos de aceitar a entrada de qualquer atrocidade que batesse à porta com estrondo.

Enquanto isso, a batalha continua. Ainda hoje recebo cédulas de consulta do *American Heritage Dictionary* pedindo minha opinião sobre novas expressões: verbos como *definitize* [definir, delimitar], como na frase "*Congress definitized a proposal*" [o Congresso definiu uma proposta], substantivos como *affordables* [coisas que podem ser proporcionadas, fornecidas, permitidas], coloquialismos como *the bottom line* [linha final de um balanço de empresa, que mostra o resultado obtido] ou coisas esparsas como o uso de *into* [em, no, na, para dentro de] em "*he's into the backgammon and she's into jogging*" [ele está no gamão e ela está na corrida].

Não é mais necessária a existência de uma comissão de especialistas para observar que o jargão está inundando o dia a dia e a língua. O presidente Jimmy Carter baixou uma ordem segundo a qual as normas do país deviam ser redigidas de forma "simples e clara". A secretária de Justiça do presidente Bill Clinton, Janet Reno, instou os advogados do país a substituir "o juridiquês" por "palavras curtas e conhecidas que todas as pessoas entendam" —

palavras como "certo", "errado" e "justiça". Empresas contrataram consultores para tornarem os seus textos menos obscuros, e até mesmo a indústria de seguros procura reescrever os seus contratos para nos informar em termos menos desastrosos qual a indenização que teremos quando ocorrer algum desastre. Eu não gostaria de apostar se tais esforços serão frutíferos ou não. No entanto, é reconfortante observar tantos cães de guarda parados na praia, tentando, como o rei Canuto, fazer a maré recuar. É onde todos os escritores cuidadosos deveriam estar — de olho em cada destroço de naufrágio trazido pela água, para então perguntar: "Precisamos mesmo disso?".

Lembro-me da primeira vez que alguém me perguntou "como isso impacta você?". Eu sempre tinha achado que "impacto" fosse um substantivo. A partir daí, comecei a deparar com "desimpactar", normalmente relacionado a programas feitos para reduzir o impacto dos efeitos de alguma adversidade. Hoje, na língua inglesa, substantivos se transformam em verbos da noite para o dia. Focamos metas e acessamos os fatos. Condutores de trens anunciam que o trem não irá *platform* [algo como "plataformar"]. Um aviso em um portão de aeroporto me informa que este está *alarmed* [com alarme, "alarmado"]. Empresas estão *downsizing* ["ficando de menor tamanho"]. É parte de um esforço *ongoing* [contínuo, permanente, em andamento] para expandir o negócio. *Ongoing* é um jargão cuja utilidade principal é elevar o moral. Encaramos o nosso emprego no dia a dia com mais entusiasmo se o chefe nos diz que há um projeto *ongoing*; contribuímos com mais disposição para instituições que focaram os nossos fundos para atender necessidades *ongoing*. Caso contrário, acabaríamos como vítimas de "desincentivo".

Eu poderia continuar. Tenho exemplos suficientes para um livro inteiro, mas não seria um livro que eu gostaria que todo mundo lesse. Uma pergunta fica no ar: o que é um bom uso?

Uma abordagem útil é tentar distinguir aquilo que é uso daquilo que é jargão.

Eu diria, por exemplo, que *"prioritize"* [colocar em ordem de importância] é jargão — um verbo novo e pomposo que parece soar mais imponente do que *"rank"* [ranquear] — e que *"bottom line"* [linha final de um balanço de empresa que mostra o resultado obtido; conclusão] é uso, como uma metáfora emprestada do mundo da contabilidade que transmite uma imagem fácil de visualizar. Como todo homem de negócios sabe, a *bottom line* é aquilo que realmente interessa. Se alguém diz *"the bottom line is that we just can't work together"* ("A conclusão é que não podemos trabalhar juntos"), sabemos o que está sendo dito. Não gosto muito da expressão, mas o balanço final é que *bottom line* veio para ficar.

Novos usos também são trazidos por novos acontecimentos políticos. Assim como a Guerra do Vietnã nos trouxe *escalate* [ganhar escala], o caso Watergate nos presenteou com todo um léxico de palavras que conotavam obstrução e fraude, incluindo *deep-six* [descartar, jogar fora], *launder* [lavar], *ennemies list* [lista negra] e outros escândalos nomeados com o sufixo *-gate*, como o Irangate.* Não deixa de ser uma ironia bem apropriada o fato de que sob o governo de Richard Nixon "lavar" tenha se tornado uma palavra suja. Hoje em dia, quando ouvimos que alguém lavou dinheiro para ocultar a origem de sua fortuna, a palavra tem um sentido preciso. É curta, forte, e precisamos dela. Eu acato *launder* e *stonewall* [obstruir]; não acato *prioritize* nem *disincentive* [desincentivar].

Eu sugeriria um método semelhante para separar o inglês correto do inglês técnico. É a diferença, digamos, entre *printout* ["printar"] e *input* [entrada, colocação de informações ou dados].

---

* Mais conhecido em português como o caso Irã-Contras. (N.T.)

Printout é algo específico, que é emitido por um computador. Antes da chegada dos computadores, essa palavra não era necessária; agora é. Mas ela se limita ao universo a que pertence. Isso não ocorre com *input*, que foi cunhada para descrever a informação que alimenta o computador. Nossos *inputs*, agora, versam sobre todo e qualquer assunto, das dietas ao discurso filosófico ("eu gostaria de saber qual é o seu *input* a respeito da existência ou não de Deus").

Eu não quero dar a uma pessoa o meu *input* nem receber dela um *feedback* [avaliação], embora ficasse feliz em poder lhe expor as minhas ideias e ouvir o que ela acha delas. O bom uso, para mim, consiste em usar as palavras corretas quando elas já existem — como quase sempre acontece — para me expressar com clareza e simplicidade para alguém. Você poderia dizer que é como eu verbalizo o interpessoal.

PARTE II

Métodos

Unidade

Você aprende a escrever escrevendo. É um truísmo, mas o que faz disso um truísmo é o fato de ser uma verdade. A única maneira de você aprender a escrever é se obrigar a produzir certa quantidade de frases regularmente.

Se você começou a trabalhar em um jornal que exige que escreva dois ou três textos por dia, dentro de seis meses será um escritor melhor. Não estará, necessariamente, escrevendo bem; o seu estilo poderá ainda estar cheio de excessos e clichês. Mas estará exercitando a sua capacidade de colocar o idioma no papel, ganhando confiança e identificando os problemas recorrentes.

Toda escrita é, em última instância, um modo de resolver um problema. Pode ser um problema relacionado a como obter os dados ou como organizar o material reunido na apuração. Pode ser um problema de enfoque ou atitude, tom ou estilo. Seja como for, esse problema precisa ser enfrentado e solucionado. Às vezes você perderá a esperança de encontrar a solução adequada — ou qualquer solução. Pensará: "Mesmo com noventa anos nunca conseguirei arrumar essa bagunça". Eu mesmo já pensei assim muitas vezes. Mas finalmente solucionei o problema porque sou como um cirurgião que precisa remover o seu quingentésimo apêndice; já tinha passado por isso.

O elemento crucial da boa escrita é a unidade. Então, antes de mais nada, organize cada coisa rigorosamente. A unidade não só impede o leitor de se dispersar em diferentes direções, mas também atende a uma necessidade subconsciente que ele tem de ordem e lhe garante que o leme está em boas mãos. Assim, escolha alguma das várias possibilidades e mantenha-se firme nela.

Uma das escolhas se refere à unidade do pronome pessoal. Você irá escrever na primeira pessoa, como um participante do enredo, ou na terceira pessoa, como um observador?

Outra escolha diz respeito à unidade de tempo verbal. A maioria das pessoas escreve principalmente no passado ("Fui a Boston outro dia"), mas algumas o fazem agradavelmente no presente ("Estou sentado no vagão-restaurante da Yankee Limited rumo a Boston"). O que não é agradável é ficar mudando de um para outro. Não quero dizer que não se possa usar mais de um tempo verbal; todo propósito da existência dos tempos verbais é possibilitar ao escritor que aborde o tempo em suas diversas gradações, do passado ao futuro hipotético ("Quando telefonei para minha mãe da estação de Boston, percebi que, se tivesse escrito para lhe contar que eu viria, ela teria esperado por mim"). Mas você deve escolher o tempo *principal* por meio do qual o seu leitor será conduzido, apesar dos olhares de relance que possa dirigir para trás ou para diante ao longo do caminho.

Outra escolha é a da unidade de tom. Você pode querer se dirigir ao leitor com uma voz informal como a que *The New Yorker* soube arduamente refinar. Ou você pode querer abordar o leitor com certa formalidade para descrever um acontecimento sério ou apresentar um conjunto de dados importantes. Os dois modos são admissíveis. Na verdade, *qualquer* tom é admissível. Mas não misture um com outro.

Essas misturas mortais são comuns em escritores que não aprenderam a ter controle do texto. Textos sobre viagens são um exemplo claro. "Minha mulher, Ann, e eu sempre quisemos conhecer Hong Kong", começa o autor, com sua veia carregada de reminiscências, "e um dia, na primavera passada, estávamos olhando para um cartaz de uma companhia aérea e eu disse 'Vamos para lá!'. As crianças já estavam crescidas", continua ele, e se põe a descrever em detalhes vívidos como ele e sua esposa, depois de uma parada no Havaí, passaram maus bocados para trocar o dinheiro no aeroporto de Hong Kong e achar o hotel. Muito bem. Trata-se de uma pessoa real que nos conduz em uma viagem real, e nós nos identificamos com ele e com Ann.

De repente, o autor transforma o texto em um folheto de agência de viagens. "Hong Kong proporciona muitas experiências fascinantes para o curioso turista", escreve. "Pode-se pegar a pitoresca balsa em Kowloon para passear embevecido em meio à miríade de sampanas que trafegam apressadas pela baía apinhada de embarcações, ou passear um dia da viagem perambulando pelas ruelas da lendária Macau com sua rica história de refúgio de contrabandistas e intrigas. Você vai querer pegar o exótico funicular que sobe..." Voltamos a ele e Ann e aos esforços de ambos para conseguir comer em restaurantes chineses, e então o texto novamente vai bem. Todo mundo se interessa por comida, e eles nos contam uma aventura pessoal.

Mas logo depois, subitamente, o autor se transforma em guia de viagem. "Para entrar em Hong Kong, é preciso ter um passaporte válido, mas não há necessidade de visto. Você deve com certeza se vacinar contra hepatite e seria aconselhável consultar o seu médico com relação a uma possível prevenção contra a febre tifoide. O clima em Hong Kong é ameno, conforme as estações, com exceção dos meses de julho e agosto, quando..." O nosso autor foi embora, assim como Ann, e por isso nós mesmos logo cairemos fora também.

Não que as sampanas apressadas e as doses de vacina contra a hepatite não devessem constar do texto. O que nos incomoda é que o autor nunca se decide sobre qual tipo de texto quer escrever ou como quer se dirigir a nós. Ele se mostra com diferentes caras, dependendo do tipo de conteúdo que tenta tratar. Em vez de controlar o seu conteúdo, o conteúdo é que o controla. Isso não aconteceria se ele investisse um pouco de tempo em estabelecer uma unidade.

Assim, antes de começar, faça a si mesmo algumas perguntas básicas. Por exemplo: "No papel de quem eu vou me dirigir ao leitor?" (Repórter? Provedor de informações? Um homem ou uma mulher comum?), "Qual voz e qual tempo verbal eu vou utilizar?", "Qual estilo?" (Um relatório impessoal? Pessoal, mas formal? Pessoal e informal?), "Qual a minha postura em relação ao material disponível?" (Envolvimento? Distância? Opinativa? Irônica? Divertida?), "Quanto eu quero abranger com meu texto?", "Qual ponto central eu quero enfatizar?".

As duas últimas perguntas são particularmente importantes. A maior parte dos autores de não ficção sofre de um complexo do definitivo. Eles se sentem na obrigação — para com o assunto abordado, para com a sua honra, para com os deuses da escrita — de que o seu texto seja a palavra final sobre o tema. É um impulso louvável, mas acontece que não existe palavra final. O que você considera definitivo hoje deixará de ser definitivo nesta mesma noite, e escritores que perseguem obstinadamente todo e qualquer último dado acabarão por se ver, eles próprios, correndo atrás do arco-íris e nunca se sentando para escrever. Ninguém consegue escrever um livro ou um artigo "sobre" alguma coisa. Tolstói não podia escrever um livro sobre a guerra e a paz, nem Melville um livro sobre a caça às baleias. Eles tomaram algumas decisões redutivas sobre o tempo e o espaço e sobre os personagens que estariam naquele tempo e naquele espaço — um homem perseguindo uma baleia. Todo projeto de texto deve ser reduzido antes de você começar a escrever.

Por isso, pense pequeno. Escolha qual aspecto do seu tema você vai separar e contente-se com abordá-lo bem, e só. Isso é também uma questão de energia e moral. Um trabalho de redação difícil de manejar acabará por sugar o seu entusiasmo. Entusiasmo é a força que mantém você avançando e que segura o leitor em suas mãos. Quando o seu ânimo começa a arrefecer, o leitor é a primeira pessoa a perceber isso.

Com relação ao ponto central que você quer enfatizar, todo texto de não ficção bem-sucedido deveria provocar no leitor um pensamento que ele nunca teve. Não dois pensamentos, nem cinco — apenas um. Portanto, escolha qual questão você quer deixar na cabeça do leitor. Isso não só lhe dará uma ideia melhor do caminho a seguir e aonde quer chegar como também afetará a sua decisão sobre o tom e a postura. Algumas questões são mais bem colocadas por meio da seriedade; outras por uma tácita alusão; outras, ainda, por meio do humor.

Uma vez escolhidos os pilares que darão unidade ao seu texto, não existe conteúdo que não possa ser encaixado na moldura que você definiu. Se o turista de Hong Kong tivesse escolhido escrever apenas em tom pessoal sobre o que ele e Ann fizeram, ele teria encontrado uma maneira natural de introduzir na sua narrativa tudo o que quisesse nos dizer sobre a balsa de Kowloon e o clima local. Sua personalidade e sua intenção permaneceriam intactas, e o seu artigo se sustentaria muito bem.

Também acontecerá de você tomar essas decisões prévias e depois descobrir que elas estavam equivocadas. O material de que dispõe começa a levá-lo para uma direção inesperada, em que você se sente melhor escrevendo com outro tom. Isso é normal — o ato de escrever desperta um conjunto de reflexões e lembranças que você não havia antecipado. Não reme contra a corrente se sentir que mudar é melhor. Confie no seu material se ele o leva para um terreno em que você não pretendia entrar, mas onde as vibrações parecem positivas. Ajuste o seu estilo de acordo com isso e siga em frente, qualquer que seja o destino final. Não fique prisioneiro de um plano preestabelecido. Escrever não é construir com base em uma planta de engenharia.

Se isso ocorrer, a segunda parte do texto não conseguirá se encaixar bem com a primeira. Mas pelo menos você saberá qual parte corresponde mais verdadeiramente ao seu instinto. A partir daí, é só uma questão de fazer ajustes. Volte ao começo e o reescreva de maneira a fazer com que o tom e o estilo sejam os mesmos do começo ao fim.

Não há de que se envergonhar no uso desse método. Tesoura e cola — ou seus equivalentes em um computador — são ferramentas usadas pelos mais consagrados escritores. Apenas se lembre de que todas as unidades devem se ajustar ao edifício que você finalmente construiu, mesmo que tenham sido reunidas em um trabalho retroativo, caso contrário o conjunto logo desmoronará.

O lide e o final

A frase mais importante de qualquer texto é a primeira. Se ela não levar o leitor a avançar para a segunda frase, o seu artigo estará morto. E, se a segunda frase não o levar a passar para a terceira, o texto também estará morto. É a partir da progressão dessas frases, com cada uma empurrando o leitor para a seguinte até que ele seja fisgado, que o escritor forma este elemento decisivo: o "lide".

De que tamanho deveria ser o lide? Um ou dois parágrafos? Quatro ou cinco? Não existe uma resposta pronta. Certos lides fisgam o leitor com algumas poucas frases bem chamativas; outros se prolongam por várias páginas, exercendo um lento porém firme poder de atração. Cada texto coloca um problema diferente, e o único teste válido é: funciona? O seu lide pode não ser o melhor de todos os lides possíveis, mas, se ele cumpre a função que deveria cumprir, agradeça e siga em frente.

Às vezes, a extensão pode depender do público para quem você escreve. Leitores de uma revista literária esperam que os autores iniciem os textos com alguma digressão e criarão um vínculo pelo prazer de especular aonde irá levar aquela prazerosa travessia em círculos rumo ao ponto central. Mas aconselho-o a não imaginar que o leitor ficará ali por muito tempo. Os leitores querem saber, rapidamente, o que encontrarão que seja de seu interesse.

Por isso, o seu lide deve ser capaz de capturar o leitor imediatamente e levá-lo a prosseguir na leitura. Deve agradar-lhe com o frescor do texto, com alguma novidade, algum paradoxo, pelo humor, pela surpresa, por uma ideia incomum, um fato interessante ou uma pergunta. Tudo pode funcionar, desde que atice a curiosidade e atraia a atenção.

Além disso, o lide deve ter uma função concreta. Deve prover detalhes contundentes que mostrem ao leitor por que aquele texto foi escrito e por que alguém deveria lê-lo. Mas não se alongue muito nisso. Seduza o leitor um pouco mais; mantenha-o curioso.

Prossiga na construção do texto. Cada parágrafo deve amplificar o precedente. Procure ir acrescentando mais detalhes concretos e menos o que é mera distração para o leitor. Mas cuide especialmente da última frase de cada parágrafo — trata-se do trampolim para o seguinte. Procure incluir nessa frase alguma pitada extra de humor ou surpresa, como os "fechos" que os comediantes de *stand up* utilizam repetidamente em suas apresentações. Provoque um sorriso no seu leitor e com isso você já o terá conquistado para pelo menos mais um parágrafo.

Vamos dar uma olhada em alguns lides que variam em ritmo, mas que se assemelham porque mantêm uma pressão constante. Começarei com duas colunas minhas publicadas na *Life* e na *Look* — revistas que, a julgar pelos comentários dos leitores, chegam a eles principalmente em barbearias, salões de beleza, aviões e consultórios médicos ("Estava cortando o cabelo outro dia e vi seu artigo"). Esse comentário serve para lembrar que a leitura regular ocorre muito mais debaixo de um secador do que de um abajur e, por isso, o autor não tem muito tempo para ficar dando voltas.

O primeiro é o lide de um texto intitulado "Block That Chickenfurter":*

> Muitas vezes me perguntei o que há dentro de um cachorro-quente. Agora eu sei, e preferia não saber.

Duas frases bem curtas. Mas fica muito difícil não querer ler o segundo parágrafo:

> Meus problemas começaram quando o Departamento de Agricultura divulgou os ingredientes do cachorro-quente — tudo o que pode ser legalmente permitido — porque a indústria de aves lhe pedira que afrouxasse as condições para que o frango também pudesse ser incluído entre esses ingredientes. Em outras palavras, pode o frangofurter ser feliz na terra da frankfurter?

Uma frase que relata o incidente no qual o colunista se baseou. E, em seguida, um fecho cômico de parágrafo para retomar o tom suave.

> A julgar pelas 1.066 respostas, principalmente hostis, que o departamento recebeu depois de distribuir um questionário sobre essa questão, a simples ideia de atender ao pedido parece impensável. O sentimento do público foi expresso com muita felicidade por uma mulher, que respondeu: "Não como nenhum tipo de pena".

Mais um fato e mais um sorriso. Se você tiver a sorte de dispor de uma citação tão engraçada como essa, encontre um meio de utilizá-la. O texto, então, enumera o que o Departamento de

---

* "Proíbam esse frangofurter" — neologismo a partir de "Frankfurter", tipo de salsicha usada em hot-dogs e, por vezes, sinônimo do próprio sanduíche. (N.T.)

Agricultura afirmava que podia compor um cachorro-quente — uma lista que incluía "a parte comestível do músculo de gado, carneiro, suíno ou bode encontrada no diafragma, no coração ou no esôfago [...] [mas não] os músculos encontrados nos lábios, focinho ou orelhas".

A partir daí, o texto avança — não sem certo reflexo involuntário no esôfago — relatando a controvérsia entre os interesses dos produtores de aves e os de salsichas, e o fato de que os americanos comeriam qualquer coisa que pudesse lembrar, mesmo que remotamente, um cachorro-quente. Ao final, fica implícita uma questão mais importante: os americanos não sabem do que é feita a comida que ingerem, ou não se preocupam com isso. O estilo do texto continuou sendo informal, com toques de humor. Mas o conteúdo se revelou mais sério do que os leitores esperavam ao serem tragados para dentro dele por um lide engraçado.

Um lide mais extenso, atrativo ao leitor mais pela curiosidade do que pelo humor, abria o texto intitulado "Thank God for Nuts" [Agradeço a Deus pelos Malucos]:

> De um ponto de vista racional, ninguém gostaria de ver duas vezes — ou nem sequer uma vez — uma gosmenta casca de olmo de Clear Lake, Wisconsin, terra natal do arremessador Burleigh Grimes, exposta no Museu Nacional de Beisebol e no Hall da Fama de Cooperstown, em Nova York. Como explica a legenda, era uma casca desse tipo que Grimes mastigava durante os jogos "para estimular a saliva com que ele umedecia a bola antes de arremessá-la. Quando umedecida, a bola fazia uma trajetória enganosa até a base". Isso pode parecer um dos fatos de menor interesse nos EUA atualmente.
>
> Entretanto, os fãs do beisebol não podem ser julgados de um ponto de vista racional. Somos obcecados pelas minúcias do jogo e marcados pelo resto de nossas vidas pela lembrança dos jogadores que vimos atuar alguma vez. Por isso, nenhum item que nos

reaproxime deles é descartável. Tenho idade suficiente para me recordar de Burleigh Grimes e seus arremessos bem umedecidos avançando de modo tortuoso para a base e, quando vi aquele pedaço de casca, fiquei a estudá-lo intensamente, como se estivesse diante da pedra de roseta. "Então, era assim que ele fazia", pensei, observando aquela estranha relíquia botânica. "Olmo! Macacos me mordam!"

Esse foi apenas um dentre as centenas de encontros que tive com a minha própria infância enquanto passeava pelo museu. É provável que nenhum outro proporcione uma peregrinação tão pessoal rumo ao nosso passado...

O leitor, aqui, já foi fisgado com segurança, e a parte mais difícil do trabalho do escritor está terminada.

Um dos motivos para citar esse lide é observar que a salvação muitas vezes reside não no estilo do escritor, mas em alguns fatos peculiares que ele conseguiu descobrir. Eu fui a Cooperstown e passei uma tarde inteira no museu, fazendo anotações. Tomado pela nostalgia em cada sala, contemplei reverencialmente um armário de vestiário de Lou Gehrig e um bastão de Bobby Thomson usado em um jogo em que ele saiu vitorioso. Sentei em uma poltrona da tribuna de honra do estádio de Polo Grounds, enfiei a sola sem cravos do meu sapato na base principal de Ebbets Field e copiei cuidadosamente todas as legendas e etiquetas que pudessem ser úteis.

"Esta é a chuteira que tocou a base principal quando Ted concluiu sua jornada pelas bases", dizia a legenda identificando o calçado usado por Ted Williams quando ele conseguiu um *home run* na última vez em que atuou como rebatedor. Essas chuteiras estavam em condições bem melhores do que o par — todo gasto e rasgado nas laterais — que pertenceu a Walter Johnson. Mas a legenda fornecia exatamente o tipo de justificativa que um louco por beisebol poderia querer. "Meu pé precisa estar bem confortável quando estou arremessando", disse o grande Walter.

O museu fechou às cinco e fui para o hotel satisfeito com minhas lembranças e minha pesquisa. Mas o instinto me aconselhou a voltar ali na manhã seguinte para dar mais uma olhada, e foi só então que deparei com a casca de árvore de Burleigh Grimes, que me pareceu o lide ideal. E ainda parece.

Uma das lições dessa história é que você deve sempre reunir mais material do que vai utilizar. A força de um texto é proporcional à quantidade de detalhes dentre os quais pode escolher os poucos que servirão aos seus propósitos — isso, se você não ficar procurando dados para sempre. A certa altura, precisa parar de pesquisar e começar a escrever.

Outra lição é que deve procurar pelo seu material em todos os lugares, não apenas lendo as fontes óbvias e entrevistando as pessoas óbvias. Atente para as sinalizações, para os outdoors e toda aquela porcaria escrita ao longo das rodovias americanas. Leia os rótulos das embalagens e as instruções que acompanham os brinquedos, as bulas dos remédios e as pichações nos muros. Leia os pequenos anúncios, sempre tão cheios de autoestima, que transbordam nas suas mãos junto com os extratos da sua conta de luz, de telefone e do banco. Leia os cardápios, os catálogos e o que chegar pelo correio. Mergulhe nos espaços mais obscuros dos jornais, como os classificados de imóveis dos domingos — você pode deduzir a índole de uma sociedade pelo tipo de coisa que ela gosta de colocar no seu quintal ou jardim. A paisagem do nosso dia a dia é abundante em mensagens absurdas e presságios. Observe-os. Eles não só têm uma importância social como também, frequentemente, são estranhos o suficiente para compor um lide diferente de qualquer outro.

Por falar em lides alheios, há vários tipos que eu preferiria não encontrar mais, como aquele do futuro arqueólogo: "Quando algum arqueólogo topar no futuro com os vestígios de nossa civilização, como ele verá a jukebox?". Ele nem está aqui, mas eu já me cansei dele. Também estou cansado do visitante de Marte: "Se um marciano aterrissasse em nosso planeta, ele ficaria espantado ao ver as multidões de terráqueos quase nus deitados na areia queimando a pele". Estou cansado do gracioso evento que aconteceu do nada, "um dia, não muito tempo atrás", ou em um conveniente sábado à tarde recente: "Um dia, não muito tempo atrás, um pequeno menino com nariz de batatinha estava passeando com seu cachorro, Terry, em um campo nos arredores de Paramus, Nova Jersey, quando viu alguma coisa que se parecia estranhamente com um balão subindo do solo". E estou muito cansado do lide "têm em comum": "O que tinham em comum Joseph Stálin, Douglas McArthur, Ludwig Wittgenstein, Sherwood Anderson, Jorge Luis Borges e Akira Kurosawa? Todos eles gostavam de filmes de faroeste". Vamos deixar em paz o futuro arqueólogo, o marciano e o menino com nariz de batatinha. Tente colocar no seu lide uma percepção ou um detalhe mais vívidos.

Observe este lide de Joan Didion, em texto intitulado "Romaine 7.000, Los Angeles 38":

O nº 7.000 da rua Romaine fica em uma região de Los Angeles que é familiar para os admiradores de Raymond Chandler e Dashiell Hammett: a parte baixa de Hollywood, ao sul do Sunset Boulevard, um bairro pobre de classe média com "estúdios", armazéns e casas geminadas para duas famílias. Como os estúdios da Paramount, Columbia, Desilu e de Samuel Goldwyn são próximos uns dos outros, muitas pessoas que moram naquela área têm alguma ligação com a indústria do cinema. Já revelaram fotos de fãs ou conheceram a manicure de Jean Harlow. O nº 7.000 da Romaine parece a fachada desbotada de um cinema, é um edifício em tom pastel com detalhes de *art moderne* entalhados, as janelas agora seladas com madeira ou cobertas de vidros aramados e em cuja entrada, entre alguns canteiros mirrados de espirradeiras, se avista um tapete de borracha com os dizeres: BEM-VINDO.

Na verdade, ninguém é bem-vindo, pois o nº 7.000 da Romaine agora pertence a Howard Hughes, e a porta está trancada. Que o "centro de comunicações" de Hughes esteja sob a lânguida luz do sol da região de Hammett e Chandler é uma dessas circunstâncias que confirmam a suspeita de muita gente de que a vida é realmente um roteiro de filme, pois o império de Hughes foi, naqueles tempos, o único complexo industrial do mundo — reunindo, ao longo dos anos, uma fábrica de máquinas, subsidiárias estrangeiras de autopeças, uma cervejaria, duas companhias aéreas, imobiliárias enormes, um importante estúdio de cinema e um negócio de eletrônicos e de projéteis — tocado por um homem cujo modus operandi mais se parece com o de um personagem de *À beira do abismo*.

Ocorre que moro não muito longe do nº 7.000 da Romaine e vira e mexe passo por ali, creio que com o mesmo espírito com que estudiosos do rei Arthur visitam o litoral de Cornwall. Sou interessada nas histórias em torno de Howard Hughes...

O que nos puxa para dentro desse texto — a fim de, esperamos, dar uma espiada na maneira como Howard Hughes opera e ter alguma aproximação com o enigma da Esfinge — é a ininterrupta acumulação de fatos com páthos e um glamour desbotado. Conhecer a manicure de Jean Harlow é como ter uma relação minúscula com a glória, as boas-vindas não tão boas assim do tapete da entrada soam como uma relíquia excêntrica de uma era de ouro em que as janelas de Hollywood não eram cobertas com vidro aramado e o negócio era tocado por gigantes como Mayer, DeMille e Zanuck, que podiam realmente ser vistos no exercício de seu enorme poder. Queremos saber mais e lemos o texto.

Outra forma de abordagem é simplesmente contar uma história. É uma solução básica, tão óbvia e pouco sofisticada, que acabamos por esquecer que ela está à nossa disposição. Mas a narração é o método mais antigo e mais incisivo para reter a atenção de uma pessoa; todo mundo gosta de ouvir uma história. Procure sempre uma maneira de fornecer a sua informação de forma narrativa. Reproduzo a seguir o lide de um relato feito por Edmund Wilson sobre a descoberta dos Manuscritos do Mar Morto, uma das mais extraordinárias relíquias da Antiguidade encontradas nos tempos modernos. Não se trata do formato "do café da manhã à hora de dormir" usado por escritores inexperientes, em que uma viagem de pescaria começa com o som da campainha de um despertador antes de o dia nascer. Wilson vai direto ao ponto — e, opa, já estamos dentro:

> Em um dia qualquer, bem no início da primavera de 1947, um garoto beduíno chamado Muhammed, o lobo, estava conduzindo algumas cabras perto de um rochedo na margem oeste do Mar Morto. Ao escalar um local para recuperar um dos animais que tinha se extraviado, ele percebeu no penhasco uma fenda que nunca tinha visto e, negligentemente, atirou uma pedra lá dentro. Ouviu, então, o som estranho de algo que se quebrava. Assustado, o menino saiu correndo. Mais tarde, porém, voltou ali com outro garoto e os dois entraram na caverna. Dentro, havia grandes jarros de barro, além de fragmentos de outros jarros. Quando tiraram as tampas daqueles objetos parecidos com enormes cumbucas, um cheiro horrível se espalhou pelo ar, proveniente dos embrulhos escuros em formato oblongo que encontraram dentro dos vasos. Quando levaram esses embrulhos para fora da caverna, viram que estavam envelopados com longos tecidos de linho e revestidos com uma camada preta de algo que parecia ser uma resina ou uma cera. Desenrolaram tudo aquilo e encontraram manuscritos, com inscrições feitas em colunas paralelas, em folhas

finas costuradas umas às outras. Embora estivessem fragmentados e esmaecidos, esses manuscritos eram, no geral, extraordinariamente nítidos. O alfabeto, eles logo viram, não era arábico. Espantados com aqueles rolos, pegaram todos eles e levaram consigo.

Esses garotos beduínos faziam parte de um bando de contrabandistas que conduziam suas cabras e outras mercadorias às escondidas pela Transjordânia rumo à Palestina. Eles tinham se desviado bastante em direção ao sul a fim de evitar a ponte do Jordão, vigiada por oficiais da alfândega armados, e atravessado suas mercadorias pelas águas do rio. Agora, estavam a caminho de Belém para vender as suas tranqueiras no mercado negro...

Portanto, não há regras rígidas sobre como escrever um lide. Desde que respeite a regra mais geral de não deixar o leitor escapar, todo autor deve abordar o seu tema da maneira que combine mais naturalmente com o que ele vai escrever e consigo próprio. Às vezes, você pode contar toda a sua história em apenas uma frase. Veja a seguir as frases que abrem sete grandes livros de não ficção:

"No início, Deus criou o céu e a terra."
(Bíblia)

"No verão do ano romano de 699, hoje descrito como o ano 55 antes do nascimento de Cristo, o procônsul de Gaul, Gaius Julius Caesar, voltou os olhos para os britânicos."
(*Uma história dos povos de língua inglesa*, de Winston S. Churchill)

"Monte esse quebra-cabeça e você encontrará leite, queijo, ovos, carne, peixe, feijão e cereais, verduras, frutas e tubérculos — alimentos que contêm nossas necessidades diárias essenciais."
(*Joy of Cooking* [A alegria de cozinhar], de Irma S. Rombauer)

"Para o Manus nativo, o mundo é uma grande bandeja, com bordas elevadas em todos os lados, que ele vê da laguna de seu vilarejo, onde as palafitas se distribuem como pássaros de longas pernas, placidamente, sem se abalar com o movimento das marés."
(*Crescendo na Nova Guiné*, de Margaret Mead)

"O problema permanece enterrado, nunca mencionado, há muitos anos na mente das mulheres americanas."
(*A mística feminina*, de Betty Friedan)

"Em cinco ou dez minutos, não mais do que isso, três pessoas haviam lhe telefonado para perguntar se ela tinha ouvido falar de alguma coisa ocorrida ali."
(*Os eleitos*, de Tom Wolfe)

"Você sabe mais do que pensa que sabe."
(*Meu filho, meu tesouro*, de Benjamin Spock)

Essas são algumas sugestões de como começar. Mas agora quero lhe falar sobre como concluir um texto. Você deve dedicar à escolha da frase final o mesmo empenho que dedicou à inicial. Bem, quase o mesmo.

Pode parecer difícil de acreditar. A tendência é achar que, se seus leitores se apegaram a você desde o início, acompanhando-o por todos os pontos cegos e terrenos acidentados, certamente não vão abandoná-lo quando o final já estiver à vista. Certamente vão, porque esse final que estiver à vista poderá transformar-se em uma miragem. Como o sermão de um sacerdote construído à base de uma série de conclusões perfeitas, mas que nunca se conclui, um texto que não para onde deveria parar se torna um peso e, por isso, fracassa.

A maioria de nós ainda é prisioneira das lições incutidas pelos professores de redação da nossa juventude: toda história deve ter um começo, um meio e um fim. Ainda podemos visualizar o esquema, com os seus algarismos romanos (I, II, III), que balizava a trilha que tínhamos de percorrer fielmente, junto com suas subdivisões (II.a, II.b), que indicavam caminhos laterais que exploraríamos apenas de passagem. Mas sempre nos comprometíamos a retornar para o III e resumir a jornada. Isso funciona para alunos vacilantes do ensino fundamental e médio. Acaba por forçá-los a ver que cada texto precisa ter uma estrutura lógica em sua concepção. É uma lição válida, aliás, para qualquer idade — até mesmo escritores profissionais se perdem com mais frequência do que gostariam de admitir. Mas, se você pretende escrever não ficção de qualidade, precisa dar um jeito de escapar das garras terríveis do III.

Você saberá que chegou a hora do III quando vir surgindo na sua tela uma frase que começa com "Em suma, pode-se observar que...". Ou uma pergunta do gênero "Quais reflexões podemos extrair então de...?". São sinais de que você está prestes a repetir de forma condensada aquilo que já disse antes detalhadamente. O interesse do leitor começa a declinar; a tensão que você construiu começa a ceder. No entanto, você quer se manter fiel à senhorita Potter, sua professora, que o fez jurar fidelidade absoluta ao esquema sagrado. Então, você lembra para o leitor aquilo que deve ficar registrado. Vai reunindo, mais uma vez, pensamentos que já havia mencionado.

Mas, então, os seus leitores começam a ouvir aquele tortuoso som da manivela. Percebem o que você está fazendo e como você mesmo se aborrece com isso. Sentem crescer uma espécie de descontentamento. Por que não pensar melhor em como concluir a coisa? Ou você está fazendo um resumo de tudo por considerar que eles são burros demais para terem captado o ponto central e por isso continua a girar a manivela? Os leitores, porém, têm outra opção: simplesmente caem fora.

Essa é a razão negativa para recordar a importância da última frase. Não saber onde essa frase deve entrar pode destruir um texto que até antes de seu último momento vinha sendo construído com firmeza. A razão positiva para fechar bem um texto é que uma boa frase final — ou parágrafo final — é uma alegria por si só. Ela eleva o leitor, e isso se prolonga uma vez terminada a leitura do texto.

O melhor final deveria pegar os leitores de surpresa e ao mesmo tempo parecer perfeito. Eles não esperavam que o texto acabasse tão cedo ou tão abruptamente ou que o final dissesse o que disse. Mas o reconhecem quando o veem. Como um bom lide, funciona. É como a fala final em uma apresentação teatral. Estamos no meio de uma cena (assim pensamos), quando, subitamente, um dos atores diz alguma coisa engraçada, ultrajante ou mordaz, e as luzes se apagam. Levamos um susto ao ver que a cena acabou e, logo em seguida, nos encantamos com a adequação daquele final. O que nos encanta é o controle perfeito que o dramaturgo possui.

Para o autor de não ficção, a única forma de transformar isso em uma regra é a seguinte: quando você está pronto para parar, pare. Se você já expôs todos os fatos e enfatizou aquilo que queria enfatizar, procure a saída mais próxima.

Muitas vezes são necessárias poucas frases para amarrar tudo. Em termos ideais, estas deveriam encapsular a ideia central do texto e concluir com uma frase que nos sacoleje com a sua justeza ou com a sua capacidade de surpreender. Veja, a seguir, como H. L. Mencken conclui sua avaliação sobre o presidente Calvin Coolidge [1923-9], cujo encanto junto aos "consumidores" decorria de que "seu governo mal governava; de forma que o ideal de Jefferson finalmente se realizava, e os jeffersonianos estavam encantados":

Sofremos mais não quando a Casa Branca está tranquila como um quarto de dormir, mas quando ela tem um insignificante zé-ninguém berrando em cima do telhado. Considerando que [Warren] Harding [presidente de 1921 a 1923] foi um zero à esquerda, o dr. Coolidge foi precedido por um Salvador do Mundo e seguido por outros dois. Qual americano esclarecido, tendo de escolher entre um deles e outro Coolidge, hesitaria? Não havia nenhuma emoção forte enquanto ele reinava, mas também nenhuma dor de cabeça. Ele não tinha ideia nenhuma e não incomodava ninguém.

Com cinco frases, o autor se despede do leitor rapidamente e o deixa com uma ideia de impacto. A noção de que Coolidge não tinha nenhuma ideia e ao mesmo tempo não representava incômodo para ninguém não tem como não deixar um resíduo de contentamento. Funciona.

Uma coisa que costumo fazer quando escrevo é fechar a história de forma circular — vibrando no final o eco de uma nota que soou no início do texto. Isso satisfaz o meu senso de simetria e também agrada ao leitor, completando com sua ressonância a jornada que empreendemos juntos.

O que normalmente funciona melhor, porém, é uma citação. Retorne às suas anotações para encontrar ali alguma observação que tenha um sentido de conclusão, que seja engraçada ou que acrescente algum detalhe conclusivo inesperado. Algumas vezes ela pode saltar diante dos seus olhos durante a própria entrevista — muitas vezes eu penso: "Vou fechar com isso!" — ou durante o processo de escrita. Em meados dos anos 1960, quando Woody Allen mal começava a se firmar como o neurótico-oficial dos Estados Unidos, fazendo monólogos em clubes noturnos, escrevi a primeira reportagem longa de uma revista a registrar seu aparecimento. O texto se encerrava assim:

"Se as pessoas saem se identificando comigo como pessoa", diz Allen, "mais do que apenas curtindo minhas piadas; se elas vão embora com vontade de voltar e me ouvir de novo, sem se importar com o que eu vou dizer, então estou dando certo." A julgar pelos retornos, isso é o que acontece. Woody Allen é o sr. Me-Identifico, e essa boa aposta parece que manterá seu privilégio por muitos anos.

Porém, ele tem um problema só dele, impossível de ser compartilhado e com o qual ninguém se identifica. "Sou obcecado", diz, "com o fato de que minha mãe se parece realmente com Groucho Marx."

É um comentário que vem de tão longe que ninguém esperaria por ele. A surpresa que carrega em si é enorme. Como não seria esse um final perfeito? A surpresa é o elemento mais revigorante em textos de não ficção. Se alguma coisa surpreende você, ela também surpreenderá — e encantará — as pessoas para quem escreve, especialmente quando conclui o texto com isso e se despede delas assim.

Miscelânea

Este capítulo é como uma colcha de retalhos: pequenos conselhos sobre vários pontos que reuni, como se diz, sob um mesmo guarda-chuva.

VERBOS

Use os verbos sempre na voz ativa, a não ser que não haja uma maneira confortável de se desvencilhar do uso da voz passiva. Para um escritor, a diferença entre um estilo com verbo na ativa e um estilo com verbo na passiva, em termos de clareza e força, é a mesma que entre a vida e a morte.

"Joe o viu" é forte. "Ele foi visto por Joe" é fraco. A primeira frase é curta e precisa; não deixa dúvidas sobre quem fez o quê. A segunda é obrigatoriamente mais longa e tem um tom insípido: alguma coisa foi feita por alguém para alguém. E é também ambígua. Com que frequência ele foi visto por Joe? Uma vez? Todos os dias? Uma vez por semana? Um estilo construído com voz passiva acaba por sugar energia do leitor. Ninguém sabe muito bem o que está sendo perpetrado por quem e para quem.

Usei "perpetrado" por ser o tipo de palavra que os escritores de voz passiva adoram. Eles preferem as palavras mais longas de origem latina às palavras curtas anglo-saxãs — o que acoberta as suas dificuldades e deixa as suas frases ainda mais enjoadas. Curto é melhor do que longo. Das 701 palavras contidas no segundo discurso de posse de Lincoln, uma maravilha em si mesmo em termos de economia de texto, 505 têm apenas uma sílaba e 122 são palavras com duas sílabas.

O verbo é a principal de todas as suas ferramentas. Ele empurra a frase adiante e incute nela o seu ímpeto. Verbos na voz ativa empurram mais; verbos na passiva arrastam a frase aos trancos e barrancos. Verbos na voz ativa também nos permitem visualizar uma ação, pois exigem um pronome ("ele"), um substantivo ("o menino") ou uma pessoa ("sra. Scott") para pô-lo em movimento. Muitos verbos também carregam uma imagem ou uma sonoridade sugestiva de seu próprio significado: *glitter* [brilhar], *dazzle* [fascinar], *twirl* [girar], *beguile* [divertir, enganar], *scatter* [espalhar, difundir], *swagger* [induzir, bravatear], *poke* [empurrar, cutucar], *pamper* [mimar], *vex* [irritar, perturbar, discutir a fundo]. É provável que nenhuma outra língua disponha de um suprimento tão amplo de verbos vibrantes e expressivos como a inglesa. Não opte por um que seja apático ou meramente funcional. Faça com que os verbos na voz ativa ativem a sua frase e evite aqueles que requerem outro verbo para completar o seu trabalho. Não ponha para funcionar um negócio que você possa tocar ou lançar. Não diga que o presidente da empresa se afastou. Ele renunciou? Ele se aposentou? Foi demitido? Seja preciso. Utilize verbos precisos.

Se você quiser ver como os verbos na voz ativa transmitem vitalidade à palavra escrita, não retome apenas Hemingway, Thurber ou Thoreau. Eu recomendo a Bíblia do rei James e William Shakespeare.

ADVÉRBIOS

A maioria dos advérbios é dispensável. Você vai sobrecarregar a sua frase e irritar o leitor se escolher um verbo que possui um significado específico e depois acrescentar um advérbio que tem o mesmo significado. Não diga que o rádio berrou estridentemente; "berrou" já indica estridência. Não escreva que uma pessoa apertou os dentes firmemente; não há outra forma de apertar os dentes. Sempre acontece na escrita desleixada que verbos fortes sejam enfraquecidos por advérbios redundantes. O mesmo ocorre com adjetivos e outros instrumentos discursivos: "simplesmente fácil", "ligeiramente espartano", "totalmente pasmo". A beleza de "pasmo" está em que implica um espanto que já é total; não consigo imaginar uma pessoa parcialmente pasma. Se uma ação é tão fácil a ponto de ser simples, use "fácil". E o que é "ligeiramente espartano"? Talvez a cela de um monge com piso todo acarpetado. Não use advérbios, a não ser que eles cumpram uma função necessária. Poupe-nos da notícia de que o atleta vencedor sorriu largamente.

E, já que estamos tratando disso, aproveitemos para eliminar "decididamente" e todos os seus parentes manhosos. Vejo nos jornais todos os dias que algumas circunstâncias são decididamente melhores e outras decididamente piores, mas nunca sei quão decidido é um melhoramento, ou quem executou a decisão, assim como nunca consigo saber quão notável é um resultado notavelmente justo ou se devo acreditar em um fato que é provavelmente verdadeiro. "Ele é provavelmente o melhor lançador do Mets", escreve o elegante cronista esportivo, aspirante ao Parnaso que Red Smith alcançou sem nunca usar palavras como "provavelmente". Será o lançador — e isso pode ser provado com argumentos — o melhor lançador do time? Se sim, por favor esqueça o "provavelmente". Ou ele é *talvez* — a opinião está aberta a discussões — o melhor lançador? Com toda sinceridade, eu não sei. É, virtualmente, algo para tirar no cara ou coroa.

ADJETIVOS

A maioria dos adjetivos também é dispensável. Como os advérbios, eles são distribuídos nas frases por escritores que não param para pensar que o conceito já está no substantivo. Esse tipo de texto é permeado de rochedos escarpados e teias de aranha rendadas ou de adjetivos denotando a cor de um objeto cuja cor já é conhecida de todos: narcisos amarelos ou excremento marrom. Se você quer emitir algum juízo de valor sobre narcisos, escolha um adjetivo como "espalhafatoso". Se você está em um lugar do país onde o excremento é vermelho, sinta-se livre para mencionar o excremento vermelho. Esses adjetivos cumprirão uma função que o substantivo, sozinho, não poderia cumprir.

A maioria dos autores semeia adjetivos quase inconscientemente pelo solo do seu texto para torná-lo mais viçoso e belo, e as frases vão ficando cada vez mais longas à medida que as preenchem com olmos frondosos, gatinhos travessos, detetives durões e lagoas plácidas. É o adjetivo-por-hábito — um hábito que você deveria extinguir. Nem todo carvalho precisa ser retorcido. Um adjetivo colocado apenas de modo decorativo reflete uma autoindulgência do autor e constitui um peso para o leitor.

Mais uma vez, a regra é simples: faça os seus adjetivos cumprirem uma função que seja necessária. "Ele olhou para o céu cinzento e para as nuvens negras e decidiu retornar para o porto." O céu e as nuvens escuras são o motivo da decisão. Se é importante dizer ao leitor que uma casa era sombria ou que uma garota era bonita, então use "sombria" e "bonita". Essas palavras ganharão força porque você terá aprendido a usar os adjetivos com moderação.

PEQUENOS QUALIFICATIVOS

Suprima as pequenas palavras e expressões que qualificam o modo como você sente, como você pensa ou o que você viu: "um pouco", "meio", "uma espécie de", "um tipo de", "um tanto", "bastante", "muito", "demais", "quase", "em certo sentido" e outras tantas. Elas diluem o seu estilo e o seu poder de persuasão.

Não diga que estava um pouco confuso, meio cansado e um tanto deprimido e bastante aborrecido. Esteja confuso. Esteja cansado. Esteja deprimido. Esteja aborrecido. Não tolha o seu texto com pequenos acanhamentos. A boa escrita é enxuta e segura.

Não diga que você não ficou muito contente porque o hotel era caro demais. Diga que você não ficou contente porque o hotel era caro. Não diga que você teve um bocado de sorte. Um bocado é quanto? Não descreva um evento como bastante espetacular ou muito incrível. Palavras como "espetacular" e "incrível" não admitem gradações. "Muito" é uma palavra útil para dar ênfase, mas na maior parte das vezes é excessiva. Não é preciso chamar alguém de muito metódico. Ou ele é metódico, ou não é.

A questão principal diz respeito à autoridade. Cada pequeno qualificativo elimina uma fração da confiança do leitor. Os leitores querem um escritor que acredite em si mesmo e naquilo que está dizendo. Não abale essa crença. Não seja um tanto contundente. Seja contundente.

PONTUAÇÃO

Exponho aqui breves reflexões sobre pontuação, que não pretendem constituir uma cartilha. Se você não sabe pontuar — e muitos estudantes universitários ainda não sabem —, compre uma gramática.

O ponto final

Não há muita coisa a ser dita sobre o ponto final, a não ser que a maioria dos escritores não chega a ele tão cedo quanto deveria. Se você se vê desesperadamente atolado em uma sentença muito longa, provavelmente é porque está tentando fazê-la dar mais do que ela pode dar de forma razoável — talvez expressando duas ideias diferentes, por exemplo. O caminho mais rápido para solucionar isso é quebrar a longa sentença em duas ou até mesmo três. Aos olhos de Deus, não há uma extensão mínima admissível para um período. Em bons autores, o que predomina são as frases curtas — e não me venha falar de Norman Mailer, que esse é um gênio. Se você quer escrever sentenças longas, seja um gênio. Ou pelo menos tenha certeza de que elas estão sob seu controle do começo ao fim, em termos de sintaxe e pontuação, de maneira que, a cada passo da sinuosa trilha, o leitor saiba onde está.

O ponto de exclamação

Não o utilize, a não ser que precise produzir um efeito determinado. Ele tem uma aura de arrebatamento, a excitação ofegante de uma debutante comentando um evento que foi excitante apenas para ela: "Papai diz que devo ter bebido champanhe demais!". "Mas, honestamente, eu poderia ter dançado a noite inteira!" Todos nós sofremos mais do que admitimos com essas frases em que um ponto de exclamação nos cai sobre a cabeça com a apreciação de quanto uma pessoa é bela ou atraente. Em vez de fazer isso, construa as suas frases de modo que a ordem das palavras coloque a ênfase onde você quiser. Resista a adotar um ponto de exclamação para alertar o leitor de que você está fazendo uma brincadeira ou sendo irônico. "Nunca me ocorreu que pistolas de água precisassem ser carregadas!" Os leitores se irritam com a lembrança de que se trata de uma frase engraçada. Eles também perdem o prazer de achar isso engraçado por conta própria. O humor é mais bem-sucedido se for sugerido, e não há nenhuma sutileza em um ponto de exclamação.

O ponto e vírgula

Há um ranço de século 19 pairando sobre o ponto e vírgula. Ele é associado a frases cuidadosamente balanceadas, a ponderações criteriosas do tipo "por um lado" e "por outro lado", de Conrad, Thackeray e Hardy. Por isso, deveria ser usado parcimoniosamente pelos escritores modernos de não ficção. No entanto, observo que ele aparece com alguma frequência em trechos que citei neste livro e que eu mesmo o utilizo bastante — normalmente para acrescentar alguma ideia relacionada à primeira metade da frase. Com efeito, o ponto e vírgula leva o leitor, se não a uma parada, ao menos a uma pausa. Portanto, use-o com discrição, lembrando que ele vai reduzir a um passo vitoriano o ímpeto do início do século 21 que você persegue. Em vez dele, conte mais com o período bem construído e o travessão.

O travessão

De alguma forma, essa inestimável ferramenta é amplamente vista como não muito apropriada — um grosseirão sentado à refinada mesa de jantar da linguagem correta. Mas ele tem o seu lugar garantido e é capaz de tirar você de muitas enrascadas. O travessão é usado de duas maneiras. Uma é para amplificar ou justificar na segunda parte de uma frase uma ideia que você expôs na primeira. "Decidimos seguir em frente — seriam apenas mais 150 quilômetros e poderíamos chegar lá a tempo de pegar o jantar." Pela sua própria forma, o travessão empurra a frase para a frente e explica por que eles decidiram seguir adiante. O outro uso envolve dois travessões, que destacam uma ideia parentética dentro de uma frase mais longa. "Ela me disse para entrar no carro — tinha me pressionado o verão inteiro para cortar o cabelo — e dirigimos silenciosamente até a cidade." Um detalhe explicativo que de outra maneira teria exigido uma frase separada é resolvido concisamente no meio do caminho.

Dois-pontos

Os dois-pontos começaram a ser vistos como até mais ultrapassados do que o ponto e vírgula, e muitas de suas funções foram assumidas pelo travessão. Mas eles ainda cumprem bem o seu papel original de conduzir a sua frase a uma breve parada antes de você mergulhar, digamos, em uma listagem discriminativa. "O folheto dizia que o navio pararia nos seguintes portos: Oran, Argel, Nápoles, Brindisi, Pireu, Istambul e Beirute." Você não tem como dispensar os dois-pontos para esse tipo de necessidade.

ALTERADORES DE TOM

Aprenda a alertar o leitor quanto antes sobre qualquer mudança de tom em relação à frase anterior. Pelo menos uma dúzia de palavras ou expressões pode desempenhar essa função para você: "mas", "no entanto", "todavia", "contudo", "apesar disso", "em vez disso", "dessa maneira", "por isso", "enquanto isso", "agora", "mais tarde", "hoje", "subsequentemente" e muitas outras. Não saberia enfatizar o suficiente quanto você facilita o entendimento da frase pelo leitor quando inicia uma mudança de direção com um "mas". Ou, no sentido inverso, quanto a coisa fica difícil se ele precisa aguardar até o fim para entender que você deu uma virada.

Muitos de nós aprendemos que não se deve começar uma frase com "mas". Se você aprendeu assim, desaprenda — não existe palavra mais forte do que essa para começar. Ela anuncia um contraste total com o que veio antes, e o leitor, com isso, se prepara para a mudança. Se você precisa mudar um pouco para não usar "mas" em muitas frases seguidas, troque por "todavia". Trata-se, todavia, de uma palavra mais fraca e que requer uma colocação cuidadosa. Não comece com "todavia" — ela fica pendurada na frase como um pano de prato úmido. E não finalize com "todavia" — a essa altura, ela já terá perdido sentido. Coloque-a tão no início quanto possível, como eu fiz três frases acima. Seu caráter abrupto, assim, torna-se uma virtude.

Se colocada no início da frase, qualquer uma dessas palavras — "Porém, ele decidiu ir" ou "Contudo, ele decidiu ir" — pode substituir uma frase longa que resume o que acabou de ser dito para o leitor: "*Apesar do fato de todos esses perigos terem sido expostos a ele,* ele decidiu ir". Procure encontrar todos os lugares onde uma dessas palavras curtas forneceria imediatamente o mesmo sentido que uma longa e horrível oração. "Em vez disso, peguei o trem." "Apesar disso, tinha de admirá-lo." "Dessa maneira, aprendi a fumar." "Por isso, ficou fácil encontrar com ele." "Enquanto isso, eu estava falando com John." Quanta tagarelice nos é poupada por essas palavras tão essenciais! (O ponto de exclamação é para mostrar que eu realmente acredito nisso.)

Quanto a "agora", "hoje", "enquanto isso", "mais tarde", o que elas evitam é a confusão, pois escritores desleixados frequentemente mudam o enquadramento temporal sem se lembrar de dar pelo menos uma dica ao leitor. "Agora eu estou mais esperto." "Hoje você não poderá encontrar esse item." "Mais tarde, descobri por quê." Mantenha sempre o seu leitor orientado. Sempre se pergunte onde o deixou na frase anterior.

SUBSTANTIVOS ABSTRATOS

Substantivos que exprimem um conceito são normalmente usados em textos ruins no lugar de verbos que expressam o que uma pessoa fez. Seguem-se três frases tipicamente malfeitas:

A reação comum é uma risada incrédula.
Um cinismo estúpido não é a única resposta para o velho sistema.
A atual hostilidade do campus é um sintoma de mudança.

O que torna tão estranhas essas frases é que elas não contêm nenhuma pessoa. Tampouco possuem verbos de ação — apenas *é* ou *não é*. O leitor não tem como visualizar alguém executando alguma coisa; todo o sentido repousa em substantivos impessoais que incorporam algum conceito vago: "reação", "cinismo", "resposta", "hostilidade". Mude totalmente essas frases frias. Coloque pessoas fazendo coisas:

A maioria das pessoas apenas ri com descrédito.
Certas pessoas respondem ao velho sistema tornando-se cínicas; outras dizem...

É fácil perceber a mudança — você pode ver como os estudantes estão irados.

Essas minhas frases corrigidas não têm tanto vigor, em parte porque o material para o qual tentei dar alguma forma não tem consistência. Mas pelo menos elas contêm pessoas e verbos verdadeiros. Não se deixe apanhar com uma mala carregada de substantivos abstratos. Você vai submergir até o fundo do lago e nunca mais será visto.

SUBSTANTIVISMO RASTEJANTE

Trata-se de uma nova enfermidade americana que enfileira três ou quatro substantivos onde um substantivo só — ou, melhor ainda, um verbo — bastaria. Agora, ninguém quebra; temos setores com problemas de dinheiro. Não chove mais; temos atividades de precipitação ou um caso de probabilidade de tempestade. Por favor, deixe chover.

Hoje em dia, quatro ou cinco substantivos abstratos se ligam uns aos outros, como uma estrutura molecular. Eis um brilhante espécime que encontrei recentemente: "Intervenções em desenvolvimento de técnicas de facilitação da comunicação". Nenhuma pessoa à vista, tampouco algum verbo de ação. Pelo que entendi, trata-se de um programa para ajudar estudantes a escrever melhor.

EXAGEROS

"Parecia que uma bomba atômica tinha caído na sala de estar", escreve o autor iniciante, descrevendo o que ele viu na manhã do domingo depois de uma festa que saiu do controle. Bem, todos sabemos que ele está exagerando para fazer alguma graça, mas também sabemos que não caiu nenhuma bomba atômica ali, nem alguma outra bomba, exceto, talvez, uma bomba-d'água. "Eu me sentia como se dez 747 estivessem voando dentro da minha cabeça", escreve ele, "e pensei seriamente em me atirar pela janela." Essas altas estripulias verbais podem ser assim tão altas — e esse autor já passou bastante do limite — até o ponto em que o leitor sente uma sonolência irresistível. É como estar preso com um homem que fica recitando *limericks* sem parar. Não exagere. Você não pensou realmente em se jogar pela janela. A vida já tem muitas situações horrivelmente engraçadas e verdadeiras. Deixe o humor se insinuar de tal maneira que quase não percebamos a sua chegada.

CREDIBILIDADE

A credibilidade é algo tão frágil para um escritor quanto para um presidente. Não infle um incidente para torná-lo mais extraordinário do que ele realmente é. Se o leitor o flagra, nem que seja em uma única afirmação falsa que você está tentando fazer passar por verdadeira, tudo o que escrever depois se tornará suspeito. É um risco grande demais, que não vale a pena.

DITADO

Muito daquilo que se "escreve" nos Estados Unidos é na verdade ditado. Administradores, executivos, gerentes, educadores e outros funcionários raciocinam em termos da máxima eficiência possível no uso do tempo. Eles acreditam que a maneira mais rápida de "escrever" alguma coisa é ditando-a para uma secretária, sem nunca sequer ler o que saiu dali. Trata-se de uma falsa economia — eles poupam algumas horas, mas liquidam toda a sua personalidade. O ato de ditar frases tende a torná-las pomposas, descosidas e redundantes. Executivos que são tão ocupados que não conseguem deixar de ditar deveriam ao menos encontrar tempo para editar o que ditaram, retirando algumas palavras, introduzindo outras, para se certificar de que o que eles, no fim das contas, escreveram reflete realmente aquilo que são, em especial quando se trata de um documento dirigido a consumidores que vão avaliar a sua personalidade e a sua empresa com base no seu estilo.

ESCRITA NÃO É COMPETIÇÃO

Cada autor começa a partir de um determinado ponto e avança rumo a um destino específico. No entanto, muitos escritores se deixam paralisar pela ideia de estar competindo com os outros que também tentam escrever e que, supostamente, fariam isso melhor. É o que ocorre com frequência em aulas de escrita. Estudantes inexperientes sentem um calafrio ao ver que estão na mesma turma de colegas que já assinam artigos no jornal da faculdade. Mas escrever para o jornal da faculdade não é nenhuma grande credencial. Sempre achei que as lebres que escrevem nesses jornais são ultrapassadas pelas tartarugas que avançam meticulosamente para atingir a meta de realmente dominar o ofício da escrita. O mesmo temor tolhe os escritores freelances que veem o trabalho de outros autores aparecerem em revistas enquanto os deles sempre chegam de volta pelo correio. Esqueça a competição e avance no seu próprio ritmo. Seu único concorrente é você mesmo.

O SUBCONSCIENTE

Seu subconsciente escreve mais do que você imagina. Será comum gastar um dia inteiro tentando abrir caminho em meio a um cipoal de palavras em que você parece emaranhado para sempre. A solução, frequentemente, surgirá na manhã seguinte, quando você se enfiar ali de novo. Enquanto dormia, a sua mente de escritor estava acordada. Um escritor está trabalhando o tempo todo. Esteja sempre atento para o que se passa ao seu redor. Muito daquilo que você vê e escuta acaba voltando, depois de adquirir forma ao longo de dias, meses e até anos no seu subconsciente, justamente quando o seu consciente, esforçando-se para escrever, mais necessita.

O REMÉDIO MAIS RÁPIDO

Com mais frequência do que se supõe, um problema difícil de resolver em uma frase pode ser solucionado por simples descarte. Infelizmente, essa saída costuma ser a última a ocorrer a autores que se veem em uma situação de aperto. De início, tentam fazer todo tipo de emenda na frase problemática — transferindo-a para outro lugar dentro do período, tentando reescrevê-la, acrescentando novas palavras para clarear a ideia ou tentando azeitar a engrenagem emperrada. Esses esforços só fazem piorar a situação, e o autor é levado a concluir que *não existe* solução para o problema — um pensamento nada reconfortante. Quando se vir em um impasse desses, observe bem o ponto problemático e pergunte: "Preciso mesmo disso?". Provavelmente a resposta será "não". A pecinha estava tentando fazer um trabalho desnecessário o tempo todo — e é por isso que ela o afligia tanto. Remova-a e veja como o trecho em questão volta a ganhar vida e a respirar normalmente. É a cura mais rápida e, muitas vezes, a melhor.

PARÁGRAFOS

Faça parágrafos curtos. Escrever é algo visual — as letras capturam os olhos antes de poderem capturar a mente. Parágrafos curtos arejam o que você escreve e deixam o texto mais convidativo, enquanto um acúmulo longo demais de palavras pode desencorajar o leitor a começar a leitura.

Em jornais, os parágrafos devem ter no máximo duas ou três frases; as letras, no jornal, são organizadas em colunas estreitas, e os espaços logo se preenchem. Você pode achar que essa divisão constante em parágrafos estraga o desenvolvimento do seu raciocínio. Obviamente, *The New Yorker* é obcecada por esse temor — às vezes, seu leitor é obrigado a caminhar quilômetros e quilômetros sem nenhum respiro. Não se preocupe; os ganhos superam de longe os possíveis riscos.

Mas não se afobe. Uma sequência de parágrafos muito curtos é tão incômoda quanto um parágrafo longo demais. Penso nesses parágrafos nanicos — essas prodigiosas criações sem verbos — que jornalistas modernos escrevem para tornar os seus textos rápidos e rasteiros. Na verdade, eles acabam dificultando o trabalho do leitor ao retalhar o encadeamento natural das ideias.

Compare as duas formas de construir um mesmo texto apresentadas a seguir — como elas aparecem ao primeiro olhar e como soam ao serem lidas:

O segundo procurador da Casa Branca deixou o trabalho mais cedo na terça-feira, dirigiu seu carro até um parque isolado com vista para o rio Potomac e pôs fim à vida.
Caído sobre um canhão da época da Guerra Civil, com um revólver na mão, ele não deixou nenhum bilhete, nenhuma explicação.
Apenas amigos, familiares e colegas em dolorosa perplexidade.
Uma bela história de vida, sonho, até terça-feira, de todo homem.

O segundo procurador da Casa Branca deixou o trabalho mais cedo na terça-feira, dirigiu seu carro até um parque isolado com vista para o rio Potomac e pôs fim à vida. Caído sobre um canhão da época da Guerra Civil, com um revólver na mão, ele não deixou nenhum bilhete, nenhuma explicação — apenas amigos, familiares e colegas em dolorosa perplexidade. Também deixou uma história de vida que até terça-feira era vista como a realização do sonho de todo homem.

A versão da Associated Press (à esquerda), com seus parágrafos quebrados e a terceira e quarta frases sem nenhum verbo, é fragmentada e tem ar de superioridade. O repórter parece dizer ao leitor: "Uau, veja só como eu simplifiquei as coisas para você!". A minha versão (à direita) devolve ao repórter a dignidade de escrever em melhor estilo e dar a um conjunto de três frases uma unidade lógica.

A definição dos parágrafos é um elemento sutil, mas importante, na redação de textos de não ficção e de livros — um roteiro que mostra permanentemente ao leitor como você organizou as suas ideias. Estude os bons autores de não ficção para ver como eles fazem isso. Você verá que quase todos raciocinam tendo o parágrafo — e não a frase — como unidade. Cada parágrafo possui a sua própria totalidade em termos de conteúdo e estrutura.

SEXISMO

Uma das novas questões mais incômodas para os escritores se refere à linguagem sexista, principalmente os pronomes "ele-ela". O movimento feminista revelou, prestimosamente, quanto de machismo se esconde por trás do nosso linguajar, não apenas no ofensivo *he* [ele], mas nas centenas de palavras que carregam um significado hostil ou insinuam algum juízo de valor. São palavras condescendentes (*gal* [garota, menina]), ou que implicam um estatuto de segunda classe (poetisa), ou um papel de segunda classe (*house-wife* [dona de casa]), ou algum tipo de inferioridade intelectual (*the girls* [as garotas]), ou que desdenham da capacidade de uma mulher exercer um determinado tipo de profissão (*lady lawyer* [senhora advogada]), ou que soam deliberadamente de forma maliciosa (*divorcée* [divorciada], *coed* [estudante em estabelecimento de ensino misto], *blonde* [loira]) e que raramente têm uma versão masculina.

Mais nocivos — e mais sutis — são os termos que tratam as mulheres como bens pertencentes ao homem da família, não como pessoas com identidade própria que cumprem um papel em pé de igualdade na história familiar: "Os primeiros povoadores avançavam para o Oeste com sua mulher e filhos". Transforme esses povoadores em famílias pioneiras ou casais pioneiros que foram para o Oeste com seus filhos e filhas, ou em homens e mulheres que povoaram o Oeste. Hoje em dia, há pouquíssimas funções que não sejam atribuíveis aos dois sexos. Não utilize formulações sugerindo que só os homens podem ser pioneiros, fazendeiros, policiais ou bombeiros.

Em inglês, um problema ainda mais espinhoso é destacado pelo desconforto feminista diante de palavras contendo *man* (homem), como *chairman* [presidente de empresa] ou *spokesman* [porta-voz]. Seu argumento é que mulheres podem encabeçar uma diretoria tão bem quanto um homem e são tão boas quanto eles para falar. Daí a enxurrada de novas palavras como *chairperson* e *spokeswoman*. Fabricadas nos anos 1960, essas palavras despertam a nossa consciência em relação à discriminação sexual existente, seja nos vocábulos, seja nas atitudes. Mas, no fim das contas, são palavras fabricadas, que muitas vezes mais atrapalham do que ajudam a causa. Uma solução é encontrar algum outro termo: *chair* em vez de *chairman*, *company representative* [representante da empresa] em vez de *spokesman*. Você pode também substituir um desses substantivos por um verbo: "Falando em nome da empresa, a senhora Jones disse...". No caso de uma função que tenha as duas formas, a masculina e a feminina, opte por um substituto genérico. Atores e atrizes podem se transformar em artistas.

Isso não resolve a questão do incômodo pronome. "Ele" e "dele" são vocábulos que causam irritação. "Cada funcionário deveria decidir aquilo que acha melhor para ele e seus dependentes." O que devemos fazer com a quantidade interminável de frases como essa?

Outra solução comum é usar "ou": "Cada funcionário ou funcionária deve decidir o que acha melhor para ele ou para ela". Mas, novamente, isso deveria ser usado com moderação. Um escritor vai deparar muitas vezes com vários casos em um texto em que ele ou ela poderá usar "ele ou ela" ou "para ele ou para ela", se isso soar natural. O que quero dizer com "natural" é que o autor, nesse caso, está mostrando que ele (ou ela) pensa nessa questão e está tentando dar o melhor dele (ou dela) dentro de limites razoáveis. Mas precisamos encarar o fato de que a língua adora o masculino usado de forma generalizante ("Nem só de pão vive o homem"). Transformar cada "ele" em "ele ou ela" e cada "dele" em "dele ou dela" atravancaria o idioma.

Nas primeiras edições de *Como escrever bem*, eu usei "ele" e "dele" para me referir "ao leitor", "ao escritor", "ao crítico", "ao humorista" etc. Sentia que o livro ficaria mais difícil de ser lido se usasse "ele ou ela" cada vez que fizesse uma menção dessas. (Repudio a forma ele/ela: essa barra não tem lugar no uso correto da língua.) Ao longo dos anos, porém, muitas mulheres me escreveram me dando uma cutucada por causa disso. Diziam que, apesar de serem elas mesmas escritoras e leitoras, eram sempre levadas a visualizar um homem lendo ou escrevendo — e elas tinham razão; eu me sentia mesmo cutucado. A maior parte dessas cutucadas me fez adotar o plural, usando *readers* [leitores, leitoras] e *writers* [escritores, escritoras], seguidos, assim, de *they* [eles, elas]. Não gosto desses plurais; eles geralmente enfraquecem o texto, pois são menos específicos do que o singular e mais difíceis de visualizar. Preferiria que cada autor visualizasse *um* leitor se dedicando a ler aquilo que ele ou ela escreveu. Ainda assim, encontrei trezentos ou quatrocentos trechos em que eu podia eliminar *ele*, *dele*, *seus*, ou *homem*, sem muitos danos; o mundo não acabou por causa disso. No caso da presente edição, o pronome masculino permanece ali onde senti que era a única solução não embaraçosa.

As melhores soluções simplesmente eliminam o *ele* e suas conotações de posse masculina usando outros pronomes ou alterando algum outro elemento da frase. "Nós" é um substituto muito adequado para "ele". "Nosso" ou "nossa" podem muitas vezes substituir "dele". (A) "Primeiro *ele* observa o que acontece com os filhos *dele* e depois responsabiliza a vizinhança". (B) "Primeiro *nós* observamos o que acontece com os *nossos* filhos e depois responsabilizamos a vizinhança". Substantivos genéricos podem substituir substantivos específicos. (A) "Jornalistas costumam negligenciar sua esposa e seus filhos". (B) "Jornalistas costumam negligenciar a família". Inúmeros erros podem ser evitados com pequenas mudanças como essas.

Outro pronome que sempre me ajudou nessas correções foi "você". Em vez de escrever sobre o que "o escritor" faz e as dificuldades em que *ele* mergulha, detectei muitos trechos em que podia me dirigir ao autor diretamente ("Você muitas vezes encontrará..."). Isso não funciona em todo tipo de texto, mas é um presente dos céus para quem escreve um livro com instruções ou de autoajuda. A voz de um dr. Spock falando para a mãe de uma criança que está com febre ou a voz de uma Julia Child falando para um cozinheiro perdido no meio da preparação de uma receita estão entre os sons mais reconfortantes que um leitor pode escutar. Procure sempre alguma forma de se mostrar disponível para as pessoas que você está tentando atingir.

REESCREVER

Reescrever é a essência de escrever bem: é onde se ganha ou se perde o jogo. Essa ideia é difícil de aceitar. Todos nós investimos muito emocionalmente no nosso primeiro rascunho; não conseguimos admitir que ele possa ter nascido com imperfeições. Mas o mais provável, em quase 100% dos casos, é que isso tenha mesmo acontecido. A maior parte dos autores não diz logo de cara aquilo que quer dizer, ou não o diz tão bem quanto poderia. Há quase sempre alguma coisa errada com a frase que acaba de conceber. Não é clara. Não tem uma lógica. É verborrágica. Está pesada demais. É pretensiosa. É chata. É cheia de excessos. É cheia de clichês. Falta ritmo. Pode ser lida de diferentes formas. Não decorre naturalmente da frase precedente. Não... O fato é que escrever com clareza é o resultado de uma série de remendos.

Muita gente acredita que escritores profissionais não precisam reescrever; as palavras simplesmente caem no lugar certo. Ao contrário: escritores cuidadosos não conseguem parar de remexer no texto. Nunca pensei na reescrita como um fardo injusto; agradeço por todas as oportunidades que tive de melhorar o meu trabalho. A escrita é como um bom relógio — deve funcionar perfeitamente, sem nenhuma sobra. Os estudantes não compartilham desse meu amor pela reescrita. Eles a veem como um castigo: um dever de casa a mais ou um exercício a mais. Por favor — se você é um estudante desse tipo —, pense na reescrita como uma dádiva. Você não vai escrever bem enquanto não entender que escrever é um *processo* contínuo, não um *produto* acabado. Ninguém espera de você que o faça corretamente já na primeira vez, nem mesmo na segunda.

O que quero dizer com "reescrever"? Não me refiro a escrever um rascunho, depois escrever uma segunda versão diferente e depois uma terceira. A maior parte da reescrita consiste em remodelar, enxugar e refinar o material bruto que você redigiu na primeira tentativa. A maior parte dessa tarefa consiste em chegar à certeza de que você está oferecendo ao leitor um fluxo narrativo que ele poderá acompanhar do começo ao fim sem dificuldade alguma. Coloque-se sempre no lugar do leitor. Há alguma coisa que deveria ser dita a ele no começo da frase, mas que você colocou no final dela? Será que ele sabe, ao começar a ler a frase B, que você produziu uma virada — mudando de assunto, de tempo verbal, de tom, de ênfase — em relação à frase A?

Observemos um parágrafo típico, imaginando que se trate do primeiro rascunho de um autor. Não há nada de realmente errado com ele: é claro e correto gramaticalmente. Mas está cheio de arestas e asperezas: falhas do autor em manter o leitor a par das mudanças de tempo, lugar e tom ou em variar e avivar mais o estilo. O que eu fiz foi acrescentar entre colchetes, em itálico, depois de cada frase, algumas ideias que podem ocorrer a um editor ao dar uma primeira olhadela nesse rascunho inicial. Depois disso, você encontrará o parágrafo já revisado por mim, que incorpora essas ideias de correções:

Houve um tempo em que os vizinhos se preocupavam uns com os outros, ele lembrou. [*Colocar "ele lembrou" antes, para dar de início um tom de reflexão.*] Parecia não acontecer mais desse jeito, no entanto. [*O contraste atribuído por "no entanto" deve vir em primeiro lugar. Começar com "Mas". Definir também a localização.*] Ele se perguntava se isso não se deveria a que no mundo moderno todo mundo está ocupado demais. [*Todas essas frases têm o mesmo comprimento e o mesmo ritmo monótono; transformar esta última em uma pergunta?*] Ocorreu-lhe a ideia de que hoje em dia as pessoas têm tantas coisas para fazer que não encontram mais tempo para a amizade à antiga. [*Essa frase repete essencialmente a anterior; elimine-a ou a enriqueça com algum detalhe concreto.*] As coisas não funcionavam assim nos Estados Unidos em outros tempos. [*O leitor ainda está no presente; inverta a frase para lhe dizer que agora ele está no passado. "Estados Unidos" não será mais preciso se for colocado antes.*] E percebeu que a situação era bem distinta em outros países, pela recordação que tinha dos anos em que viveu em vilarejos da Espanha e da Itália. [*O leitor ainda está nos Estados Unidos. Use uma palavra de transição negativa para levá-lo à Europa. A frase também está muito frouxa. Quebrá-la em duas?*] Parecia-lhe que, quanto mais as pessoas enriqueciam e construíam suas casas em lugares distantes, mais se isolavam das coisas essenciais da vida. [*A ironia surgiu tarde demais. Colocá-la mais no começo. Enfatizar o paradoxo referente à riqueza.*] E havia outro pensamento a perturbá-lo. [*Este é o ponto principal do parágrafo; indique para o leitor que isso é importante. Evite a expressão "e havia", que é muito fraca.*] Seus amigos o haviam abandonado quando precisava deles mais do que nunca durante a sua recente enfermidade. [*Monte a frase de novo de modo a fazer com que ela termine com "mais do que nunca"; a última expressão é a que fica no ouvido do leitor e confere força à frase. Deixe a doença para a frase seguinte; é uma ideia separada.*] Era quase como se eles o considerassem culpado de ter feito algo vergonhoso. [*Introduzir a doença aqui, como o motivo para a vergonha. Elimine "culpado"; isso está implícito.*] Lembrou-se de ter lido em algum lugar sobre sociedades em regiões primitivas do mundo nas quais as pessoas doentes eram isoladas, embora nunca tivesse ouvido falar em um ritual desse tipo nos Estados Unidos. [*A frase começa devagar e se prolonga sem energia nem brilho algum. Quebre-a em unidades mais curtas. Dê uma réplica mordaz para a ironia.*]

Ele se lembrou de que os vizinhos costumavam se preocupar uns com os outros. Mas isso parecia não acontecer mais nos Estados Unidos. Seria porque todo mundo estava ocupado demais? Estariam as pessoas tão preocupadas com o seu televisor, seus carros e suas aulas de ginástica que já não teriam tempo para a amizade? Em outros tempos isso não era assim. E também não era assim que as pessoas viviam em outras partes do mundo. Mesmo nos vilarejos mais pobres da Espanha ou da Itália, ele recordou, as pessoas se visitavam levando um pedaço de pão. Uma ideia irônica lhe veio à mente: quanto mais ricas as pessoas ficavam, mais se afastavam da riqueza da vida. Mas o que realmente o perturbava era um fato ainda mais chocante. Os amigos o abandonaram no momento em que precisava deles mais do que nunca. Ao cair doente, ele parecia ter feito algo quase vergonhoso. Sabia que outras sociedades tinham o costume de "isolar" as pessoas gravemente enfermas. Mas esse ritual só existia em culturas primitivas. Será mesmo?

As revisões que eu fiz não são as melhores ou as únicas que poderiam ter sido feitas. Elas se referem principalmente a questões de carpintaria: mudar a sequência, enxugar o texto, enfatizar alguns pontos. Muita coisa ainda poderia ser revisada dentro dessas preocupações, como o ritmo, os detalhes e o frescor da linguagem. A composição do conjunto também é importante.

Leia o seu texto em voz alta do começo ao fim, sempre lembrando onde deixou o leitor na frase precedente. Você poderá perceber que acabou escrevendo duas frases como as seguintes:

> O herói trágico da peça é Otelo. Pequeno e malévolo, Iago alimenta as suas suspeitas enciumadas.

Não há nada de errado, em si, na frase sobre Iago. Mas, pensando-a como uma sequência da anterior, ela se mostra equivocada. O nome que ainda ressoa no ouvido do leitor é o de Otelo; então, o leitor, naturalmente, entende que ele, Otelo, é que é pequeno e malévolo.

Ao ler o seu texto em voz alta tendo em mente esse tipo de conexão, acabará ouvindo uma quantidade assustadora de trechos em que você se perdeu do leitor, o confundiu, deixou de lhe comunicar um fato que ele precisava saber ou lhe disse duas vezes a mesma coisa: os fios soltos inevitáveis de qualquer rascunho inicial. O que você precisa fazer é um ajuste — um ajuste que se sustente do começo ao fim e se desenvolva com economia e vivacidade.

Aprenda a curtir esse processo de idas e vindas. Eu não gosto de escrever; eu gosto de ter escrito. Mas adoro reescrever. Gosto, especialmente, de cortar: apertar a tecla "delete" e ver uma palavra, uma frase ou uma sentença inúteis se esvaírem no mundo da eletricidade. Gosto de substituir uma palavra anódina por outra que seja mais precisa ou mais viva. Gosto de reforçar a transição entre uma sentença e outra. Gosto de refazer uma sentença insípida a fim de lhe conferir um ritmo mais cadenciado ou uma musicalidade mais graciosa. A cada pequeno refinamento, sinto que me aproximo mais de onde gostaria de chegar e, quando finalmente chego lá, eu sei que quem ganhou o jogo não foi o ato de escrever, mas sim o de reescrever.

ESCREVER NO COMPUTADOR

O computador é um presente de Deus, ou um presente da tecnologia, para reescrever e reorganizar o texto. Ele coloca as suas palavras bem diante dos seus olhos para sua imediata avaliação — e reavaliação; você pode brincar com as frases até chegar ao ponto certo. Os parágrafos e as páginas continuarão a se organizar por conta própria, sem importar quanto você corte ou altere, e depois a impressora colocará tudo no papel enquanto você sai para tomar uma cerveja. Nenhuma melodia poderia soar mais docemente aos ouvidos de um escritor do que o som do seu artigo sendo redigitado com — mas não por — todos esses incrementos.

Não é mais necessário que este livro explique, tal como fez nas primeiras edições, como se usa essa nova e bela máquina chamada processador de texto que entrou na nossa vida, e como usar suas ferramentas prodigiosas para escrever, reescrever e organizar um texto. Hoje, todos sabem usá-lo. Quero apenas lembrar (se você ainda não é um adepto) que a economia de tempo e de trabalho enfadonho é enorme. Com um computador, eu me sento para escrever com mais vontade do que quando usava uma máquina de escrever, especialmente quando tenho de encarar uma tarefa complexa em termos de organização de texto, e concluo essa tarefa em muito menos tempo e com muito menos cansaço. São ganhos cruciais para um escritor: tempo, produção, energia, prazer e controle.

ACREDITE NO SEU MATERIAL

Quanto mais acumulo experiência no ofício da escrita, mais me dou conta de que não existe nada tão interessante como a verdade. O que as pessoas fazem — e o que as pessoas dizem — continua a me surpreender com suas conjecturas, seus ditos espirituosos, seu drama, seu humor ou sua dor. Quem seria capaz de inventar todas as coisas espantosas que acontecem de verdade? Vejo-me cada vez mais dizendo a escritores e aos meus alunos: "Confiem no seu material". Parece ser um conselho difícil de ser seguido.

Recentemente, passei certo tempo como consultor de texto em um jornal de uma pequena cidade americana. Notei que muitos repórteres tinham adquirido o hábito de tentar tornar mais palatáveis as notícias escrevendo-as em um estilo leve. Seus lides eram compostos de uma série de fragmentos que resultavam em algo mais ou menos assim:

Vrooomm!
 Era inacreditável.
 Ed Barnes se perguntou se não estava vendo coisas.
 Ou talvez fosse apenas uma febre da primavera. É engraçado como o mês de abril consegue fazer isso com um rapaz.
 Não era como se ele não tivesse checado o carro antes de sair de casa.
 Mas, novamente, ele não se lembrou de contar para Linda.
 O que era estranho, pois ele sempre se lembrava de contar para Linda. Desde quando começaram a sair juntos, nos tempos do colegial.
 Isso foi realmente vinte anos atrás?
 E agora havia também o pequeno Scooter com que se preocupar.
 Pensando bem, o cão vinha agindo de maneira suspeita.

Os textos normalmente começavam na primeira página, e nesse caso eu o leria até a remissão "continua na página 9" sem ter a menor ideia de qual era o assunto tratado. Então, docilmente, eu abriria a página 9 e me depararia com uma reportagem muito interessante, cheia de detalhes específicos. Eu chamaria o repórter e lhe diria: "É uma boa matéria a partir do momento em que eu finalmente abro a página 9. Por que você não colocou essas coisas no lide?". O repórter responderia: "Bem, no lide eu estava tentando dar um colorido ao texto". Ele admitiria, assim, que, na sua cabeça, o fato e o colorido são ingredientes que caminham separadamente. Pois não são; o colorido deve ser elemento integrado organicamente ao fato. O seu trabalho é apresentar o fato de forma colorida.

Em 1988, escrevi um livro sobre beisebol intitulado *Spring Training* [Treinos de primavera]. Ele combinava a minha vocação de uma vida inteira com o meu vício de uma vida inteira — o que é uma das melhores coisas que podem acontecer a um escritor; as pessoas sempre escreverão melhor e com mais prazer se o fizerem sobre algo que tem a ver com elas. Escolhi os treinos de primavera como um aspecto a aprofundar dentro do tema amplo do beisebol por se tratar de um período de renovação, tanto para os jogadores como para os torcedores. O jogo se mostra para nós com a sua pureza original: ele é praticado ao ar livre, debaixo de sol, na grama, sem música de órgão, por jovens que ficam tão próximos que quase se pode tocar neles e cujos salários e ressentimentos são generosamente deixados de lado por seis semanas. Acima de tudo, é um período de ensinamento e aprendizado. Escolhi acompanhar o Pittsburgh Pirates porque eles treinavam em um velho campo em Bradenton, na Flórida, e formavam uma equipe jovem que estava começando a se reconstruir, com um treinador, Jim Leyland, muito empenhado em ensinar.

Eu não queria romantizar o esporte. Não gosto desses filmes sobre beisebol que usam recursos de câmera lenta quando o rebatedor acerta um *home run** para mostrar ao espectador que se trata de um momento crucial. Eu *sei* disso, principalmente quando o *home run* é realizado com dois *out* na base do "nono", para vencer a partida. Decidi não deixar o meu texto se arrastar em câmera lenta — não incomodar o leitor com ênfases — nem falar do beisebol como uma metáfora da vida, da morte, da meia-idade, da juventude perdida ou de um país mais inocente. Minha premissa era a de que o beisebol é um trabalho — um ofício honroso — e eu queria saber como esse ofício era ensinado e aprendido.

Procurei, então, Jim Leyland e sua equipe de treinadores e disse: "Vocês são professores. Eu sou professor. Diga-me: como vocês ensinam a rebater? Como vocês ensinam a lançar a bola? Como vocês ensinam a defender? Como vocês ensinam a correr para a base? Como fazem para manter esses jovens sempre estimulados diante de uma agenda tão brutalmente extensa?". Todos eles responderam generosamente e me contaram, em detalhes, como cumprem suas tarefas. O mesmo fizeram os jogadores e todos os outros homens e mulheres que tinham alguma informação de que eu precisava: árbitros, olheiros, vendedores de ingressos, patrocinadores locais.

Um dia, subi a arquibancada localizada atrás da base principal para falar com algum olheiro. O treinamento da primavera é também um momento de exibição dos talentos do beisebol, e os campos ficam coalhados de homens lacônicos que passam a vida em busca de novos talentos. Vi um lugar vazio ao lado de um homem envelhecido, na altura dos sessenta anos, que usava um cronômetro e fazia anotações. Quando o turno acabou, perguntei-lhe que tempos ele estava registrando. Ele disse que se

---

* Jogada decisiva, semelhante ao gol no futebol, em que o jogador rebate a bola atirando-a para fora dos limites do campo ou de forma que seu time consiga dar uma volta completa por todas as bases. (N.T.)

chamava Nick Kamzic e que era o coordenador dos olheiros do California Angels na região norte e estava registrando o tempo de corrida dos atletas entre as bases. Perguntei-lhe que tipo de informação estava procurando.

"Bem, um rebatedor destro leva 4,3 segundos para alcançar a primeira base", disse ele, "e um canhoto leva 4,1 ou 4,2 segundos. Naturalmente isso varia um pouco — é preciso levar em conta o elemento humano."

"O que esses números mostram para você?", perguntei.

"Bem, sabemos que uma queimada dupla leva 4,3 segundos", disse ele, como se fosse algo conhecido por todo mundo. Eu nunca tinha parado para pensar quanto tempo uma queimada dupla leva para ocorrer.

"O que significa..."

"Se você vê um jogador que atinge a primeira base em menos de 4,3 segundos, então é nele que você tem que prestar atenção."

Como elemento factual, tudo isso se basta. Não há necessidade de acrescentar uma frase para destacar que 4,3 segundos é claramente pouco tempo para a execução de um lance que envolve uma rebatida de bola, dois arremessos e três jogadores de base. Ao simplesmente registrar os 4,3 segundos, você permite ao leitor que ele mesmo capte o valor dessa proeza. Ele vai gostar de você o ter deixado raciocinar por conta própria. O leitor tem um papel determinante no ato da escrita e precisa ter espaço para desempenhá-lo. Não o aborreça com excesso de explicações, dizendo-lhe algo que ele já sabe ou pode deduzir do que foi escrito. Procure evitar palavras como "surpreendentemente", "previsivelmente" e "evidentemente", que introduzem um juízo de valor sobre um fato antes mesmo de o leitor deparar com esse fato. Acredite no seu material.

TRABALHE COM O QUE LHE INTERESSA

Não existe nenhum tema sobre o qual você não possa escrever. Estudantes normalmente evitam assuntos muito caros a eles mesmos — skate, torcidas de times, rock, carros — por pensar que seus professores acharão esses temas "estúpidos". Nenhum campo da vida é estúpido para quem o leva a sério. Se você se orientar por suas preferências, vai escrever melhor e cativar os seus leitores.

Já li belos livros sobre pescaria e pôquer, bilhar e rodeios, alpinismo e tartarugas gigantes e vários outros assuntos pelos quais nunca tinha achado que me interessaria. Escreva sobre os seus hobbies: cozinha, jardinagem, fotografia, tricô, antiguidades, corrida, navegação, mergulho, pássaros tropicais, peixes tropicais. Escreva sobre o seu trabalho: dar aulas, ser enfermeiro, administrar uma empresa ou uma loja. Escreva sobre uma área de que você gostava na faculdade e que sempre pensou em retomar: história, biografia, arte, arqueologia. Nenhum assunto é específico ou peculiar demais se, na hora de escrever, você estabelecer uma conexão honesta com ele.

PARTE III

Gêneros

A não ficção como literatura

Alguns anos atrás, passei um fim de semana em Buffalo para dar uma palestra em um seminário de escritores organizado naquela cidade por um grupo de autoras. Essas mulheres levavam o seu ofício bastante a sério, e os livros e artigos que haviam escrito eram interessantes e consistentes. Pediram-me que participasse de um talk show de rádio que iria ao ar alguns dias antes, para ajudar na promoção do evento. Elas estariam com o apresentador do programa no estúdio, enquanto eu falaria ao telefone, de meu apartamento, em Nova York.

Na noite combinada, o telefone tocou e o apresentador começou saudando-me com aquela jovialidade forçada, típica da sua profissão. Disse que estava no estúdio em companhia de três mulheres adoráveis e que gostaria muito de saber o que nós achávamos da situação atual da literatura e quais conselhos teríamos para dar aos seus ouvintes que eram igualmente homens de letras e nutriam as suas próprias ambições literárias. Essa introdução tão acalorada caiu como uma pedra sobre nós, e nenhuma das três amáveis mulheres disse coisa alguma, o que me pareceu, a rigor, a resposta mais apropriada.

O silêncio se prolongou, e, ao final, acabei dizendo o seguinte: "Na minha opinião, deveríamos eliminar de agora em diante o uso de palavras como 'literatura', 'literário' e 'homens de letras'". Eu sabia que o apresentador estava informado a respeito de que tipo de escritores nós éramos e quais temas gostaríamos de discutir. Mas o fato é que ele não tinha outro quadro de referência para introduzir o tema. "Como vocês veem a produção literária atual nos Estados Unidos?", perguntou — questão que também teve como resposta um silêncio eloquente. Por fim, eu disse: "Estamos aqui para falar sobre o ofício da escrita".

Ele também não sabia muito bem o que fazer com isso, e começou então a lembrar nomes de autores como Ernest Hemingway, Saul Bellow e William Styron, que obviamente considerávamos monstros literários. Dissemos, no entanto, que esses autores não eram modelos para nós, mencionando outros nomes, como Lewis Thomas, Joan Didion e Gary Wills. Ele nunca tinha ouvido falar neles. Uma das senhoras mencionou *Os eleitos*, de Tom Wolfe, mas ele também nunca tinha ouvido falar dessa obra. Explicamos que admirávamos esses autores por sua habilidade em explorar as questões e preocupações do cotidiano.

"Mas vocês não pretendem escrever nada de literário?", perguntou o apresentador. As três mulheres responderam que achavam já estar fazendo um belo trabalho. A partir daí o programa passou para outra etapa, em que o apresentador começou a receber telefonemas de ouvintes, todos eles interessados na questão da arte da escrita e querendo saber como víamos esse tópico. "Mesmo assim, no silêncio da noite", perguntou o apresentador a vários ouvintes, "você nunca sonha em escrever o grande romance americano?" Eles não pensavam nisso. Não tinham esses sonhos — nem no silêncio da noite, nem em algum outro momento do dia. Foi, com certeza, um dos piores programas de rádio de todos os tempos.

Essa história resume uma situação que todos os que praticam a não ficção reconhecem facilmente. Aqueles de nós que tentam escrever bem sobre o mundo em que vivemos, ou ensinar estudantes a escrever bem sobre o mundo em que *eles* vivem, se veem deslocados em um tempo em que a literatura por definição ainda consiste nos gêneros certificados como "literários" no século 19: romances, contos e poemas. E, no entanto, hoje em dia, o que os escritores escrevem e vendem, o que os editores de livros e de revistas publicam e o que os leitores pedem é, predominantemente, não ficção.

Inúmeros exemplos, de diferentes tipos, ilustram essa mudança. Um deles é a história do Book of the Month Club [Clube do Livro do Mês]. Quando esse clube foi criado por Harry Scherman, em 1926, os americanos tinham pouco acesso à nova literatura de qualidade e liam principalmente porcarias como *Ben-Hur*. A ideia de Scherman era que toda cidade que tivesse uma agência do correio teria também o equivalente a uma livraria, e ele passou então a enviar os melhores lançamentos para esses leitores recentemente conquistados no país inteiro.

A maior parte do que ele enviava era ficção. A relação das principais escolhas feitas pelo clube entre 1926 e 1941 é dominada claramente por romancistas: Ellen Glasgow, Sinclair Lewis, Virginia Woolf, John Galsworthy, Elinor Wylie, Ignazio Silone, Rosamond Lehmann, Edith Wharton, Somerset Maugham, Willa Cather, Booth Tarkington, Isak Dinesen, James Gould Cozzens, Thornton Wilder, Sigrid Undset, Ernest Hemingway, William Saroyan, John P. Marquand, John Steinbeck e muitos outros. Isso era o que havia de mais sofisticado em termos de "literatura" nos Estados Unidos. Os membros do Clube do Livro do Mês não tinham ouvido falar quase nada sobre a aproximação da Segunda Guerra Mundial. Pelo menos até 1940, quando a guerra chegou a eles por intermédio de um livro, *Mrs. Miniver* [de Jan Struther], um corajoso romance sobre os primeiros dias da batalha aérea entre as forças alemãs e britânicas.

Isso tudo mudou com Pearl Harbor. A Segunda Guerra mandou 7 milhões de americanos para outros continentes e lhes abriu os olhos para a realidade: para novos lugares, novas questões e novos acontecimentos. Depois da guerra, essa tendência foi reforçada pelo advento da televisão. Pessoas que entravam em contato com a realidade todas as noites em sua sala de estar começavam a perder a paciência com o ritmo lento e as alusões indiretas dos romancistas. Da noite para o dia, os Estados Unidos se tornaram um país preocupado com os fatos. A partir de 1946, os membros do Clube do Livro do Mês passaram a pedir — e, desde então, a receber — preferencialmente não ficção.

As revistas surfaram nessa mesma onda. A *Saturday Evening Post*, que por muito tempo alimentara seus leitores com uma dieta baseada unicamente em contos de escritores que pareciam, todos eles, ter três nomes — Clarence Budington Kelland, Octavus Roy Cohen —, deu a virada no começo dos anos 1960. Noventa por cento da revista passou a ser dedicado a textos de não ficção, com apenas um conto escrito por um autor-de-três-nomes para não dar aos leitores fiéis a ideia de que haviam sido abandonados. Era o começo da era de ouro da não ficção, especialmente na *Life*, que publicava todas as semanas artigos muito bem escritos, na *New Yorker*, que sofisticou o gênero ao criar grandes marcos da escrita americana moderna, como *Silent Spring* [Primavera silenciosa], de Rachel Carson, e *A sangue frio*, de Truman Capote, e na *Harper's*, que trazia textos excepcionais como *Os exércitos da noite*, de Norman Mailer. A não ficção se tornou a nova literatura americana.

Hoje em dia, não há nenhum aspecto de nossa vida — do passado ou do presente — que não tenha se tornado acessível aos leitores comuns por homens e mulheres que escrevem com grande seriedade e elegância. Somem-se a essa literatura da realidade todas as disciplinas antes vistas como acadêmicas, como a antropologia, a economia e a história social, hoje tratadas por escritores de não ficção e lidas de modo geral por pessoas curiosas. Somem-se, ainda, todos os livros que misturam história e biografia e que marcaram o mercado editorial americano nos últimos anos: *Truman* e *The Path Between the Seas* [O caminho entre os mares], de David McCullough; *The Power Broker: Robert Moses and the Fall of New York* [O mediador do poder: Robert Moses e a queda de Nova York], de Robert A. Caro; *Parting the Waters: America in the King Years, 1954-63* [Separando as águas: a América nos anos King], de Taylor Branch; *The Paper: The Life and Death of the New York Herald Tribune* [O jornal: a vida e a morte do *New York Herald Tribune*], de Richard Kluger; *The Making of the Atomic Bomb* [A fabricação da bomba atômica], de Richard Rhodes; *From Beirut to Jerusalem* [De Beirute a Jerusalém], de Thomas L. Friedman; *Common Ground: A Turbulent Decade in the Lives of Three American Families* [Ponto de convergência: uma década turbulenta na vida de três famílias americanas], de J. Anthony Lukas; *Theodore Rex*, de Edmund Morris; *The Promised Land: The Great Black Migration and How it Changed America* [A Terra Prometida: a grande migração negra e como ela mudou os EUA], de Nicholas Lemann; *King Leopold's Ghost: A Story of Greed, Terror and Heroism in Colonial Africa* [O fantasma do rei Leopoldo: uma história de ambição, terror e heroísmo na África colonial], de Adam Hochschild; *Walter Lipman and the American Century* [Walter Lipman e o século americano], de Ronald Steel; *Mencken: The American Iconoclast* [Mencken: o iconoclasta americano], de Marion Elizabeth Rodgers; *Lenin's Tomb: The Last Days of the Soviet Empire* [O túmulo de Lênin: os últimos dias do império soviético], de David Remnick; *Melville*, de Andrew Delbanco; *De Kooning: An American Master* [De

Kooning: um mestre americano], de Mark Stevens e Annalyn Swan. Minha lista de títulos da nova literatura de não ficção, em resumo, incluiria todos os autores que trabalham com a informação e que a apresentam com vigor, clareza e sensibilidade.

Não estou dizendo que a ficção está morta. Obviamente, um romancista pode nos levar a lugares aonde nenhum outro escritor consegue chegar: as emoções profundas e a vida interior de cada um de nós. O que estou dizendo, sim, é que não tenho paciência para o esnobismo dos que veem a não ficção apenas como um outro nome do jornalismo e para quem o jornalismo, qualquer que seja o nome que este venha a ter, é sempre coisa de segunda categoria. E, já que estamos redefinindo a literatura, vamos redefinir também o jornalismo. Jornalismo é todo texto que se lança primeiramente em alguma publicação periódica, quaisquer que sejam os seus leitores. Os primeiros dois livros de Lewis Thomas, *As vidas de uma célula* e *A medusa e a lesma*, foram escritos inicialmente como ensaios para o *New England Journal of Medicine*. Historicamente, nos Estados Unidos, o bom jornalismo acaba virando boa literatura. Antes de serem canonizados no templo da literatura, H. L. Mencken, Ring Lardner, Joseph Mitchell, Edmund Wilson e dezenas de outros grandes escritores americanos eram jornalistas. Simplesmente faziam o que sabiam fazer de melhor e nunca se preocuparam com definições.

Em última análise, cada escritor deve seguir o caminho em que se sinta mais confortável. Para a maioria das pessoas que estão aprendendo a escrever, esse caminho é a não ficção. Ela as habilita a escrever sobre aquilo que conhecem, que podem observar ou descobrir. Isso vale especialmente para jovens e estudantes. Eles escreverão com muito mais disposição sobre assuntos que digam respeito à vida deles ou para os quais já possuam uma aptidão. A motivação é um ingrediente central da escrita. Se a não ficção é o gênero no qual você consegue escrever melhor ou o que consegue ensinar melhor a escrever, não se deixe enganar pela ideia de que se trata de uma escrita de espécie inferior. A única distinção importante a ser feita é entre escrever bem e escrever mal. Texto bom é texto bom, qualquer que seja a sua forma e qualquer que seja o nome que se dê a ele.

Escrever sobre pessoas: a entrevista

Levar as pessoas a falar. Aprender a fazer perguntas que provoquem respostas sobre o que há de mais interessante e intenso em sua vida. Nada estimula tanto a escrever como alguém falando sobre o que pensa ou o que faz — com as suas próprias palavras.

As palavras dessa pessoa sempre serão melhores do que as suas, mesmo que você tenha o estilo mais elegante do mundo. Elas carregam as inflexões do jeito que ela tem de falar, bem como as suas idiossincrasias ao formar uma frase. Elas contêm os regionalismos da sua fala e os jargões próprios de seu meio. Elas transmitem o seu entusiasmo. É uma pessoa falando diretamente com o leitor, não por intermédio de um escritor. Basta o escritor interferir nisso para que a experiência da outra pessoa, qualquer que seja ela, se transforme em algo de segunda mão.

Portanto, aprenda a conduzir uma entrevista. Seja qual for o seu gênero de não ficção, ele ganhará mais vida quanto mais "citações" você conseguir introduzir no texto. Muitas vezes você será obrigado a escrever matérias aparentemente tão insípidas — a história de uma instituição ou alguma questão local, como um bueiro de rua — que poderá fraquejar diante da dificuldade de manter os seus leitores, ou você mesmo, acordados.

Não desanime. Você encontrará uma solução se olhar para o aspecto humano da coisa. Em algum canto de uma instituição insossa sempre haverá pessoas altamente comprometidas e com grande conhecimento daquilo que fazem. Em algum lugar por trás de toda história sobre bueiros de rua sempre haverá algum político cujo futuro depende em boa parte da sua instalação e uma viúva que sempre morou naquele determinado quarteirão e se sente indignada com o fato de algum vereador imbecil achar que aquilo vai realmente resolver o problema das enchentes. Encontre essas pessoas e deixe que elas contem a história, e o seu texto não será insípido.

Eu mesmo comprovei isso várias vezes. Muitos anos atrás, fui convidado a escrever um pequeno livro para a Biblioteca Pública de Nova York, em comemoração do quinquagésimo aniversário de seu prédio principal, na Quinta Avenida. Aparentemente, seria apenas a história de um edifício de mármore que guarda milhões de exemplares cheios de mofo. Mas, por trás dessa fachada, descobri que a biblioteca possuía dezenove departamentos de pesquisa, cada qual com seu curador, responsável por um lote importante de tesouros e raridades — desde o manuscrito da carta de despedida de [George] Washington até 750 mil fotogramas de filmes. Decidi entrevistar esses curadores para saber o que havia nas coleções que eles administravam, o que eles acrescentavam a elas para poder acompanhar as novas áreas de conhecimento e como as suas salas eram usadas.

Descobri que o departamento de Ciência e Tecnologia tinha uma coleção de registros de patentes que só ficava atrás daquela existente no Escritório de Patentes dos Estados Unidos e que era, portanto, quase uma segunda casa para os advogados de patentes da cidade. Mas ele também recebia diariamente um afluxo de homens e mulheres que acreditavam estar na iminência de descobrir o moto-perpétuo. "Todo mundo quer inventar alguma coisa", explicou o curador, "mas ninguém quer nos contar o que está buscando, talvez pelo medo de que nós mesmos registremos a patente." O prédio inteiro acabou se mostrando uma grande mistura de estudiosos, pesquisadores e excêntricos, e meu texto, embora fosse aparentemente a história de uma instituição, era, na verdade, um texto sobre pessoas.

Adotei a mesma abordagem em um longo artigo sobre a Sotheby's. A casa de leilões de Londres também era dividida em várias áreas, dedicadas à prata, à porcelana e à arte, cada uma sob a responsabilidade de um especialista, e, como a Biblioteca Pública de Nova York, convivia com um público excêntrico e cheio de caprichos. Os especialistas eram como dirigentes de departamento de uma pequena faculdade, e todos tinham histórias únicas tanto no conteúdo quanto na forma de contar:

"Simplesmente ficamos sentados aqui e aguardamos que as coisas cheguem até nós, como Micawber",* disse R. S. Timewell, que dirige o departamento de mobiliário. "Recentemente, uma velha senhora da região de Cambridge escreveu dizendo que precisava angariar 2 mil libras e perguntou se eu poderia ir até a casa dela para avaliar se seus móveis atingiriam esse montante. Foi o que eu fiz, mas não havia absolutamente nada de valor. Quando eu já estava saindo da casa, perguntei: 'Será que eu vi realmente tudo?'. Ela respondeu que sim, com exceção do que existia em um quarto de empregada que ela não se preocupara em me mostrar. No entanto, nesse quarto havia um belo baú do século 18 que a velha senhora usava para guardar cobertores. 'Suas preocupações acabarão', eu lhe disse, 'se a senhora vender

---

* Wilkins Micawber, personagem do romance *David Copperfield*, de Charles Dickens, caracterizado tanto pela pobreza como pelo otimismo quanto à possibilidade de angariar fortuna. (N.T.)

esse baú.' Ela disse: 'Mas isso não é possível. Onde eu vou guardar os meus cobertores?'."

Minhas preocupações também tinham acabado. Ouvindo os especialistas excêntricos que tocavam o negócio e as pessoas que afluíam para lá todas as manhãs levando objetos indesejados encontrados nos sótãos britânicos ("Temo que isto não seja da época da rainha Anne, senhora; infelizmente, está mais para a rainha Vitória"), reuni todos os relatos humanos que um escritor poderia querer.

Mais uma vez, quando fui convidado, em 1966, a escrever um livro sobre a história do Clube do Livro do Mês, em comemoração dos seus quarenta anos de existência, achei que não conseguiria encontrar nada além de um material bastante insosso. No entanto, acabei deparando com casos humanos saborosos dos dois lados do balcão, pois os livros eram sempre escolhidos por uma equipe de jurados muito rígidos e depois enviados para assinantes igualmente exigentes, que não hesitavam em embrulhar e mandar de volta um livro de que não tinham gostado. Recebi mais de mil páginas com transcrições de entrevistas dadas pelos cinco primeiros jurados da história do clube (Heywood Broun, Henry Seidel Canby, Dorothy Canfield, Christopher Morley e William Allen White), às quais adicionei as que eu mesmo havia feito com o seu fundador, Harry Scherman, e com os jurados que estavam na ativa. O resultado foram quatro décadas de memórias pessoais mostrando a evolução do gosto dos leitores americanos, e até mesmo os livros acabaram ganhando vida própria, tornando-se personagens da minha história:

"Para qualquer pessoa que se lembre do sucesso fenomenal de ...*E o vento levou*", disse Dorothy Canfield, "é certamente difícil imaginar como isso deve ter sido sentido por aqueles que o viam de início apenas como um livro muito longo e detalhado sobre a Guerra Civil e suas consequências imediatas. Nunca tínhamos ouvido falar naquela autora nem conhecíamos a opinião de mais ninguém sobre a obra. Ela foi selecionada com alguma dificuldade, porque algumas caracterizações não eram muito autênticas ou convincentes. Mas, como narrativa, tinha aquela qualidade que os franceses chamam de *attention*: você fica querendo virar logo a página para saber o que irá acontecer. Lembro-me de alguém ter comentado o seguinte: 'Bem, as pessoas podem não gostar muito disso, mas ninguém pode negar que há leitura bastante para o dinheiro que foi gasto'. Devo dizer que o seu tremendo sucesso foi uma surpresa para todo mundo, inclusive para nós."

Esses três exemplos são típicos do tipo de informação que fica trancado dentro da cabeça das pessoas e que um bom escritor de não ficção precisa destrancar. A melhor maneira de praticar isso é ir a campo e entrevistar pessoas. A entrevista, em si, é uma das formas de não ficção mais populares, por isso é importante dominá-la quanto antes.

Como começar? Primeiramente, escolha a pessoa que você quer entrevistar. Se você está na faculdade, não entreviste o seu colega de quarto. Com todo o respeito por seus maravilhosos companheiros, é muito provável que eles não tenham muita coisa a dizer que o restante de nós queira ouvir. Para aprender o ofício da escrita de não ficção, você precisa sair para o mundo real — seu bairro, sua cidade, seu estado — e atuar como se estivesse escrevendo para uma publicação de verdade. Se isso for útil, imagine uma publicação para a qual escreverá hipoteticamente. Escolha como tema alguma pessoa cuja atividade seja tão importante, tão interessante ou tão fora do comum que qualquer leitor médio gostaria de ler a respeito dela.

Isso não significa que tenha de ser o presidente de algum banco. Pode ser apenas o dono da pizzaria local, do supermercado ou do salão de beleza. Pode ser o pescador que sai todas as madrugadas para o mar, o treinador do time de beisebol ou uma enfermeira. Pode ser o açougueiro, o padeiro ou — melhor ainda, se conseguir encontrá-lo — o fabricante de castiçais. Atente para as mulheres da sua comunidade que desafiam os velhos mitos sobre o que cada sexo estaria destinado a fazer. Escolha, em suma, alguém que sensibilize algum cantinho da mente do leitor.

Entrevistar alguém é uma técnica em que você só tende a melhorar. Nunca mais irá se sentir tão pouco à vontade como quando entrevistou pela primeira vez e provavelmente nunca se sentirá absolutamente confortável incitando outra pessoa a dizer coisas de que ela talvez tenha vergonha ou que não se sente preparada o bastante para revelar. Mas boa parte dessa técnica é puramente mecânica. E o restante, instinto — saber como deixar o outro relaxado, quando pressioná-lo mais, quando ouvir, quando parar. Isso tudo pode ser adquirido com a experiência.

Os instrumentos básicos para realizar uma entrevista são papel e alguns lápis bem apontados. Será esse um conselho tão óbvio que chega a ser insultante? Pois você ficaria surpreso se soubesse quantos autores saem à caça de sua presa sem levar um lápis consigo, ou levando um que quebra na hora ou uma caneta que não funciona e, ainda por cima, sem carregar nada onde escrever. "Sempre alerta" é um lema tão apropriado para um escritor de não ficção em suas andanças quanto para um escoteiro.

Mas mantenha o seu bloco bem guardado até o momento em que realmente precise dele. Nada costuma deixar alguém menos relaxado do que a chegada de um estranho com um bloco de anotações na mão. Os dois precisam de um tempo para se conhecer. Use alguns minutos apenas para conversar, captar com que tipo de pessoa você está lidando, conquistar a sua confiança.

Nunca vá para uma entrevista sem ter feito antes a lição de casa. Se você for entrevistar um vereador da cidade, informe-se antes sobre o histórico de suas votações. Se a entrevistada for uma atriz, saiba em quais filmes ou peças de teatro ela atuou. Você se sentirá mal se tiver de perguntar ao entrevistado coisas sobre as quais já poderia ter se informado antes.

Faça uma lista de perguntas prováveis — isso o poupará do desconforto de ter um branco no meio da entrevista. Talvez você nem utilize essa lista; questões até melhores podem lhe ocorrer na hora ou a pessoa entrevistada pode entrar por um caminho que você não tinha como prever. Nesse caso, só a intuição poderá guiá-lo. Se o entrevistado se desvia demais do assunto, traga-o de volta. Se você gosta da nova direção que ele tomou, vá em frente e deixe de lado as perguntas que havia preparado.

Muitos entrevistadores iniciantes se deixam inibir pelo medo de estar incomodando a outra pessoa, de não ter o direito de invadir a sua privacidade. Esse temor é quase inteiramente infundado. O chamado homem comum adora quando alguém aparece para entrevistá-lo. A maioria das pessoas leva a vida, se não em um desespero silencioso, pelo menos em um silêncio desesperador, e vibra diante da possibilidade de falar sobre o seu trabalho para alguém surgido do nada e que se mostra fortemente interessado em ouvi-la.

Isso não quer dizer, necessariamente, que tudo dará sempre certo. Muitas vezes você irá deparar com pessoas que nunca foram entrevistadas antes e que podem se sentir constrangidas, acanhadas, talvez com dificuldade para entregar algo que possa ser útil ao seu trabalho. Volte outro dia; tudo vai correr melhor. Os dois começarão até mesmo a gostar da coisa — mostre que você não está querendo forçar as suas vítimas a fazer algo que elas não queiram fazer.

Por falar em ferramentas, você pode estar se perguntando se não seria bom usar um gravador. Por que não levar simplesmente um gravador, apertar o botão e esquecer esse negócio de lápis e bloco de anotações?

Obviamente, o gravador é uma ferramenta ótima para registrar o que as pessoas têm a dizer — especialmente as que, por razões culturais ou por temperamento, nunca escreverão, elas mesmas, sobre isso. Em áreas como história social e antropologia, é algo valioso. Admiro os livros de Studs Terkel como *Hard Times: An Oral History of the Great Depression* [Tempos difíceis — uma história oral da Grande Depressão], que ele "escreveu" gravando entrevistas com pessoas comuns e costurando os resultados em um formato coerente. Também gosto das entrevistas pingue-pongue que algumas revistas publicam, feitas com ajuda do gravador. Elas transmitem espontaneidade, com a agradável ausência de um escritor que ficaria protegendo e polindo o seu produto para deixá-lo mais brilhante.

Rigorosamente falando, porém, isso não é escrever. É um trabalho de fazer perguntas e depois desbastar, soldar e editar as respostas transcritas, o que dá muito trabalho e toma muito tempo. Pessoas com bom nível de instrução que você imaginava que haviam falado no seu gravador de forma linear e precisa demonstram, ao final, terem dado tantas voltas e tropeços involuntários de linguagem que não produziram uma única frase decente para publicação. Nossos ouvidos admitem falhas gramaticais, sintáticas e modulações que os olhos não tolerariam por escrito. A simplicidade propiciada pelo gravador é apenas aparente; seu uso implica infinitos retoques posteriores.

Mas meus motivos principais para alertar quanto ao uso do gravador são de ordem prática. Um risco, por exemplo, decorre de que normalmente você não está com um gravador; é bem mais provável que esteja com um lápis. Outro risco é o de o gravador não funcionar. Há poucos momentos tão deprimentes no jornalismo como aquele em que, depois de obter "uma matéria realmente sensacional", o repórter chega da rua, aperta o "play" e tudo o que se escuta é um grande silêncio. Mas, acima de tudo, é importante que o escritor possa ver o material recolhido. Se a sua entrevista está gravada, você não vê, apenas ouve, mexendo no aparelho sem parar, retrocedendo para encontrar aquela passagem brilhante que quase nunca acha, avançando, parando, começando de novo, o que acaba por deixá-lo maluco. Seja um escritor. Escreva as coisas.

Faço minhas entrevistas manualmente, usando um lápis com grafite nº 1. Gosto da troca que se dá com a outra pessoa. Gosto que essa pessoa me veja *trabalhando* — executando uma tarefa, e não apenas sentado ali enquanto uma máquina trabalha por mim. Houve somente uma vez em que usei bastante um gravador. Foi para o meu livro *Mitchell & Ruff*, sobre os músicos de jazz Willie Ruff e Dwike Mitchell. Embora eu conhecesse os dois muito bem, senti que um escritor branco que pretende escrever sobre a experiência dos negros tem a obrigação de registrar corretamente as diversas tonalidades da voz deles. Não que Ruff e Mitchell falem outro tipo de inglês; ao contrário, eles falam um inglês perfeito e frequentemente com muita expressividade. Mas, sendo negros do Sul, utilizam certas palavras e expressões próprias de suas origens, acrescentando riqueza e humor ao que dizem. E eu não queria perder nenhuma dessas especificidades. Meu gravador captou todas elas, e os leitores do livro podem sentir que os dois músicos estão bem presentes ali. Pense em usar o gravador nas situações em que você corre o risco de violar a integridade cultural das pessoas que for entrevistar.

Mas há também um grande problema no método de fazer anotações: muitas vezes, a pessoa que você está entrevistando começa a falar mais rápido do que a sua capacidade de anotar.

Você ainda está registrando a frase A quando ela salta para a frase B. Você então deixa de lado a frase A e acompanha o entrevistado na frase B, tentando, ao mesmo tempo, guardar a frase A no seu ouvido interior e torcendo para que a frase C não tenha nenhuma importância, você possa saltá-la e usar esse tempo para tentar alcançar o entrevistado. Desgraçadamente, o sujeito agora começa a falar bem rápido e finalmente diz tudo aquilo que você ficou tentando arrancar dele durante mais de uma hora, e, ainda por cima, com uma expressividade digna de um discurso de Churchill. O seu ouvido interno já está entupido com frases que você quer registrar antes que se percam para sempre.

Peça a ele que pare. Basta dizer "só um momento, por favor", e escreva até registrar tudo. O que você está tentando fazer com essa escrita febril é simplesmente citá-lo corretamente, afinal ninguém gosta de se ver citado de maneira equivocada.

Com a prática, você aprende a escrever mais rápido e a usar certas fórmulas taquigráficas. Você mesmo acabará criando abreviações para as palavras mais usadas e omitindo na anotação as pequenas conexões sintáticas. Assim que a entrevista terminar, preencha todas as palavras faltantes de que se recordar. Complete as frases que ficaram incompletas. A maioria delas ainda estará viva, prontinha para ser lembrada.

Ao chegar em casa, digite as anotações — que provavelmente parecerão garranchos quase ilegíveis — para poder lê-las, depois, com mais facilidade. Isso não só torna a entrevista acessível, juntamente com os outros materiais que você reuniu, como permite que você reveja com calma aquela torrente de palavras redigidas às pressas e, a partir daí, descubra o que a pessoa realmente disse.

Você verá que nem tudo o que ela disse é interessante ou pertinente e que a pessoa foi até mesmo repetitiva. Isole as frases mais importantes ou mais vibrantes. Você sentirá a tentação de usar todas as palavras constantes das suas anotações, pois executou a trabalhosa tarefa de registrá-las integralmente. Mas trata-se de autoindulgência — nada justifica obrigar o leitor a fazer o mesmo esforço. A sua função é destilar o que há de essencial.

Quais são os compromissos que você tem com o entrevistado? Em que medida você pode condensar ou ampliar as suas palavras? Essa questão incomoda todo escritor depois que ele finaliza a sua primeira entrevista, e tem mesmo de ser assim. Mas a resposta não é difícil, se você tiver em mente, sempre, dois critérios: concisão e equilíbrio.

O seu dever ético para com a pessoa entrevistada é apresentar a posição dela de modo correto. Se ela ponderou cuidadosamente os dois lados de uma questão e você cita apenas o que ela pensa sobre um dos lados, fazendo-a parecer favorável a este, estará expressando mal o que ela lhe disse. Assim como poderá fazer o mesmo colocando uma citação fora de contexto, ou escolhendo apenas uma observação feita de relance sem acrescentar a reflexão mais aprofundada feita posteriormente. Você está lidando com a honra e a reputação do entrevistado — e com a sua também.

Mas depois o seu dever é com o leitor. Ele merece receber o conjunto da forma mais bem-acabada possível. Muitas pessoas, ao falar, fogem às vezes do assunto, contando histórias irrelevantes ou trivialidades. Boa parte disso é gostoso ouvir, mas não deixa de ser apenas banalidade. A entrevista ganhará força quando você destacar os pontos principais, sem as firulas descartáveis. Assim, se encontrar na quinta página das suas anotações um comentário que reforça claramente uma observação registrada na segunda página — observação, portanto, feita anteriormente na entrevista —, você estará fazendo um grande favor a todos se juntar os dois raciocínios, de modo que a segunda frase possa ilustrar a primeira. Isso pode não refletir a sequência real da entrevista, mas você será fiel ao propósito de reproduzir o conteúdo do que foi dito. Jogue com as citações de várias maneiras — selecionando-as, rejeitando algumas, sintetizando, alterando a sua ordem, deixando uma boa citação para o final. Só tome cuidado para fazer tudo isso de forma justa e equilibrada. Não mude nenhuma palavra nem permita que a redução de uma frase distorça o contexto daquilo que vai permanecer.

Quando digo "não mude nenhuma palavra", estou sendo literal? Sim e não. Se quem está falando escolhe as palavras com muita cautela, será uma questão de orgulho profissional, para você, citá-lo ipsis litteris. Muitos entrevistadores descuidam disso, achando que fazer uma aproximação grosseira já é suficiente. Não é: ninguém gosta de se ver citado usando palavras ou frases que nunca usaria. Mas, se o entrevistado fala de uma maneira atabalhoada — com frases que se desviam do assunto, pensamentos desordenados, ou se o seu linguajar é tão confuso que poderia até mesmo constrangê-lo —, o escritor não tem outra opção a não ser ajustar a sua fala e estabelecer as conexões que ficaram faltando.

Às vezes, procurando se manter fiel ao entrevistado, você pode cair em uma armadilha. Ao escrever o seu texto, transpõe as palavras dele com exatidão, tal como as colheu durante a entrevista. Sente até certa satisfação por conseguir manter essa fidelidade. Mais tarde, ao editar o que escreveu, você se dá conta de que muitas das citações não têm quase nenhum sentido. Quando as escutou pela primeira vez, soavam tão bem que você nem voltou a refletir sobre elas. Agora, repensando, constata que há uma lacuna no linguajar ou na lógica. Manter essa lacuna não ajudará em nada o leitor ou o entrevistado — e não servirá à reputação do escritor. Muitas vezes, basta acrescentar uma ou duas palavras esclarecedoras. Ou, então, você pode encontrar outras citações, nas suas anotações, que deixem mais claro o mesmo ponto. Lembre-se, também, de que você pode telefonar para a pessoa entrevistada. Diga-lhe que quer checar só algumas coisas do que ela disse. Faça com que ela reformule alguns aspectos até que tudo fique claro para você. Não se torne prisioneiro das citações — às vezes, elas soam tão bem e são tão reconfortantes que você nem se detém para analisá-las. Nunca publique algo que *você mesmo* não tenha entendido.

Quanto à organização da entrevista, o seu lide deve obviamente mostrar ao leitor por que vale a pena ler sobre aquela pessoa. Por que ela merece que lhe dediquemos tempo e atenção? Assim, procure estabelecer um equilíbrio entre o que o entrevistado diz com as palavras *dele* e o que você escreve com as *suas* palavras como autor do texto. Se você apenas citar a pessoa em três ou quatro parágrafos consecutivos, o texto se tornará monótono. As citações ganham vida quando você se interpõe entre elas periodicamente, assumindo o papel de condutor da leitura. Você ainda é o escritor — não abra mão do controle. Mas faça de tal modo que as suas intervenções sejam sempre úteis; não insira essas frases enfadonhas que mostram claramente ao leitor que seu objetivo é apenas criar um intervalo entre uma citação e outra ("Ele esvaziou o cachimbo em um cinzeiro que havia por perto e então pude notar como seus dedos são longos"; "Ela remexeu preguiçosamente a sua salada de rúcula").

Ao usar uma citação, inicie com ela a frase. Não comece com uma oração insípida dita pela pessoa.

> RUIM: O senhor Smith diz que gosta "de ir até o centro uma vez por semana para almoçar com alguns velhos amigos".
> BOM: "Gosto de ir ao centro uma vez por semana", diz o senhor Smith, "para almoçar com alguns velhos amigos."

A segunda frase tem vitalidade; a primeira é uma frase morta. Não há nada mais morto, de fato, do que começar uma frase com "o senhor Smith disse" — muitos leitores param de ler justamente aí. Se o sujeito disse isso, então deixe-o dizer, e a frase terá um início mais acalorado, mais humano.

Tome cuidado, no entanto, com a hora de interromper uma citação. Faça o quanto antes, porém de forma natural, para que o leitor saiba quem está falando, mas não ali onde a interrupção possa quebrar o ritmo ou o sentido da citação. Perceba como cada uma das três variantes a seguir provoca alguma espécie de dano ao texto:

> "Gosto", diz o senhor Smith, "de ir até o centro uma vez por semana para almoçar com alguns velhos amigos."
> "Gosto de ir ao centro", disse o senhor Smith, "uma vez por semana para almoçar com alguns velhos amigos."
> "Gosto de ir ao centro uma vez por semana e almoçar", diz o senhor Smith, "com alguns velhos amigos."

Por fim, não force as coisas tentando encontrar sinônimos para "diz". Não faça o seu entrevistado asseverar ou sustentar apenas para evitar a repetição de "diz ele" e, por favor — por favor! —, não escreva "sorriu" ou "deu um sorriso largo". Nunca ouvi ninguém sorrir. E, de toda maneira, como o olho do leitor sempre acaba pulando o "disse", não é preciso perder tempo com isso. Mas, se você realmente adora variações, então escolha sinônimos que captem de fato a natureza da mudança na fala do entrevistado. "Destaca", "explica", "retruca", "acrescenta" — cada um desses verbos tem um significado específico. Mas não use "acrescenta" se a pessoa estiver simplesmente afirmando algo e não introduzindo um postscriptum ao que acabou de dizer.

Todas essas técnicas, porém, servem apenas para você poder seguir adiante. Como o entrevistado sempre saberá mais sobre o assunto em pauta do que você, a boa condução de uma entrevista é, em última instância, algo que depende bastante das características próprias e da personalidade do escritor. Algumas ideias sobre como controlar a ansiedade nessa situação desigual, aprendendo a confiar na própria inteligência, estão no capítulo "Prazer, medo e confiança".

O uso adequado ou inadequado de citações tem virado notícia, por causa de alguns acontecimentos de muita visibilidade. Um deles foi o julgamento por calúnia e difamação de Janet Malcolm, que foi considerada culpada de "fabricar" algumas citações no perfil do psiquiatra Jeffrey M. Masson que ela publicou na *New Yorker*. O outro foi a revelação de Joe McGinniss de que, em sua biografia do senador Edward M. Kennedy, *The Last Brother* [O último irmão], havia "escrito certas cenas e descrito certos acontecimentos a partir daquilo que inferi[u] que fosse o seu ponto de vista", ainda que nunca tenha entrevistado o próprio Kennedy. Essa indistinção entre realidade e ficção é uma tendência que preocupa os escritores de não ficção mais cuidadosos — trata-se de uma agressão ao ofício. É um terreno perigoso até mesmo para um repórter consciencioso. Lembro o trabalho de Joseph Mitchell para, a partir dele, sugerir algumas orientações. A costura sutilíssima de citações ao longo de sua prosa foi um traço distintivo da façanha realizada por Mitchell nos textos brilhantes que escreveu para *The New Yorker* entre 1938 e 1965, muitos deles tratando de pessoas que haviam trabalhado na zona portuária de Nova York. Essas reportagens exerceram uma enorme influência nos escritores de não ficção da minha geração — foram o nosso livro-texto.

As seis reportagens de Mitchell que acabariam por se transformar no livro *The Bottom of the Harbor* [O fundo da baía], um clássico da não ficção americana, foram publicadas de forma irritantemente errática na *New Yorker* entre o fim da década de 1940 e o começo da de 1950, em muitos casos com intervalos de vários anos entre uma e outra. Cheguei a perguntar, algumas vezes, a amigos meus da revista quando sairia a reportagem seguinte, mas eles nunca sabiam nem se propunham a tentar adivinhar. Era um trabalho equivalente à composição de um mosaico, diziam eles, e o seu autor era meticuloso ao extremo no processo de reunir as diferentes peças, só considerando o trabalho finalizado quando estivesse perfeito. Quando uma nova reportagem finalmente era publicada, eu entendia por que levara tanto tempo; ela era absolutamente perfeita. Lembro-me até hoje da emoção que senti ao ler "Mr. Hunter's Grave" [O túmulo do senhor Hunter], meu texto predileto de Mitchell. É sobre um velho senhor de 87 anos da Igreja Metodista Africana, um dos últimos sobreviventes de um vilarejo de pescadores de ostras do século 19 chamado Sandy Ground, em Staten Island. Com *The Bottom of the Harbor*, o passado se tornou um personagem importante no trabalho de Mitchell, conferindo-lhe um tom ao mesmo tempo elegíaco e histórico. Aqueles idosos, que constituíam o seu principal assunto, detinham uma importante memória, estabelecendo um elo com uma Nova York antiga.

O parágrafo que reproduzo a seguir, em que George H. Hunter é citado falando sobre a erva-dos-cachos-da-índia, é característico das várias citações longas presentes em "Mr. Hunter's Grave", com o seu lento encadeamento de detalhes saborosos:

> Logo que começa a primavera, os brotos sobre a raiz estão no ponto de serem comidos. Têm gosto de aspargo. As velhas senhoras de Sandy Ground tinham uma crença ligada ao broto de erva-dos-cachos-da-índia; todas as velhas senhoras do Sul. Diziam que ele renovava o sangue. Minha mãe acreditava nisso. Toda primavera ela me mandava para o meio do mato para pegar brotos de erva-dos-

-cachos-da-índia. E eu também acreditava. Então, toda primavera, quando penso nisso, vou atrás de alguns a fim de cozinhá-los. Não que eu goste muito — na verdade, me dão gases —, mas acontece que eles me fazem recordar esse passado, me lembrar de minha mãe. Aqui, no meio da floresta desta parte de Staten Island você pode achar que está no fim do mundo, mas subindo só um pouco pela estrada Arthur Kill, perto da avenida Arden, há uma curva de onde consegue às vezes enxergar o topo dos arranha-céus de Nova York. Só os arranha-céus mais altos, e só o topo deles. Tem de ser em um dia de céu bastante limpo. E, mesmo assim, pode ser que você consiga ver os prédios por apenas um instante e, logo depois, eles desapareçam. Bem do lado dessa curva da estrada há um pequeno brejo, e a beirada desse brejo é o melhor lugar que eu conheço para pegar erva-dos-cachos-da-índia. Nesta primavera, fui até lá em uma manhã para pegar um pouco de brotos, mas a primavera neste ano atrasou, você deve se lembrar, e a erva não tinha ainda aparecido. As samambaias já estavam lá, as aráceas também, as primaveras, as flores-d'água e as *bluets*, mas não havia sinal da erva-dos-cachos-da-índia. Procurei aqui e ali, sem prestar atenção onde pisava, e acabei dando um passo em falso, só sei que depois me vi afundado na lama até os joelhos. Fiquei me debatendo dentro da lama por um certo tempo, sem me apavorar, e então, quando levantei a cabeça e olhei para a frente, avistei subitamente, a uma boa distância, a quilômetros e quilômetros dali, o contorno dos arranha-céus de Nova York brilhando à luz do sol da manhã. Não esperava por isso, foi impressionante. Foi como uma visão bíblica.

É claro que ninguém deve imaginar que o senhor Hunter disse tudo isso de uma vez, de um fôlego só; Mitchell fez uma porção de emendas. No entanto, não tenho nenhuma dúvida de que o senhor Hunter disse tudo isso uma hora ou outra, de que todas as palavras e o fraseado são dele. Soam como sendo dele; Mitchell não escreveu a cena a partir daquilo que teria "inferido" do ponto de vista de seu entrevistado. Fez um ajuste de ordem literária ao dizer que gastou para isso apenas uma tarde de caminhada pelo cemitério, quando na verdade, sabendo como ele era paciente e cortês e conhecendo seus métodos meticulosos, imagino que esse texto tenha lhe tomado no mínimo um ano de caminhadas e conversas, sempre escrevendo e reescrevendo. Raramente li um texto tão rico em sua composição; a "tarde" de Mitchell tem a serenidade de uma tarde verdadeira. E, quando ela chega ao fim, o senhor Hunter, refletindo sobre a história da pesca de ostras na baía de Nova York, sobre a passagem das gerações em Sandy Ground, sobre famílias e nomes de famílias, modos de plantar e cozinhar, flores selvagens, frutas, pássaros e árvores, igrejas e funerais, mudança e decadência, acabou por tocar em quase tudo o que diz respeito à vida.

Não tenho nenhuma dificuldade para chamar "Mr. Hunter's Grave" de não ficção. Embora Mitchell tenha alterado o verdadeiro tempo decorrido, ele utilizou uma prerrogativa dramática para sintetizar e dar um foco ao seu texto, oferecendo ao leitor, assim, uma composição viável. Se ele tivesse contado a história no tempo real, esticando-a ao longo de todos os dias e meses que deve ter passado em Staten Island, poderia realizar algo como o tão sonolento quanto realista filme de oito horas de duração em que Andy Warhol registrou um homem dormindo durante oito horas. Com uma manobra muito cautelosa, Mitchell elevou o ofício da não ficção à categoria de arte. Mas nunca manipulou a verdade do senhor Hunter. Não houve, aqui, nenhuma "inferência" ou "fabricação". O escritor jogou limpo.

Esse é, enfim, o meu padrão. Sei que não é possível escrever uma entrevista de forma competente sem omitir ou enfeitar uma ou outra citação; não acredite em um escritor que diga que nunca fez isso. Mas há muitas outras nuances de opinião nos dois extremos da minha. Os puristas diriam que Joseph Mitchell usou uma varinha mágica de romancista para tratar de fatos. Os progressistas dirão que Mitchell foi um pioneiro, que antecipou em muitas décadas o *new journalism*, cuja invenção foi atribuída, nos anos 1960, a autores como Gay Talese e Tom Wolfe, que utilizaram técnicas de ficção, como diálogos imaginários e emoção, para dar um sabor narrativo a textos criados a partir de fatos cuidadosamente apurados. Essas duas visões são em parte corretas.

O errado, na minha opinião, seria fabricar citações ou supor que alguém poderia ter dito isto ou aquilo. Escrever é uma responsabilidade pública. O raro privilégio do autor de não ficção é poder contar com todo o mundo maravilhoso das pessoas reais para escrever sobre elas. Ao ouvir as pessoas, cuide daquilo que elas dizem como você cuidaria de um precioso presente.

Escrever sobre lugares: a reportagem sobre viagens

Depois de saber como escrever sobre pessoas, você deve saber também como escrever sobre um lugar. Pessoas e lugares são os dois pilares sobre os quais se constrói a maior parte dos textos de não ficção. Todo acontecimento que envolve uma pessoa se dá em algum lugar, e o leitor sempre quer saber como é esse lugar.

Em alguns poucos casos, você precisará de apenas um ou dois parágrafos para definir o cenário de determinado acontecimento. Mas, na maior parte das vezes, para dar consistência à história, terá de evocar o ambiente de um bairro ou uma cidade. E, em alguns casos, como um relato de viagem propriamente dito — aquele gênero intrépido em que você conta como pegou um barco para conhecer as ilhas gregas ou atravessou, mochila nas costas, as Montanhas Rochosas —, a descrição de detalhes será o principal ingrediente.

Qualquer que seja essa proporção, isso parecerá relativamente fácil. A triste verdade, porém, é que é muito difícil. Deve ser mesmo difícil, pois é nesse terreno que muitos autores — profissionais e amadores — produzem não só o seu pior trabalho mas também um trabalho que é mesmo claramente terrível. E um trabalho terrível não tem nada a ver com alguma falha de caráter. Ao contrário, ele resulta de uma virtude, que é o entusiasmo. Ninguém se transforma tão rapidamente em um chato quanto um viajante que chega em casa depois de suas andanças. Ele gostou tanto da viagem que quer logo nos contar tudo sobre ela — e "tudo" é justamente o que nós não queremos ouvir. Queremos ouvir apenas algumas coisas. O que fez a viagem dele ser diferente da viagem de qualquer outra pessoa? O que ele pode nos contar que ainda não sabemos? Não queremos que descreva todos os brinquedos por onde andou na Disneylândia, que nos diga que o Grand Canyon é impressionante ou que existem muitos canais em Veneza. Se uma das atrações da Disneylândia quebrou ou alguém caiu dentro do impressionante Grand Canyon, isso sim faria sentido relatar.

Quando visitamos determinado lugar, é natural achar que fomos os primeiros a conhecê-lo ou a ter tido pensamentos tão sensíveis sobre ele. E isso é bastante justo: é o que nos faz seguir adiante e valida a nossa experiência. Quem conseguiria visitar a Torre de Londres sem pensar nas mulheres de Henrique VIII, ou visitar o Egito e não se sentir tocado pelas dimensões e pela antiguidade das pirâmides? Mas isso é o básico já relatado por inúmeras pessoas. Como escritor, você precisa controlar com rédeas curtas a sua subjetividade — aquele viajante emocionado com novas imagens, sons e cheiros — e manter sempre um olhar objetivo dirigido para o leitor. Uma reportagem que registre tudo o que você fez na sua viagem irá deixá-lo fascinado, pois foi a *sua* viagem. Mas será que fascinará também o leitor? Certamente não. Uma simples reunião de detalhes não abre as portas para o interesse do leitor. Os detalhes precisam ser importantes.

Outra grande armadilha é o estilo. Em nenhum outro tipo de não ficção usam-se tantos chavões. Palavras e expressões que você se sentiria mal de usar em uma conversa comum — "esplendoroso", "salpicado", "róseo", "lendário", "de vento em popa"

— são moeda corrente. Metade dos lugares que se veem em um dia de passeio são pitorescos, especialmente moinhos e pontes cobertas. Cidades em montanhas (ou colinas) são como ninhos — poucas vezes li sobre cidades em montanhas que não lembrassem ninhos — e o interior dos países é cheio de estradinhas, de preferência meio abandonadas. Na Europa, você acorda ao som de carroças puxadas a cavalo ao longo de um rio repleto de histórias; você parece ouvir o ruído de uma caneta de pena arranhando o papel. É um mundo em que o velho e o novo se misturam — aliás, o velho não pode se misturar com o velho. É um mundo onde objetos inanimados ganham vida: vitrines sorriem, edifícios se orgulham, ruínas acenam e até mesmo as chaminés cantam a sua eterna melodia de boas-vindas.

O "viagês" é também um estilo em que se usam palavras fáceis, que, quando examinadas com profundidade, não querem dizer nada ou cujo significado é diferente para cada pessoa: "atraente", "charmoso", "romântico". Escrever que "a cidade tem seus próprios atrativos" não ajuda muito. E quem poderia definir o que é "charme", a não ser o dono de alguma escola de etiqueta? E "romântico"? São conceitos subjetivos que dependem do observador. O mesmo nascer do sol pode ser romântico para uma pessoa, mas, para outra, pode ser um momento de sofrida ressaca após uma longa noitada.

Como evitar essas bizarrices apavorantes e fazer um bom texto sobre lugares? Meu conselho pode ser resumido a dois princípios — um sobre o estilo e outro sobre o conteúdo.

Em primeiro lugar, escolha as palavras com um cuidado especial. Se uma expressão lhe ocorrer muito facilmente, desconfie dela; provavelmente será um desses inúmeros clichês que estamparam com tanta força o tecido da escrita sobre viagens que é preciso fazer um grande esforço para *não* os usar. Resista também à tentação de forjar uma frase poética brilhante para descrever uma cachoeira maravilhosa. Na melhor das hipóteses, vai soar como algo artificial — não natural em você — e, na pior, como algo empolado demais. Procure palavras e imagens vivas. Deixe "miríade" e outras coisas do mesmo jaez para os poetas. Deixe "jaez" para alguém que o leve para bem longe.

Quanto ao conteúdo, seja extremamente seletivo. Se estiver descrevendo uma praia, não escreva que "várias rochas se espalham pelo litoral" ou que "às vezes se vê uma gaivota voando". O litoral geralmente é formado por pedras e sobrevoado por gaivotas. Evite elementos como esses, que são amplamente conhecidos: não nos diga que o mar tem ondas e que a areia é branca. Descubra detalhes significativos; eles podem ser importantes para a sua narrativa. Podem ser incomuns, curiosos, cômicos ou divertidos, mas atente para que sejam sempre úteis.

Citarei aqui alguns exemplos de vários autores, bem diferentes uns dos outros em termos de temperamento, mas semelhantes quanto à força dos detalhes que escolhem. O primeiro é retirado de um texto de Joan Didion chamado "Some Dreamers of the Golden Dream" [Alguns sonhadores do sonho dourado]. Trata de um crime horrível cometido no Vale de San Bernardino, na Califórnia, e neste trecho inicial a autora nos leva, como se estivéssemos dentro do seu automóvel, de uma civilização urbana até o ponto deserto de uma estrada onde o Volkswagen de Lucille Miller se incendiou inexplicavelmente:

> Esta é a Califórnia onde é fácil fazer um Dial-A-Devotion,[*] mas muito difícil comprar um livro. É a terra dos penteados extravagantes, das Capris[**] e das meninas que desde o começo da vida

---

[*] Serviço telefônico muito em voga nos anos 1950 que dava acesso a mensagens religiosas gravadas. (N.T.)

[**] Referência às calças femininas que foram moda nos anos 1950. (N.T.)

estão destinadas a usar um vestido longo branco de casamento, a dar à luz um Kimberly, uma Sherry ou uma Debbi, a se divorciar em Tijuana e voltar para alguma escola de cabeleireira. "Éramos apenas crianças malucas", elas dizem, sem arrependimentos, olhando para o futuro. O futuro parece sempre bom nesta terra dourada, porque ninguém se lembra do passado. Aqui é onde sopra um vento quente e os velhos hábitos não parecem ter importância, onde a taxa de divórcios é duas vezes maior do que a média nacional e onde 1 em cada 38 pessoas mora em um trailer. Aqui é a última parada para quem vem de qualquer lugar, para todos os que perambulam à solta depois de deixar para trás o frio, o passado e os velhos hábitos. Aqui eles buscam um novo estilo de vida, que esperam encontrar nos únicos lugares para onde costumam voltar os seus olhos: os filmes e os jornais. O caso de Lucille Marie Maxwell Miller é um monumento a esse novo estilo na forma de tabloide.

Imagine, primeiro, a rua Banyan, pois foi onde tudo aconteceu. Para chegar ali, a partir de San Bernardino, é preciso tomar a direção oeste e seguir pelo Foothill Boulevard, Route 66. No caminho, cruza-se com um pátio de manobras dos trens de Santa Fé e o motel Forty Winks, um conjunto de dezenove barracões indígenas feitos de estuque: "DURMA EM UMA TENDA — AQUI OS SEUS BÚZIOS VALEM MAIS". Depois do motel, cruza-se com o Salão de Dança de Fontana, a Igreja do Nazareno de Fontana e a parada A Go-Go; em seguida, a Kaiser Steel, pela Cucamonga, na direção do café e restaurante Kapu Kai, que fica na esquina da Route 66 com a avenida Carnelian. Na avenida, a partir do Kapu Kai, nome que significa "mares proibidos", surgem, tremulando ao vento forte, as bandeiras das subdivisões regionais. "RANCHOS DE MEIO ACRE! REFEIÇÕES LEVES! PORTAIS DE TRAVERTINO! DESCONTO DE US$ 95". São vestígios de um projeto que foi a pique, restos do naufrágio da Nova Califórnia. Depois de algum tempo, as sinalizações ao longo da avenida Carnelian diminuem, as casas já não têm mais as cores brilhantes da época dos proprietários da Springtime Home, dando lugar a barracões desbotados cujos moradores cultivam uvas e criam galinhas, e então a colina fica mais íngreme, a estrada vai conduzindo para o alto, o número de barracões diminui e ali — desolada, rudemente asfaltada e delineada por uma sequência de eucaliptos e limoeiros — se encontra a rua Banyan.

Em apenas dois parágrafos, podemos sentir não só a aridez da paisagem da Nova Califórnia, com suas tendas de estuque, moradias improvisadas e uma atmosfera usurpada de algum conto havaiano, mas também a patética transitoriedade da vida e das pretensões das pessoas que por ali se estabeleceram. Todos os detalhes — estatísticas, nomes e sinalizações — são introduzidos de forma útil.

O detalhe concreto constitui uma âncora também na prosa de John McPhee. *Coming Into the Country* [Por dentro do país], seu livro sobre o Alasca — para citar apenas um entre os seus vários e engenhosos livros —, contém um capítulo dedicado à procura por uma possível nova capital para o estado. McPhee precisa de apenas algumas frases para nos transmitir a sensação daquilo que vai mal na capital atual, tornando-a um lugar ruim tanto para as pessoas viverem como para os parlamentares fazerem boas leis:

> Em Juneau, um pedestre, de cabeça baixa e passos rápidos, pode ser interrompido à toa pelo vento. Barras de segurança ao longo das ruas são usadas por senadores e deputados para ir ao trabalho. Nos últimos dois anos, vários medidores de velocidade do vento foram instalados em um ponto mais elevado da cidade. Podiam medir velocidades de até 320 quilômetros por hora. Eles não sobreviveram. Os ventos do Taku os arrancaram violentamente, depois de levarem

os seus ponteiros ao máximo da escala. O tempo nem sempre é tão ruim, mas a cidade se moldou com base nele. Juneau, portanto, é uma comunidade cerrada de construções coladas umas às outras e ruas estreitas como na Europa, erguidas ao pé da montanha e recebendo de frente a água salgada do oceano...

A urgência de mudar a capital ocorreu a Harris durante esses dois anos [em que foi senador pelo Alasca]. As sessões locais começavam em janeiro e continuavam por no mínimo mais três meses, e Harris desenvolveu aquilo que ele chamou de "uma sensação absoluta de isolamento — ficava como que trancado ali. As pessoas não podiam ir até você. Você ficava em uma gaiola. Falando com os lobistas todos os dias. Sempre as mesmas pessoas. Era preciso mais arejamento para poder acompanhar o que acontecia".

As especificidades da cidade, tão distantes da experiência normal do país, ficam claras imediatamente. Uma das possibilidades, para os parlamentares, era transferir a capital para Anchorage. Ali, eles pelo menos não se sentiriam como se fossem estrangeiros. McPhee destila a essência dessa cidade em um parágrafo engenhoso, tanto por seus detalhes como por suas metáforas:

> Praticamente todos os americanos reconheceriam Anchorage, pois Anchorage é como aquele pedaço de qualquer cidade onde do nada surgiu um Coronel Sanders.* Pode-se às vezes perdoar Anchorage em nome do pioneirismo. Primeiro construa, depois civilize. Mas Anchorage não é uma cidade de fronteira. Não tem, virtualmente, nenhuma relação com o seu ambiente. Foi levada até ali pelo vento, como uma semente americana. Um disparo ocorrido em El Paso poderia mandar uma Anchorage pelos ares. Anchorage é a região norte de Trenton, o centro de Oxnard, os circuitos que contêm as

---

* Fundador e símbolo da rede de fast-food KFC. (N.T.)

águas do oceano em Daytona Beach. É uma Albuquerque condensada, instantânea.

O que McPhee fez foi captar o *conceito* de Juneau e de Anchorage. A principal tarefa que você tem ao escrever sobre viagens é encontrar o conceito-chave do lugar que está abordando. Durante décadas e décadas, os escritores vinham tentando dominar de alguma forma o rio Mississippi, captar a essência dessa pujante via de comunicação que avança pelo centro devoto dos Estados Unidos, muitas vezes com uma fúria bíblica. Mas ninguém o fez de modo tão sucinto como Jonathan Raban, ao visitar os estados do Meio-Oeste logo após os alagamentos causados pelas grandes inundações do rio. Seu texto começa assim:

Ao voar para Minneapolis a partir do Oeste, você encara a região como um problema de ordem teológica.

As grandes fazendas planas do Minnesota se estendem formando uma grade, tão previsível como uma folha de papel quadriculado. Cada caminho de cascalho, cada vala foi projetada de acordo com a latitude e a longitude do sistema oficial de divisão territorial. As fazendas são quadradas, os campos são quadrados, as casas são quadradas; se fosse possível tirar os telhados, você veria as pessoas sentadas em torno de mesas quadradas bem no centro de salas quadradas. A natureza foi fatiada, raspada, adestrada, punida e reprimida com esses ângulos retos, o pensamento quadrado de um país luterano. Você sente necessidade de avistar alguma curva rebelde, algum campo salpicado de cores irregulares, onde algum fazendeiro incauto tenha permitido que o milho e a soja coabitassem.

Mas não há nenhum fazendeiro incauto ao longo do trajeto. A paisagem aparece diante dos nossos olhos — assim como aos olhos de Deus — como um gigantesco painel publicitário que vende a terrível retidão das pessoas. Aqui não há espaço para diversão, diz ele; somos pessoas absolutamente retas, perfeitos candidatos ao Paraíso.

E de repente o rio invade o quadro — uma sombra larga e curvilínea que se espraia indomavelmente no meio do tabuleiro. Desgarrado, sinuoso, crivado de brejos escuros e ilhas verdes em forma de charuto, o Mississippi parece ter sido colocado ali para dar ao Meio-Oeste temente a Deus uma lição sobre o que é a natureza rebelde e incorrigível. Como o temperamento difícil de Calvino, ele se apresenta feito um animal selvagem bem no coração do país.

Quando as pessoas que vivem ao longo do Mississippi lhe atribuem um gênero, elas o fazem com naturalidade, vendo-o quase sempre como sendo do mesmo sexo que o delas. "É melhor sempre respeitar o rio, ou ele mesmo o obrigará a fazê-lo", resmunga o controlador da barreira. "As águas são geniosas — elas já acabaram com muita gente por aqui", diz a garçonete atrás do balcão. Quando Eliot escreveu que o rio está dentro de nós (enquanto o oceano nos envolve por inteiro), estava revelando uma verdade cotidiana sobre o Mississippi. As pessoas veem a agitação de suas águas barrentas como a encarnação de sua própria turbulência interna. Quando se vangloriam, diante de forasteiros, dos caprichos de seu rio, da sua ânsia por perturbação e destruição, suas inundações e afogamentos, há um certo tom na voz que diz: *Está em mim fazer isso... Sei como é.*

Que sorte maior poderia ter um escritor de não ficção do que a de viver nos Estados Unidos? O país é infinitamente variado e surpreendente. Seja ele urbano ou rural, esteja a leste ou a oeste, o lugar sobre o qual você escreve tem sempre um aspecto, uma população e um conjunto de características culturais totalmente singulares. Descubra esses traços distintivos. Os três trechos que apresento a seguir descrevem três locais dos Estados Unidos que não poderiam ser mais diferentes entre si.

No entanto, nos três casos, os autores nos apresentam tantas imagens precisas que nos sentimos como se estivéssemos nesses lugares. O primeiro trecho, extraído de "Halfway to Dick and Jane: A Puerto Rican Pilgrimage" [A meio caminho de Dick e Jane: uma peregrinação porto-riquenha], de Jack Agüeros, descreve a região hispânica da infância do escritor em Nova York, um lugar onde diferentes pequenos países podiam existir em um único quarteirão:

> Em toda sala de aula havia alunos que não falavam inglês. Negros, italianos, porto-riquenhos, as relações na classe eram boas, mas todos nós sabíamos que não poderíamos visitar os bairros uns dos outros. Às vezes não tínhamos liberdade de passear nem mesmo dentro do nosso próprio quarteirão. Na rua 109, perto do poste de luz oeste, havia o Latin Aces e, no poste de luz leste, o Senecas, "clube" ao qual eu pertencia. Os meninos que não falavam inglês eram conhecidos como os Marine Tigers, expressão tirada de uma canção popular espanhola. O Marine Tiger e o Marine Shark eram dois barcos que faziam o trajeto de San Juan a Nova York trazendo muitos imigrantes da ilha.
>
> O bairro tinha suas fronteiras. A Terceira Avenida e, a leste, os italianos. A Quinta Avenida e, a oeste, os negros. No sul, havia uma colina na rua 103 conhecida na região como Cooney's Hill. Quando você atingia o topo da colina, alguma coisa estranha acontecia: os Estados Unidos começavam, pois, olhando dali para o sul, via-se onde moravam os "americanos". Dick e Jane não estavam mortos; estavam vivos e bem, em um bairro melhor.
>
> Quando nosso grupo de garotos porto-riquenhos decidia ir nadar na piscina do Jefferson Park, sabia que havia o risco de ocorrer alguma briga com os italianos. E quando ia à igreja La Milagrosa, no Harlem, sabia que havia o risco de ocorrer alguma briga com os negros. Mas, quando caminhava para além da Cooney's Hill,

corria o risco de receber olhares duros, olhares desaprovadores, e de ser questionado pela polícia com frases como: "O que vocês estão fazendo aqui neste bairro?" e "Meninos, por que não voltam para o lugar de vocês?".
O nosso lugar! Rapaz, eu tinha escrito várias redações sobre os Estados Unidos. Por acaso as quadras de tênis do Central Park também não eram o meu lugar, mesmo que eu não soubesse jogar? Não poderia estar lá para ver Dick jogando? Aqueles policiais não estavam trabalhando também para mim?

Passemos agora para uma pequena cidade no leste do Texas, perto da fronteira com o Arkansas. Este texto, escrito por Prudence Mackintosh, saiu na *Texas Monthly*, uma revista de que gosto pela vivacidade com que Prudence e seus colegas escritores do Texas me transportam — eu, um morador do centro de Manhattan — para cada canto de seu estado:

> Aos poucos percebi que muita coisa que desde criança eu acreditava ser o Texas era na verdade o Sul. Os acalentados mitos do Texas tinham pouco a ver com a minha região do estado. Eu conhecia o corniso, o cinamomo, a murta-de-crepe e a mimosa, mas não a centáurea-azul ou o pincel-de-índio.* Embora a Four States Fair and Rodeo acontecesse na minha cidade, eu nunca aprendi a montar um cavalo. Nunca conheci ninguém que usasse chapéu de vaqueiro ou botas, a não ser como fantasia. Conheci um ou outro fazendeiro cuja propriedade era famosa por ser um lugar administrado mais ou menos à antiga, mas nenhum rancho com o brasão de seu gado afixado sobre as porteiras. Na minha cidade, as ruas se chamavam Madeira, Pinheiro, Oliva e Bulevar, não Guadalupe ou Lavaca.

* Planta nativa do Texas. (N.T.)

Avancemos ainda mais para o oeste, em direção a Muroc Field, no deserto do Mojave, Califórnia, o único lugar dos Estados Unidos árido e despovoado o bastante para a Força Aérea ter escolhido como cenário, há uma geração, a fim de quebrar a barreira do som, como explica Tom Wolfe nos brilhantes capítulos iniciais de *Os eleitos*:

> Parece uma paisagem fossilizada que foi deixada para trás pela evolução do mundo. Repleta de leitos de lagos ressecados, sendo o lago Rogers o maior deles. Além da artemísia, as únicas plantas eram as árvores-de-josué, deformação aberrante no mundo vegetal, parecida com o cruzamento do cacto com o bonsai japonês. Têm uma cor verde-escura, sólida, com galhos estropiados. Ao anoitecer, as silhuetas das árvores-de-josué em meio ao deserto fossilizado se erguem como um pesadelo artrítico. No verão, como era de esperar, a temperatura subia a até 43° C e o leito seco dos lagos se cobria de areia, com a ocorrência de tormentas e tempestades de areia como em um filme sobre a Legião Estrangeira. À noite, a temperatura caía a ponto de quase congelar tudo e, em dezembro, começava a chover, o que fazia com que os lagos secos recebessem alguns centímetros de água e aparecesse uma espécie de camarão pré-histórico nojento, que se espalhava pela lama, enquanto gaivotas, vindas do oceano a centenas de quilômetros ou mais de distância e após terem sobrevoado montanhas, surgiam para abocanhar esses bichos contorcidos e arcaicos. É preciso ver para crer...
>
> Com a passagem do vento, que leva essa fina camada de água para lá e para cá, o leito dos lagos fica totalmente liso e nivelado. Na primavera, quando a água evapora e o sol seca a terra árida, os leitos dos lagos se tornam a melhor e a maior pista natural de aterrissagem jamais imaginada, com enorme margem de erro para as manobras. E isso era algo bastante desejado, dada a natureza do empreendimento a ser realizado em Muroc:

Além do vento, da areia, de algumas plantas semelhantes ao amarilho e das árvores-de-josué, não havia nada em Muroc, com exceção de dois hangares pré-fabricados, um ao lado do outro, duas bombas de gasolina, uma pista de concreto, algumas choupanas com acabamento de betume e algumas tendas. Os oficiais ficavam nas choupanas, chamadas de "barracões", e os seus inferiores nas tendas, congelando-se durante a noite e quase derretendo ao longo do dia. Cada estradinha, dentro da área, tinha uma guarita, aos cuidados de soldados. O empreendimento planejado pelas Forças Armadas para esse fim de mundo era o desenvolvimento do jato supersônico e de projetos espaciais com uso de foguetes.

Exercite bastante esse tipo de texto sobre viagem — e, quando falo em viagem, isso não quer dizer que você precise ir até o Marrocos ou até Mombaça. Vá até o centro comercial do seu bairro, a algum salão de boliche ou a alguma creche. Qualquer que seja o local sobre o qual vai escrever, visite-o o máximo de vezes a fim de extrair suas características diferenciadoras, aquilo que o torna algo particular. Normalmente, será uma combinação entre o próprio local e as pessoas que se encontram ali. Se for o seu salão de boliche, será uma mistura entre o clima que existe lá dentro e os seus frequentadores habituais. Se for uma cidade estrangeira, será uma mistura entre a velha cultura local e a população presente. Procure descobrir isso.

Um mestre na arte de captar esses detalhes foi o escritor inglês V. S. Pritchett, um dos melhores e mais versáteis autores de não ficção. Veja o que ele extraiu de uma visita a Istambul:

Istambul alimenta tanto a imaginação das pessoas, que a realidade acaba por chocar muitos viajantes. Não conseguimos tirar os sultões de nossa mente. Muitos de nós ainda esperamos encontrá-los imóveis, de pernas cruzadas, cheios de joias, estendidos em seu divã.

Lembramos as histórias sobre haréns. A verdade é que Istambul não tem de que se vangloriar, a não ser de sua localização. É uma cidade com colinas íngremes, pavimentadas e barulhentas [...].

Em sua maioria, as lojas vendem tecidos, roupas, meias, calçados, com os ambulantes gregos correndo atrás, tecidos nos ombros, de cada potencial comprador, e os turcos esperando passivamente. Carregadores gritam; todo mundo grita; você se choca com cavalos, tem de desviar do caminho diante de tantas obras de pavimentação e, em meio a tudo isso, observa uma das imagens miraculosas da Turquia: um jovem sério carregando uma bandeja de prata sustentada por três correntes, com um pequeno copo de vidro com chá vermelho bem no centro da bandeja. Ele não derrama nenhuma gota; manobra, em meio a todo o caos, para levá-la ao seu chefe, que está sentado à porta de sua loja.

Percebe-se que há dois tipos de pessoas na Turquia: as que carregam coisas e as que ficam sentadas. Ninguém se senta de modo tão relaxado, tão categoricamente e com tanta beatitude quanto um turco; ele se senta com cada centímetro de seu corpo; até o seu rosto se senta. Ele se senta como se tivesse herdado essa arte de gerações e gerações de sultões do palácio da colina do Seraglio. Nada lhe agrada mais do que convidar você a se sentar com ele na sua loja ou em seu escritório junto com meia dúzia de outros homens igualmente sentados. Educadamente, perguntarão a sua idade, coisas sobre o seu casamento, o sexo de seus filhos, quantos parentes você tem, onde e como vive; e, depois, como os demais homens sentados, você limpará a garganta com uma enorme escarrada cujo barulho ultrapassará de longe o som de tudo o mais que possa ser ouvido em Lisboa, Nova York ou Sheffield, para então somar o seu silêncio ao de todos.

Gosto da frase "até o seu rosto se senta" — não mais do que seis palavras curtas, mas que contêm uma ideia tão imaginosa que nos pega de surpresa. E que nos diz muito sobre os turcos. Nunca mais conseguirei visitar a Turquia novamente sem prestar atenção nesses homens sentados. Com apenas uma rápida e perspicaz ideia, Pritchett captou uma característica nacional. Essa é a essência de um bom texto sobre outros países. Destilar o relevante daquilo que parece sem importância.

Os ingleses (como Pritchett me faz lembrar) sempre foram excelentes em uma forma peculiar de texto sobre viagens, o artigo que se diferencia menos por aquilo que o autor extrai do lugar do que por aquilo que o lugar extrai do autor. Novas paisagens geram pensamentos que de outra maneira não ocorreriam à mente do autor. Se viajar é ampliar horizontes, isso pode significar ampliar mais do que o conhecimento que se tem sobre o aspecto de uma igreja gótica ou sobre como os franceses produzem vinho. Viajar pode gerar uma constelação de ideias sobre como as pessoas trabalham e se divertem, criam seus filhos, cultuam suas divindades, vivem e morrem. Os livros de sábios aventureiros e apaixonados pelo deserto da Arábia, como T. E. Lawrence, Freya Stark e Wilfred Thesiger, que escolheu viver entre os beduínos, retiram muito de seu estranho poder das reflexões surgidas da necessidade de sobreviver em um meio ambiente tão inóspito e rarefeito.

Assim, quando escrever sobre um determinado lugar, procure retirar dele o que há de melhor. Mas, pensando no processo inverso, permita que ele retire também o melhor de você. Um dos livros de viagem mais ricos já escritos por um americano é *Walden*, embora Thoreau só tenha se afastado da cidade algo em torno de um quilômetro e meio.

No fim das contas, porém, o que dá realmente vida a um lugar é a atividade humana. Pessoas fazendo coisas é que conferem a um local a sua personalidade. Passados quarenta anos, ainda me lembro de quando li a dinâmica narrativa de James Baldwin, em *Da próxima vez, o fogo*, contando sua vida como jovem pregador em uma igreja do Harlem. Ainda carrego comigo a sensação de *como era* aquele santuário em um domingo de manhã, pois Baldwin foi muito além da mera descrição, rumo a um universo literário mais elevado, carregado de sons e ritmos, de fé e emoções compartilhadas:

> A igreja era muito excitante. Levei muito tempo para me libertar dessa excitação e, em um nível mais profundo, mais visceral, nunca cheguei nem chegarei a libertar-me. Não há outra música como aquela, não há espetáculo como o do júbilo dos santos e dos lamentos dos pecadores, daquele toque dos pandeiros e aquelas vozes todas juntas rogando a Deus com ímpeto sagrado. Ainda hoje, não conheço nenhuma efusão como a daqueles rostos multicoloridos, cansados, mas, de alguma forma, triunfantes e transfigurados, vozes que surgem das profundezas de um desespero visível, tangível e permanente para falar da bondade do Senhor. Nunca vi nada igual à incandescência e à excitação que às vezes, sem nenhum aviso, tomam conta de uma igreja, levando-a, como Leadbelly e tantos outros testemunharam, a "balançar". Nada do que aconteceu comigo depois se iguala ao poder e à glória que eu às vezes sentia quando, no meio de um sermão, me dava conta de que estava, de alguma forma, por algum milagre, realmente carregando em mim, como eles dizem, "a Palavra" — quando a igreja e eu éramos uma coisa só. A dor e a alegria deles eram minhas também, e as minhas eram as deles. E os seus gritos de "amém!", "aleluia!", "sim, Senhor!", "louvado seja o Seu nome!" e "fale, irmão!" sustentavam e estimulavam os meus próprios gritos até que nos tornávamos todos iguais, encharcados de suor, cantando e dançando, cheios de ânsia e de júbilo, ao pé do altar.

Não tenha medo de escrever sobre um lugar a respeito do qual ache que tudo já foi escrito. Ele não será o *seu* lugar até o momento em que *você* escrever sobre ele. Encarei eu mesmo esse desafio quando decidi escrever um livro, *American Places* [Lugares americanos], sobre quinze pontos altamente turísticos e cheios de clichês que tinham se tornado símbolos americanos ou que representavam uma ideia poderosa dos ideais e das aspirações dos americanos.

Nove dos meus lugares eram extremamente simbólicos: o monte Rushmore, as cataratas do Niágara, o Álamo, o Parque de Yellowstone, Pearl Harbor, o monte Vernon, Concord & Lexington, a Disneylândia e o Rockefeller Center. Cinco eram lugares que incorporavam uma ideia diferente sobre os EUA: Hannibal (Missouri), a cidade da infância de Mark Twain, que ele usou para criar ao mesmo tempo os mitos do rio Mississippi e de uma infância ideal; Appomatox, onde a Guerra Civil terminou; Kitty Hawk, onde os irmãos Wright inventaram a aviação, símbolo dos EUA como nação de gênios trapalhões; Abilene (Kansas), cidade rural de Dwight D. Einsenhower, símbolo dos valores das pequenas cidades americanas; e Chautauqua, vilarejo ao norte de Nova York que forjou a maior parte dos conceitos americanos de autodesenvolvimento e educação para adultos. Somente um dos meus lugares sagrados era novo: o Maya Lin's Civil Rights Memorial, em Montgomery (Alabama), erguido em homenagem aos homens, mulheres e crianças assassinados durante o movimento pelos direitos civis no Sul. Com exceção do Rockefeller Center, eu nunca tinha visitado nenhum desses lugares e não conhecia nada sobre a sua história.

Meu método não foi o de abordar os turistas contemplando o monte Rushmore e perguntar: "O que você sente?". Pois eu sabia o que eles responderiam: seria alguma coisa subjetiva ("É incrível!") e, portanto, inútil para mim como informação. Em vez disso, procurei os responsáveis, as pessoas que cuidam desses lugares, e perguntei: por que você acha que 2 milhões de pessoas por ano vêm ver o monte Rushmore? Ou 3 milhões, no caso do Álamo? Ou, ainda, 1 milhão na ponte Concord? Ou 250 mil em Hannibal? O que essas pessoas buscam nesses lugares? Meu objetivo era conhecer por dentro as intenções próprias de cada um desses lugares: descobrir o que eles tentavam ser, e não aquilo que eu esperava ou queria que fossem.

Ao entrevistar homens e mulheres da região — guardas-florestais, curadores, bibliotecários, comerciantes, antigos moradores, as Filhas da República do Texas, membros da Associação de Senhoras do monte Vernon —, consegui chegar a um dos mais ricos filões à espera do autor que realmente procure saber o que são os Estados Unidos: a expressividade rotineira de pessoas que trabalham em um lugar que preenche necessidades de outras. Cito aqui coisas que responsáveis de três lugares diferentes me disseram:

MONTE RUSHMORE: "À tarde, quando a luz do sol projeta sombras naquela cavidade", disse Fred Banks, um dos guardas-florestais, "você sente que os olhos daqueles quatro senhores* estão voltados diretamente para você, para qualquer lado que você vá. Estão perscrutando a sua mente, querendo saber o que você está pensando, fazendo você se sentir culpado: 'Está fazendo a sua parte?'"

KITTY HAWK: "Metade das pessoas que vêm a Kitty Hawk tem algum tipo de relação com a aviação e busca pelas raízes das coisas", diz a superintendente Ann Childress. "Temos de trocar periodicamente algumas fotografias de Wilbur e Orville Wright porque os rostos ficam meio apagados, de tanto que os visitantes gostam de tocar na sua imagem. Os Wright eram rapazes simples que não tinham ido muito além do colegial em sua formação e, no entanto, fizeram algo extraordinário, em muito pouco tempo, com pouco dinheiro.

---

* O monte Rushmore é mundialmente conhecido por ter esculpido em sua encosta o rosto dos presidentes americanos George Washington, Thomas Jefferson, Theodore Roosevelt e Abraham Lincoln. (N.T.)

Tiveram um êxito enorme — mudaram a nossa forma de viver — e eu penso: 'Será que eu conseguiria ter tanta inspiração e trabalhar tão arduamente para criar alguma coisa dessa magnitude?'."

PARQUE YELLOWSTONE: "Visitar parques nacionais é uma tradição entre as famílias americanas", diz o guarda-florestal George B. Robinson, "e o parque de que todo mundo já ouviu falar é o Yellowstone. Mas existe também uma razão mais escondida. Acho que as pessoas sentem uma necessidade inata de se reconectar com lugares de onde elas vieram. Um dos laços mais fortes que eu observei aqui é o laço entre os bem mais novos e os bem mais velhos. Eles estão mais próximos de suas origens."

O forte conteúdo emocional do livro veio daquilo que extraí de outras pessoas. *Eu* não precisei me derramar nem em emoção nem em patriotismo. Cuidado com os derramamentos. Se está escrevendo sobre lugares sagrados ou significativos, deixe os exageros para outros. Uma coisa que aprendi assim que cheguei a Pearl Harbor foi que o encouraçado Arizona, afundado pelos japoneses em 7 de dezembro de 1941, continua a vazar cerca de um galão de óleo por dia. Quando, mais tarde, entrevistei o superintendente Donald Magee, ele lembrou que, logo depois de assumir o cargo, revogou uma determinação burocrática antiga que proibia crianças com menos de 1,15 metro de visitarem o Memorial do Arizona. O raciocínio por trás daquela interdição era que o comportamento dessas crianças poderia "impactar negativamente a experiência" de outros turistas.

"Não acredito que as crianças sejam imaturas a ponto de não poderem entender o que esse navio representa", disse Magee. "Elas saberão muito bem do que se trata ao olharem o vazamento de óleo — ao perceberem que o navio ainda está sangrando."

Escrever sobre si mesmo: memórias

De todos os assuntos que estão à sua disposição como escritor, aquele que você conhece melhor é você mesmo: seu passado e seu presente, suas ideias e emoções. E, no entanto, é justamente esse o assunto que você mais tenta evitar.

Sempre que sou convidado para uma aula sobre escrita em alguma escola ou faculdade, a primeira coisa que pergunto aos estudantes é: "Quais são os seus problemas? Quais são as suas preocupações?". A resposta que eles dão, do Maine à Califórnia, é a mesma: "Somos obrigados a escrever aquilo que o professor quer". Um enunciado realmente deprimente.

"É a última coisa que qualquer bom professor deseja", eu lhes digo. "Nenhum professor almeja ter 25 cópias de uma mesma pessoa, escrevendo sobre as mesmas coisas. O que todos nós buscamos — o que queremos ver saltar de seus textos — é a individualidade. Procuramos encontrar algo, qualquer coisa que seja, que faça de cada um de vocês uma pessoa única. Escrevam sobre o que conhecem e o que pensam."

Eles não conseguem. Acham que não estão autorizados a fazer isso. Pois eu acredito que eles estão autorizados desde o momento em que nasceram.

A meia-idade não alivia a situação. Em seminários com escritores, cruzo com mulheres cujos filhos já estão crescidos e que agora querem reorganizar sua vida por meio da escrita. Insto-as a escreverem sobre aquilo que lhes parece mais próximo. Elas reclamam. "Precisamos escrever aquilo que os editores querem", dizem. Em outras palavras, "temos de escrever aquilo que o professor quer". Por que elas acham que precisam de autorização para escrever sobre as experiências e os sentimentos que conhecem melhor, ou seja, seus próprios sentimentos e experiências?

Saltemos outra geração. Tenho um amigo jornalista que passou a vida escrevendo de modo honrado, porém sempre a partir de fontes de segunda mão, contando sobre acontecimentos vividos por terceiros. Ao longo dos anos, eu o ouvia mencionar frequentemente o pai, um pastor protestante que assumiu sozinho muitas posições liberais em uma cidade conservadora do Kansas e de quem meu amigo herdou, obviamente, a sua forte consciência social. Poucos anos atrás, perguntei-lhe quando é que ele finalmente se sentaria para começar a escrever sobre as coisas de sua vida que haviam sido realmente importantes, inclusive seu pai. Um dia desses eu faço isso, ele respondeu. Mas esse dia era sempre postergado.

Quando ele completou 65 anos, comecei a pressioná-lo. Mandei-lhe algumas memórias que haviam me comovido, e ele, finalmente, concordou em ocupar suas manhãs explorando a escrita nesse veio voltado para o passado. Hoje em dia, mal consegue acreditar no processo de libertação em que acabou por embarcar: a infinidade de coisas que vai descobrindo sobre seu pai e que nunca havia entendido, e também sobre a sua própria vida. Mas, ao comentar esse processo, ele sempre diz: "Eu nunca tinha tido coragem", ou "sempre tive medo de tentar". Em outras palavras, "eu achava que não tinha autorização para fazer isso".

Por que não? Afinal de contas, os Estados Unidos não eram a terra dos "mais ferrenhos individualistas"? Pois, então, resgatemos essa terra perdida e esses individualistas perdidos também. Se você é professor de redação, faça seus alunos acreditarem no valor de sua própria vida. Se é um escritor, permita-se contar-nos quem você é.

Quando falo em "se permitir", não quero dizer ser "permissivo". Não tenho nenhuma paciência com trabalhos desleixados — aquele ponha-tudo-para-fora verborrágico dos anos 1960. Para ter uma carreira decente, é importante ser capaz de escrever decentemente. Porém, quanto à pessoa para quem você escreve, não se preocupe em lhe agradar. Se você escreve intencionalmente para um professor ou para um editor, acabará não escrevendo para ninguém. Se escrever para você mesmo, aí, sim, atingirá as pessoas para as quais pretende escrever.

Escrever sobre a própria vida está naturalmente relacionado a quanto tempo já se viveu. Quando os estudantes afirmam que têm de escrever sobre o que o professor deseja, o que normalmente querem expressar é que eles próprios não têm muita coisa a dizer — de tão pobre que é a sua vida fora dos muros da escola, limitada geralmente pela televisão e pelo shopping, duas versões artificiais da realidade. Ainda assim, qualquer que seja a idade, o simples ato físico de escrever constitui um poderoso mecanismo de busca. Fico muitas vezes surpreso quando, ao mergulhar no meu passado, deparo com algum acontecimento esquecido que ressurge justamente no momento necessário. Quando outras fontes secam, a memória aparece quase sempre como uma boa fornecedora de material.

Permitir-se escrever, porém, é uma faca de dois gumes, e ninguém deveria usá-la sem publicar uma advertência: ESCREVER EXCESSIVAMENTE SOBRE SI PRÓPRIO PODE SER ARRISCADO PARA A SAÚDE DO ESCRITOR E DO LEITOR. É muito tênue a linha que separa o ego do egocentrismo. O ego é saudável; nenhum escritor consegue ir muito longe sem ele. Já o egocentrismo é um estorvo, e o presente capítulo não pretende ser uma espécie de licença para a conversa fiada com finalidade meramente terapêutica. Mais uma vez, a regra que eu sugiro é a seguinte: esteja convencido de que cada elemento em seu texto de memórias tenha uma utilidade. Escreva sobre você mesmo, de qualquer jeito, com segurança e prazer. Mas atente para que cada detalhe — pessoas, lugares, acontecimentos, casos, ideias, emoções — seja útil para fazer a sua história avançar.

Isso me leva à questão das memórias como gênero. Leio as memórias de quase todo mundo. Para mim, não há outro gênero de não ficção que vá tão fundo em direção às raízes de uma experiência pessoal — todo o drama, o sofrimento, o humor e o inesperado da vida. Os livros de que guardo as mais vívidas lembranças de quando os li pela primeira vez tendem a ser memórias: obras como *Out of Egypt* [Fora do Egito], de André Aciman, *Exiles* [Exílios], de Michael J. Arlen, *Growing Up* [Crescendo], de Russell Baker, *Fierce Attachments* [Fortes vínculos], de Vivian Gornick, *A Drinking Life* [Uma vida na bebida], de Pete Hamill, *Act One* [Primeiro ato], de Moss Hart, *Run-Through* [Ensaio geral], de John Houseman, *The Liar's Club* [O clube dos mentirosos], de Mary Karr, *As cinzas de Angela* [*Angela's Ashes*], de Frank McCourt, *Fala, memória* [*Speak, Memory*], de Vladimir Nabokov, *A Cab at the Door* [Um táxi na porta], de V. S. Pritchett, *One Writer's Beginnings* [Os primeiros passos de um escritor], de Eudora Welty, e *Growing* [Crescendo], de Leonard Woolf.

O que lhes confere força é a delimitação do foco. Ao contrário da autobiografia, que se estende por uma vida inteira, as memórias tomam como pressuposto a vida e ignoram a maior parte dela. O escritor de memórias nos leva de volta a algum recanto de seu passado que tenha sido extraordinariamente intenso — a infância, por exemplo — ou que tenha sido moldado pela guerra ou por algum outro tipo de convulsão social. *Growing Up*, de Baker, é uma caixa dentro de uma caixa; a história da formação de um menino dentro da história de uma família atingida pela Depressão; ela extrai a sua força desse contexto histórico preciso. *Fala, memória*, de Nabokov, as mais elegantes memórias que conheço, evoca uma infância dourada sob o regime czarista em São Petersburgo, um mundo povoado por tutores particulares e casas de veraneio que a Revolução Russa acabaria por destruir para sempre. É um ato de escrita que se limita a um único lugar e a um único momento. *A Cab at the Door*, de Pritchett, recorda uma infância do tipo dickensiana; seu penoso período de aprendizado no comércio londrino de couro parece pertencer ao século 19. E, no entanto, Pritchett o descreve sem autocompaixão e até mesmo em tom divertido. Constatamos que essa infância foi inseparavelmente ligada ao momento, ao país e à classe social em que ele nasceu, além de ser, organicamente, parte integrante do grande escritor que ele se tornou.

Portanto, quando for redigir memórias, pense de modo delimitado. Memórias não são um resumo de uma vida; são uma janela para uma vida, assim como uma fotografia, em sua composição seletiva. Embora possa parecer uma rememoração casual e até aleatória de eventos passados, não se trata disso, e sim de uma construção deliberada. Thoreau redigiu sete versões diferentes de *Walden* ao longo de oito anos; nenhum outro livro americano de memórias foi mais cuidadosamente construído do que esse. Para escrever boas memórias, você precisa ser o editor de sua própria vida, trocando um derramamento desleixado de meias recordações por uma narrativa estruturada, com ideias organizadas. Memórias são a arte de inventar a verdade.

Um dos segredos dessa arte é o detalhe. Qualquer tipo de detalhe serve — um som, um aroma ou o título de uma canção —, desde que desempenhe um papel na estruturação da parcela de sua vida que você escolheu para esmiuçar. Um som, por exemplo. Veja como Eudora Welty abre *One Writer's Beginnings*, um livro enganosamente curto, recheado de ricas lembranças:

> Na casa da rua North Congress, em Jackson, Mississippi, onde nasci, a mais velha de três crianças, em 1909, crescemos ao som dos relógios. Havia na entrada um relógio antigo de parede que se fazia ouvir na sala de estar, na sala de jantar, na cozinha, na despensa e na caixa de ressonância que era o poço da escada. Durante a noite, o som chegava até os nossos ouvidos; às vezes, até mesmo quando dormíamos na varanda, a chegada da meia-noite nos fazia despertar. No quarto de meus pais, havia um relógio menor, que o ecoava. Embora o relógio da cozinha não fizesse sons, apenas marcando a hora, o da sala de jantar era um cuco com pesos ao final de duas longas correntes, em uma das quais meu irmão caçula, depois de trepar numa cadeira e subir na cristaleira, conseguiu pendurar por alguns instantes o gato. Não sei se a família de meu pai, proveniente de Ohio e cujos primeiros Welty, três irmãos, vieram da Suíça para os Estados Unidos no século 18, tinha alguma coisa a ver com isso, mas todos nós fomos muito ligados ao tempo ao longo de toda a nossa vida. Isso foi bom, pelo menos, para a futura autora de ficção aprender tão esmiuçadamente, e quase antes de qualquer outra coisa, sobre a cronologia. Foi uma das várias boas coisas que aprendi sem querer; estaria sempre à minha disposição quando eu precisasse.
>
> Meu pai gostava de todos os tipos de equipamentos úteis para ensinar e para gerar fascinação nas pessoas. O lugar onde ele guardava coisas era uma gaveta na "mesa da biblioteca", sobre a qual, em cima de seus mapas dobrados, repousava um telescópio com tubo de bronze, usado para ver a Lua e a Ursa Maior depois do jantar em nosso jardim da frente da casa e para acompanhar

eclipses. Havia uma Kodak portátil que usávamos no Natal, nos aniversários e nas viagens. No fundo da gaveta, havia uma lente de aumento, um caleidoscópio e um giroscópio guardado em uma caixa de tarlatana preta, que ele fazia dançar para nós em um barbante bem esticado. Ele também se suprira de um conjunto de anéis metálicos, aros entrelaçados e chaves que formavam um emaranhado que nenhum de nós, mesmo depois de ele mostrar pacientemente como se fazia, conseguia desmontar; ele tinha uma paixão quase infantil por engenhocas.

A certa altura, acrescentou-se à parede da sala de jantar um barômetro, do qual, na verdade, não tínhamos nenhuma necessidade. Meu pai tinha o olho do menino do interior para ler o tempo e o céu. De manhã, a primeira coisa que ele fazia era sair e, parado nos degraus da frente da casa, dar uma olhadinha e aspirar o ar. Era um notável profeta do tempo.

"Bem, eu *não* sou", diria minha mãe, com uma grande autossatisfação.

Desenvolvi, então, uma forte sensibilidade meteorológica. Muitos anos depois, ao escrever histórias, as condições atmosféricas ocuparam desde o início um papel decisivo. Perturbações climáticas e os sentimentos íntimos gerados por essas agitações incertas se conectavam de uma forma dramática.

Observe quanta coisa ficamos sabendo logo de cara a respeito dos primeiros anos de Eudora Welty — o tipo de casa onde ela nasceu, o tipo de homem que seu pai era. Ela nos convida a entrar na sua vida de menina no Mississippi com o som dos relógios que se espalhava por toda a casa e até mesmo do lado de fora, na varanda.

Para Alfred Kazin, os cheiros são o fio condutor que ele segue para retornar à sua infância em Brownsville, no Brooklyn. De meu primeiro contato com *A Walker in the City* [Um caminhante na cidade], de Kazin, muito tempo atrás, tenho uma memória sensorial. O trecho a seguir não é apenas um bom exemplo de como escrever com o nariz; ele mostra como a memória é alimentada pela habilidade do autor em dar um sentido a um local — o que faz do seu bairro e de sua herança algo peculiar e diferenciado:

O que eu mais gostava nas sextas-feiras à noite era da escuridão e do silêncio das ruas, como se em preparação para um dia de descanso e de culto que os judeus acolhiam "como uma noiva" — aquele dia em que até tocar em dinheiro era proibido, assim como fazer qualquer trabalho, viagem, tarefas domésticas, mesmo acender ou apagar as luzes. Os judeus tinham encontrado um caminho para o tranquilo centro ancestral de seu coração atormentado. Eu esperava as ruas escurecerem nas sextas-feiras como outras crianças esperavam pela chegada das luzes do Natal... Quando voltava para casa depois das três, o aroma suave de um bolo de café assando no forno e a imagem de minha mãe esfregando o piso de linóleo da sala de jantar enchiam-me de uma ternura tamanha que parecia que os meus sentidos se expandiam para acalentar cada um dos objetos da nossa casa [...].

O grande momento, para mim, ocorria às seis horas, quando meu pai retornava do trabalho com suas roupas cheirando levemente a aguarrás e goma-laca, com alguns respingos de tinta brilhando no queixo. No bolso da capa que pendurava na entrada escura que dava para a cozinha, ele sempre deixava um exemplar dobrado e amassado do *World*, de Nova York; então, tudo aquilo que acenava para mim do outro hemisfério do meu cérebro além do East River se punha em movimento com aquele cheiro de tinta fresca e a imagem daquele globo na primeira página. Era um jornal que eu associava à ponte do Brooklyn. Eles produziam o *World* sob o domo verde de Park Row, que tinha vista para a ponte; o ar fresco e salgado da baía de Nova York se prolongava no cheiro de tinta e no exemplar pegajoso naquela entrada. Sentia que meu pai, com seu exemplar diário do *World*, trazia o mundo lá de fora para dentro da nossa casa.

Kazin acabaria finalmente por atravessar a ponte do Brooklyn para se tornar o decano dos críticos literários americanos. Mas o gênero literário que sempre esteve no centro de sua vida não é o que normalmente se chama de literatura: o romance, o conto ou o poema. São as memórias, ou o que ele denomina "história pessoal" — especificamente, aqueles "clássicos americanos pessoais" que ele descobriu ainda menino, como *Specimen Days*, o diário da Guerra Civil de Walt Whitman, assim como o seu *Folhas da relva*, o *Walden* de Thoreau e, em especial, os seus diários, e *The Education of Henry Adams*. O que mais entusiasmava Kazin era que Whitman, Thoreau e Adams se inscreveram na paisagem da literatura americana ousando utilizar as formas mais íntimas — diários, cartas, memórias — e que, portanto, ele poderia fazer essa mesma "amorosa conexão" com os Estados Unidos escrevendo histórias pessoais e, assim, se colocando, como filho de judeus russos, na mesma paisagem.

Você pode usar sua história pessoal para atravessar a sua ponte do Brooklyn. Memórias são um gênero perfeito para captar o que significa ser um recém-chegado aos Estados Unidos, e cada filho ou filha de imigrantes traz de sua cultura uma voz diferente. O trecho a seguir, de "Back to Bachimba" [De volta a Bachimba], de Enrique Hank Lopez, é característico do poder de atração exercido por um passado que se abandonou, por um país que ficou para trás, o que confere a esse gênero muito de sua emoção:

> Sou um *pocho* de Bachimba, um pequeno vilarejo mexicano do estado de Chihuahua, onde meu pai lutou ao lado do exército de Pancho Villa. Ele foi, na verdade, o único civil no exército de Villa.

Pocho é um termo usado normalmente de modo pejorativo no México (para defini-lo sinteticamente: *pocho* é um mexicano bobalhão que quer passar por um gringo *filhodaputa*), mas eu o utilizo em um sentido muito especial. Para mim, essa palavra acabou adquirindo o significado de mexicano "desenraizado", e é isso o que eu tenho sido em toda a minha vida. Apesar de ter sido criado e educado nos Estados Unidos, nunca me senti inteiramente americano e, quando estou no México, às vezes me sinto como um gringo deslocado, com um nome curiosamente mexicano — Enrique Preciliano Lopez y Martinez de Sepulveda de Sapien. Pode-se concluir, então, que eu sou um mexicano esquizocultural ou um americano esquizoide aculturado.

Seja como for, a "esquizofrenia" começou muito tempo atrás, quando meu pai e muitos outros homens das forças de Pancho Villa cruzaram a fronteira para escapar dos *federales*, que então se aproximavam e que, ao final, acabariam por derrotar Villa. Viajando pelas planícies do deserto quente em uma carroça sem teto, minha mãe e eu nos juntamos ao meu pai em El Paso, Texas, poucos dias depois da sua fuga apressada. Com o número crescente de villistas que tomavam conta de El Paso todos os dias, ficou claro que o emprego seria escasso e incerto; meus pais, então, empacotaram os nossos poucos pertences e pegamos o primeiro ônibus disponível para Denver. Meu pai teria preferido se mudar para Chicago, pois a cidade tinha um nome que soava bastante mexicano, mas o pouco dinheiro poupado por minha mãe era suficiente para comprar bilhetes apenas para o Colorado.

Ali, passamos a viver em um gueto com uma população de falantes do espanhol que nomeavam a si próprios de hispano-americanos e se sentiam melindrados com a súbita chegada de seus irmãos do México, os quais chamavam, com pouco-caso, de *surumatos* (gíria usada para designar os sulistas)... Nós, os *surumatos*, nos amontoamos em uma subzona dentro do grande gueto, e foi ali que fiquei sabendo, de forma dolorida, que meu pai tinha sido o único civil do exército de Pancho Villa. Meus amigos, em sua maioria, eram filhos de capitão, coronel, major e até mesmo general, embora alguns pais fossem, confessadamente, meros sargentos ou cabos... Minha tristeza se acentuava pelo fato de que as façanhas de Pancho Villa eram um assunto constante nas conversas em nossa casa. Toda a minha infância foi assombrada por sua presença. Em nossa mesa de jantar, quase todas as noites, ouvíamos relatos, repetidos à exaustão, dessa ou daquela batalha, dessa ou daquela estratégia, ou sobre alguma grande ação à maneira de Robin Hood executada pelo *centauro del norte*...

Para aprofundar em nós o sentido de *villismo*, meus pais também nos ensinavam "Adelita" e "Se llevaron el cañon para Bachimba" ["Levaram o canhão para Bachimba"], as duas canções mais famosas da Revolução Mexicana. Cerca de vinte anos depois (durante minha passagem pela Harvard Law School), eu me peguei cantarolando sem parar *"se llevaron el cañón para Bachimba, para Bachimba, para Bachimba"*, enquanto passeava às margens do rio Charles. Isso é tudo o que consigo lembrar dessa pungente canção rebelde. Embora tivesse nascido lá, eu sempre havia encarado "Bachimba" como algo fictício, artificial, como um nome inventado por Lewis Carroll. De modo que, oito anos atrás, quando voltei ao México pela primeira vez, fiquei literalmente estupefato ao chegar a um cruzamento no sul de Chihuahua e ver uma velha placa com a indicação "Bachimba 18 km". Então isso realmente existe — eu pensei, exaltado —, Bachimba é uma cidade de verdade! Chacoalhando ao longo da estrada estreita e mal pavimentada, acelerei o motor do carro e zarpei para a cidade que eu vinha cantando desde a infância.

Para Maxine Hong Kingston, filha de imigrantes chineses que vivem em Stockton, na Califórnia, a timidez e a perplexidade foram fundamentais na experiência de uma criança que se iniciava na escola em uma terra estranha. Neste trecho, apropriadamente intitulado "Encontrando uma voz", de seu livro *The Woman Warrior* [A guerreira], observe com que vivacidade Kingston recompõe tanto os fatos quanto os sentimentos daqueles traumáticos anos iniciais nos Estados Unidos:

> Quando entrei para o jardim de infância e precisei falar em inglês pela primeira vez, fiquei muda. Uma estupidez — uma vergonha — ainda hoje faz a minha voz falhar, mesmo quando quero dizer simplesmente "olá" ou fazer alguma pergunta na recepção de um hotel ou pedir orientações a um motorista de ônibus. Fico petrificada...
>
> Durante o primeiro ano de absoluta mudez, eu não falava com ninguém na escola, nem mesmo perguntava se podia ir ao banheiro, e fui reprovada no jardim de infância. Minha irmã também ficou três anos sem falar, calada no recreio, calada na hora do almoço. Havia outras meninas chinesas sempre caladas que não eram da nossa família, mas a maior parte delas superou isso bem antes de nós. Eu gostava de ficar quieta. Inicialmente, não me ocorria que eu deveria falar e passar de ano no jardim de infância. Eu falava em casa e com uma ou duas crianças chinesas na minha classe. Fazia pantomimas e até mesmo algumas brincadeiras. Eu bebia em um pires de brinquedo quando a água transbordava para fora do copo, e todo mundo ria, olhando para mim, e eu então repetia aquilo. Eu não sabia que os americanos nunca bebiam diretamente do pires...
>
> Quando descobri que eu precisava falar, a escola se tornou um tormento, o silêncio se tornou um tormento. Eu simplesmente não falava e me sentia mal toda vez que não falava. No primeiro ano, porém, tive de ler em voz alta e ouvi aquela espécie de sussurro, misturado com alguns chiados, que saía da minha garganta. "Mais alto", dizia o professor, o que fazia minha voz se retrair novamente. As outras meninas chinesas também não falavam, o que me levou

a acreditar que o silêncio tinha alguma coisa a ver com ser uma menina chinesa.

Os sussurros da criança se transformaram, hoje, na voz de uma escritora adulta que se dirige a nós com sabedoria e humor, e sou muito grato por ter uma voz como essa entre nós. Somente uma mulher sino-americana poderia me fazer sentir como é ser uma menina chinesa enfiada em um jardim de infância nos Estados Unidos e da qual se espera que seja uma garota americana. Memórias são uma forma de dar sentido às diferenças culturais que podem ser um fato doloroso no cotidiano dos Estados Unidos da atualidade. Observe a busca de identidade descrita por Lewis P. Johnson no ensaio "For My Indian Daughter" [Para minha filha indígena]. Johnson, criado em Michigan, é bisneto do último chefe conhecido dos Potawatomi Ottawas:

> Certo dia, quando eu tinha 35 anos ou perto disso, ouvi falar de um encontro indígena. Meu pai costumava frequentar esse tipo de reunião e, assim, com uma grande curiosidade e uma estranha alegria por poder conhecer uma parte de minha ascendência, decidi que o certo a fazer para o grande evento era pedir a um amigo que fizesse com sua forja uma lança. O aço era fino, azulado e irisado. As penas, numa das extremidades, eram brilhantes e exuberantes.
>
> Em um terreno empoeirado de exposições no sul de Indiana, encontramo-nos com pessoas vestidas de indígena. Fiquei sabendo que eram "hobbistas", ou seja, que se fantasiavam de indígena no fim de semana como uma forma de hobby, de passatempo. Senti-me ridículo com a minha lança e fui embora.
>
> Muitos anos se passaram até que consegui falar com algum humor sobre esse fim de semana embaraçoso. Mas, de certo modo, apesar de todo o marasmo, aqueles dias foram um despertar para mim. Percebi que eu não sabia quem era. Eu não tinha um nome indígena. Não falava

a língua indígena. Não conhecia os costumes indígenas. Lembrava-me vagamente da palavra indígena para cão, mas, ainda assim, em sua forma abreviada, *kahgee*, e não por completo, *muhkahagee*, que eu aprenderia mais tarde. De forma ainda mais nebulosa, lembrava-me de uma cerimônia de batismo (o meu próprio). Lembrava-me de ver pernas dançando ao meu redor e poeira. Onde tinha sido isso? Quem eu tinha sido? "*Suwaukquat*", disse minha mãe quando lhe perguntei, "onde a árvore começa a crescer".

Estávamos em 1968, e eu não era o único indígena do país que sentia a necessidade de se lembrar de sua origem. Havia outros. Eles organizavam encontros autênticos, e finalmente consegui descobrir um deles. Juntos, buscávamos pelo nosso passado, uma busca que, para mim, culminou com a Longest Walk, uma marcha realizada em Washington em 1978. Talvez por saber agora o que significa ser indígena, fico surpreso ao ver que outros não sabem. É claro que não sobraram muitos de nós. As chances de uma pessoa normal encontrar um indígena normal no decorrer de uma vida normal são muito pequenas.

O ingrediente essencial nas memórias são, evidentemente, as pessoas. Sons, cheiros, canções e varandas só vão levá-lo até certo ponto. No fim das contas, você precisará congregar todas as mulheres, homens e crianças que cruzaram de forma significativa a sua vida. O que as torna memoráveis — que tipo de pensamento, quais hábitos malucos? Uma típica ave rara do amplo aviário das memórias é o pai de John Mortimer, um advogado cego, rememorado pelo filho em *Clinging to the Wreckage* [Fiel aos escombros], um livro de memórias que realiza a proeza de ser ao mesmo tempo terno e engraçado. Mortimer, ele próprio também advogado, autor prolífico e dramaturgo, mais conhecido pela [série de TV] *Rumpole of the Bailey*, escreve que, depois de ficar cego, o pai "insistiu em continuar advogando como se nada tivesse acontecido", e que sua mãe se tornou, então, a pessoa que lia para ele os documentos e fazia anotações sobre seus casos:

> Ela se tornou uma figura bastante conhecida nos fóruns, tão conhecida quanto os oficiais de Justiça ou os juízes, conduzindo meu pai de um tribunal para outro, sorrindo pacientemente quando ele batia sua bengala de ratã malhado e insultava aos berros a ela ou ao promotor, ou aos dois ao mesmo tempo. Desde o começo da guerra, quando se estabeleceram definitivamente no país, minha mãe conduzia meu pai todos os dias ao longo de 22 quilômetros até a estação Henley, onde embarcavam no trem. Refestelado em uma poltrona de canto, vestido como Winston Churchill, com paletó preto e calça listrada, gravata-borboleta encaixada em um colarinho de ponta virada, bota e polainas, meu pai pedia que ela lesse para ele, em voz alta e clara, os depoimentos do caso de divórcio de que cuidaria naquele dia. Quando o trem fazia uma parada perto de Maidenhead, o vagão de primeira classe silenciava enquanto minha mãe lia os relatórios dos detetives particulares a respeito de comportamentos adúlteros que eles haviam observado com todos os detalhes. Se ela baixava a voz ao ler descrições sobre roupas de cama manchadas, roupas masculinas e femininas espalhadas pelo chão, ou fornicações dentro de automóveis, meu pai gritava "Fale alto, Kath!", e os demais passageiros se deleitavam com mais um capítulo eletrizante.

Espera-se, no entanto, que o personagem mais interessante, em um texto de memórias, seja justamente a pessoa que as escreve. O que esse homem ou essa mulher aprendeu dos altos e baixos da vida? Virginia Woolf recorreu avidamente a gêneros muito pessoais — memórias, diários, cartas —, com a finalidade de aclarar seus pensamentos e emoções. (Quantas vezes não começamos a escrever uma carta de forma descomprometida e só no terceiro parágrafo descobrimos ter algo que realmente queremos dizer para o nosso destinatário?) O que Virginia Woolf escreveu na intimidade ao longo de sua vida se tornou imensamente útil para outras mulheres às voltas com anjos e demônios similares aos dela. Em uma resenha de um livro de Woolf sobre sua infância, quando ela foi vítima de abuso sexual, Kennedy Fraser reconhece essa dívida e começa com o relato de uma lembrança de sua própria infância que captura a nossa atenção por sua honestidade e vulnerabilidade:

> Houve um momento em minha vida em que tudo parecia tão doloroso para mim que ler sobre a vida de outras mulheres escritoras era uma das poucas coisas que podiam ajudar. Eu estava infeliz e me envergonhava disso; minha vida era só frustração. Durante vários anos, depois de passar dos trinta, eu me sentava na poltrona lendo livros sobre aquelas outras vidas. Às vezes, ao chegar ao final, eu voltava a me sentar e relia o livro todo, desde o começo. Recordo a incrível intensidade daqueles momentos, mas também uma espécie de dissimulação que aquilo implicava — como se eu temesse que alguém pudesse olhar através da janela e me flagrar naquele ato. Até hoje, sinto que devia fingir estar lendo apenas a ficção ou a poesia daquelas mulheres — sua vida da maneira como elas haviam escolhido apresentá-las, por meio da alquimia da arte. Mas isso seria uma mentira. Eu gostava mesmo era dos textos pessoais — diários e cartas, autobiografias e biografias, sempre que me parecessem dizer a verdade. Eu me sentia muito só, voltada para dentro de mim, excluída. Eu precisava de todo esse coro murmurante, dessa sequência de histórias sobre a vida real, para me estimular. Essas mulheres escritoras, muitas delas já falecidas, eram como mães e irmãs para mim; elas, mais do que a minha própria família, pareciam me estender a mão. Eu tinha me mudado para Nova York quando era jovem, como muitos fazem,

para me inventar. E, como muitas pessoas modernas — em especial, mulheres modernas —, eu havia sido catapultada para fora do meu contexto [...]. O êxito [das escritoras] me dava esperança, é claro, embora o que mais me agradasse fossem as passagens mais desesperadoras. Eu estava em busca de orientação, caçando pistas. Encantava-me, especialmente, com as coisas secretas, escandalosas, dessas mulheres — as dores: os abortos e os casamentos desiguais, os comprimidos que tomavam, quanto bebiam. O que as levava a viverem como lésbicas ou se apaixonarem por homens homossexuais, ou por homens casados?

O melhor presente que você tem para oferecer ao escrever uma história pessoal é você mesmo. Permita-se escrever sobre você e divirta-se ao fazê-lo.

PARTE IV

Atitudes

O som da sua voz

Escrevi um livro sobre beisebol e um sobre jazz. Mas nunca me ocorreu escrever o primeiro em um inglês esportivo nem o segundo em um inglês jazzístico. Procurei escrever os dois no melhor inglês que eu consegui, com o meu estilo de sempre. Embora os livros fossem bem diferentes no tema abordado, eu queria que os leitores soubessem que estavam tendo contato com uma mesma pessoa. Eram o *meu* livro sobre beisebol e o *meu* livro sobre jazz. Outros autores escreveriam os livros *deles*. O produto que vendo como escritor, seja qual for o tema sobre o qual escrevo, sou eu. E o seu produto é você. Não altere a sua voz para que ela se ajuste ao assunto. Desenvolva uma voz que os leitores reconheçam ao ouvi-la na página, uma voz que seja agradável não apenas no aspecto musical, mas também ao evitar sons que empobreceriam o seu espírito: a facilidade, a soberba e os clichês.

Comecemos com a facilidade.

Há um tipo de escrita que soa de modo tão suave que parece que o autor está falando com você. E. B. White foi provavelmente o melhor nesse terreno, embora muitos outros mestres do estilo — James Thurber, V. S. Pritchett, Lewis Thomas — me venham à mente. Não sou imparcial nesse caso, pois se trata de um estilo em que eu sempre procurei escrever. Há uma ideia muito comum de que seria um estilo que não exige muito esforço. No entanto, é exatamente o contrário: esse estilo sem grande esforço só é alcançado com muito trabalho e um refinamento constante. Os parafusos da gramática e da sintaxe estão bem ajustados, e o idioma é tão bom quanto possível.

Leia a seguir a abertura de um texto típico de E. B. White:

> Em meados de setembro passei vários dias e noites na companhia de um porco doente e me senti impelido a contar sobre esse período, sobretudo depois que o porco finalmente morreu e eu continuei vivo; se as coisas tivessem acontecido ao contrário, não haveria ninguém que pudesse contá-las.

É um fraseado tão prazeroso que é fácil nos imaginarmos sentados na varanda da casa de White no Maine. Ele está numa cadeira de balanço, fumando um cachimbo, e as palavras simplesmente fluem com sua voz de contador de histórias. Mas, dê outra olhada no texto. Nada nele é acidental. Trata-se de um ato disciplinado de escrita. A gramática é formal, as palavras são claras e precisas e o ritmo é de poesia. Eis o chamado estilo sem esforço no seu auge: um gesto metódico de composição que nos desarma com seu ardor proposital. O autor soa confiante; não está tentando se congraçar com o leitor.

Escritores inexperientes tropeçam aí. Eles acham que, para criar um efeito de informalidade, basta simplesmente "ser gente como a gente" — como os velhos e bons Bob e Betty batendo papo na cerca do quintal. Querem ser "chapas" do leitor. Têm tanta avidez em não parecer formais que nem sequer se esforçam para escrever corretamente. O que produzem, ao final, é um estilo fácil.

Como um escritor fácil narraria a vigília de E. B. White ao lado do porco? Soaria mais ou menos assim:

Você já teve de ser babá de um leitão doente? É um troço esquisito que pode te dar uma tremenda insônia. Fiz isso durante três noites em setembro passado, e minha cara-metade achou que eu estava ficando louco (É brincadeira, Pamela!). Cara, não dava para segurar uma coisa dessas. Porque, veja só, o porco morreu do meu lado. Para ser franco, eu também não me sentia lá muito bem e, por pouco, não foi este que vos escreve que bateu as botas no lugar do porco. Se isso tivesse acontecido, pode apostar todas as fichas que Mr. Leitão nunca escreveria um livro a respeito.

Não é preciso expor todos os motivos pelos quais essa coisa é tão terrível. Ela é grosseira. Banal. É verborrágica. Desdenha do idioma. É condescendente. (Interrompo a leitura de qualquer autor que escreva "veja só".) O mais lamentável no estilo fácil, porém, é que ele é mais difícil de ser lido do que um texto bem escrito. Na tentativa do autor de facilitar a vida do leitor, ele acaba por encher o caminho de obstáculos: gírias banais, frases mal construídas, filosofia barata. O estilo de E. B. White é muito mais fácil de ler. Ele sabe que, se as ferramentas da gramática sobreviveram a tantos séculos, não foi por acaso; elas atendem àquilo de que o leitor precisa e inconscientemente deseja. Ninguém nunca parou de ler E. B. White ou V. S. Pritchett por eles escreverem muito bem. Mas o leitor deixará de ler seus textos se sentir que você está tentando se rebaixar ao nível dele, leitor. Ninguém quer ser tratado com condescendência.

Escreva respeitando o idioma ao máximo — e os leitores também. Se for tomado por um impulso de escrever em estilo fácil, leia depois em voz alta o que escreveu e veja se gosta do som da sua voz.

Encontrar uma voz que agradará aos seus leitores é, em grande parte, uma questão de gosto. Dizer isso não ajuda muito — o bom gosto é uma qualidade tão intangível que não se consegue nem mesmo defini-lo. Mas nós sabemos quando estamos diante dele. Uma mulher com bom gosto para se vestir nos encanta por sua habilidade em combinar roupas de uma maneira não apenas surpreendente e cheia de estilo mas também perfeita. Ela sabe o que funciona e o que não funciona.

Para escritores e outros artistas, um componente essencial do gosto é saber o que *não* fazer. Dois pianistas de jazz podem ter o mesmo virtuosismo. O que tem bom gosto fará com que cada nota cumpra uma função útil para contar a sua própria história; o que não tem bom gosto vai nos enfiar goela abaixo ondulações e outros ornamentos desnecessários. Pintores de bom gosto confiarão em seus olhos para lhes dizer aquilo que precisa e aquilo que não precisa estar na tela; um pintor que não tenha bom gosto nos oferecerá uma paisagem graciosa demais, entulhada demais ou vistosa demais — enfim, com algum tipo de excesso. Um designer gráfico de bom gosto sabe que menos é mais: que o design deve estar a serviço da palavra escrita. Um designer que não tenha bom gosto vai sufocar o texto com cores de fundo, espirais e pirotecnias decorativas.

Tenho consciência de que tento estabelecer definições sobre uma questão que é subjetiva; um objeto belo para uma pessoa pode ser cafona para outra. O gosto pode também se modificar de uma década para outra — o que era charmoso ontem é ridicularizado hoje como refugo, mas voltará a estar na moda amanhã, sendo declarado, de novo, charmoso. Então, por que, mesmo assim, levanto a questão? É apenas para lembrar a você que ela existe. O gosto é uma corrente invisível que atravessa a escrita, e você precisa estar ciente disso.

Algumas vezes, cabe dizer, ela é visível. Toda forma de arte tem um núcleo de verdades que sobrevive aos caprichos do tempo. Deve haver algo inerentemente agradável nas dimensões do Partenon; o homem ocidental continua a permitir que os gregos de 2 mil anos atrás desenhem os seus edifícios públicos, como logo percebe qualquer pessoa que dê uma volta por Washington. As fugas de Bach possuem uma elegância atemporal enraizada nas leis atemporais da matemática. Teria a escrita algumas referências permanentes como essas? Não muitas; o texto é a expressão da individualidade da pessoa, e nós sabemos o que apreciamos só quando ele se materializa diante de nós. Mais uma vez, porém, pode-se ganhar muito sabendo o que não usar. Os clichês, por exemplo. Se um escritor ignora alegremente que os clichês equivalem ao beijo da morte, se ele, em última análise, não faz o menor esforço para evitá-los, podemos inferir que não entendeu o que dá vida a um texto. Diante da escolha entre a novidade e o banal, ele opta sempre pelo banal. Tem a voz de um escrevinhador.

Não é que seja fácil acabar com os clichês. Eles estão por toda parte, como amigos próximos querendo ajudar, sempre prontos para expressar ideias complexas pelo caminho fácil da metáfora. É assim que se transformam em clichês, e até mesmo autores zelosos utilizam alguns em seu primeiro rascunho. Mas, depois disso, sempre temos a oportunidade de eliminá-los. Clichês são uma das coisas em que você tem de prestar atenção ao reescrever e ler os seus sucessivos rascunhos em voz alta. Observe como eles soam acusatórios, condenando-o por ter se contentado com o uso de velhos chavões em vez de se esforçar para substituí-los por frases vivas criadas por você mesmo. Os clichês são inimigos do bom gosto.

Amplie esse ponto referente aos clichês para o uso mais amplo que você faz da língua. Aqui também o frescor é essencial. O bom gosto escolhe palavras que contenham surpresa, força e precisão. A falta de gosto recai no vernáculo desleixado das notas que se leem em publicações de ex-alunos — um universo em que as pessoas que ocupam funções ou cargos elevados são chamadas de figurões ou poderosos. Mas o que há de errado com "figurões"? Nada — e, ao mesmo tempo, tudo. O bom gosto sabe que é melhor chamar as pessoas que têm cargos ou funções elevadas pelo que elas são: executivos, diretores, presidentes, gerentes. Já o não gosto procura o sinônimo repisado, que tem a desvantagem adicional de ser impreciso; quais diretores de empresa são, exatamente, os figurões? O não gosto usa "enésimo". E "zilhões". O não gosto utiliza "e ponto final": "Ela disse que não queria ouvir mais nada sobre isso. E ponto final".

O bom gosto, enfim, é uma mistura de qualidades que vão além da análise racional: um ouvido capaz de ouvir a diferença entre uma frase claudicante e uma frase graciosa, uma intuição que sabe quando uma expressão informal ou vernacular introduzida em uma frase formal não só está soando corretamente como também parece ser a opção inevitável. (E. B. White era um mestre nesse tipo de balanceamento.) Isso significa que o gosto pode ser aprendido? Sim e não. Ter um gosto perfeito, assim como fazer um arremesso perfeito, é uma dádiva de Deus. Mas um pouco pode ser adquirido. Um truque, para isso, é estudar autores que têm bom gosto.

Nunca hesite em imitar outro autor. A imitação é parte do processo criativo para qualquer pessoa que está se iniciando em uma arte ou ofício. Bach e Picasso não nasceram Bach e Picasso; eles precisaram de modelos. Isso é especialmente verdadeiro na escrita. Localize os melhores escritores no campo que mais lhe interessa e leia os textos deles em voz alta. Guarde a sua voz e o seu gosto, a atitude deles para com a língua, dentro de seus ouvidos. Não tema que, ao imitar a voz deles, perderá a voz e a identidade próprias. Logo você acabará por se despir dessas camadas, tornando-se quem você deve se tornar.

Ao ler outros autores, você também se conectará com uma longa tradição que irá enriquecê-lo. Às vezes, você poderá encontrar um modo de expressão ou de transmissão de experiências que dará à sua escrita uma profundidade que ela não conseguiria atingir por conta própria. Deixe-me ilustrar o que quero dizer fazendo um pequeno desvio.

Não costumo ler discursos feitos por autoridades para indicar dias importantes do ano como importantes dias do ano. Mas, em 1976, quando eu dava aulas em Yale, a governadora de Connecticut, Ella Grasso, teve a interessante ideia de reeditar o discurso do Dia de Ação de Graças escrito quarenta anos antes pelo governador Wilbur Cross e que ela chamou de "uma obra-prima da eloquência". Frequentemente me pergunto se a eloquência desapareceu da vida americana ou se ainda a consideramos um objetivo pelo qual vale a pena se esforçar. Então, estudei o texto do governador Cross para ver de que forma ele teria sobrevivido à passagem do tempo, esse juiz cruel da retórica das gerações passadas. Fiquei encantado ao descobrir que eu concordava com a governadora Grasso. Era um texto escrito por um mestre:

> Em uma época tão imprevisível como esta, de mudança de estação, quando as folhas vigorosas dos carvalhos farfalham com o vento e o frio espalha pela atmosfera um aroma penetrante, quando o sol se põe mais cedo e as noites agradáveis se estendem até a cauda de Órion, nossa gente se reúne de bom grado para louvar o Criador e Salvador, que nos conduziu por um caminho que não conhecíamos rumo ao final de mais um ano. Conforme os nossos costumes, registro esta quinta-feira, 26 de novembro, como um dia público de Ação de Graças pelas bênçãos que têm sido o nosso dote comum e que fizeram do nosso amado estado uma das regiões mais favorecidas do mundo — por todos os seus bens materiais: a produção do solo que nos alimentou e a rica produção de todos os tipos de trabalho que sustentou as nossas vidas — e por todas as coisas, tão caras para nós quanto é a respiração para o corpo, que inspiram a fé dos homens na humanidade, que alimentam e fortalecem as suas palavras e os seus gestos; pela honra acima de qualquer valor;

pela inabalável coragem e dedicação na longa, longa busca pela verdade; pela liberdade e pela justiça garantidas livremente por todos e para todos e, portanto, tão livremente vividas; e pela glória e misericórdia supremas da paz em nossa terra — guardemos humildemente no coração todas essas bênçãos, como guardamos, mais uma vez, com ritos festivos e solenes, a nossa festa da colheita.

    A governadora Grasso acrescentou um postscriptum instando os cidadãos de Connecticut a "renovarem sua dedicação ao espírito de sacrifício e de comprometimento evocado pelos Peregrinos durante o seu primeiro inverno árduo no Novo Mundo", e fiz uma nota mental para não esquecer de olhar para a constelação de Órion naquela noite. Senti-me feliz por ter sido lembrado de que vivia em uma das regiões mais favorecidas do planeta. Também fiquei feliz por ter sido lembrado de que a paz não é a única glória suprema pela qual se deve agradecer. Também o é a língua quando utilizada para o bem comum de forma tão elegante. Vieram-me à mente as cadências de Jefferson, Lincoln, Churchill, Roosevelt e Adlai Stevenson (não as de Eisenhower, Nixon ou dos dois Bush).

    Coloquei esse discurso de Ação de Graças em um mural para que meus alunos pudessem apreciá-lo. A partir de seus comentários, percebi que vários deles acharam que eu estava brincando. Cientes da minha obsessão pela simplicidade, consideravam que eu via a mensagem do governador Cross como um exemplo de texto excessivamente floreado.

    Esse incidente gerou muitas dúvidas em minha cabeça. Teria eu exibido o texto de Wilbur Cross a uma geração que nunca havia sido exposta à nobreza da linguagem como um meio de se dirigir às massas? Eu não conseguia recordar nenhuma outra tentativa como essa desde o discurso de posse de John F. Kennedy em 1961. (Mario Cuomo e Jesse Jackson viriam a restaurar parcialmente a minha fé.) Essa era uma geração formada pela televisão, em que a imagem tem mais valor do que a palavra — em que a palavra, na verdade, é desvalorizada, usada apenas para jogar conversa fora, frequentemente mal utilizada e mal pronunciada. Era também uma geração educada pela música — canções e ritmos concebidos prioritariamente para serem ouvidos e sentidos. Com tanto barulho no ar, estaria alguma criança americana sendo treinada para escutar? Haveria alguém chamando a atenção para a grandiosidade de uma frase bem construída?

Minha outra pergunta dizia respeito a um mistério mais sutil: qual é a linha que separa a expressividade da altissonância? Por que nos sentimos exaltados diante das palavras de Wilbur Cross e ao mesmo tempo anestesiados pelos discursos da maioria dos políticos e autoridades públicas que nos acostumaram a sua oratória cheia de floreios e de rufar de tambores?

Uma parte da resposta nos remete de volta à questão do gosto. Um escritor com ouvido para a linguagem buscará um imaginário vivo e evitará frases banais. O escrevinhador, ao contrário, buscará os velhos clichês, achando que enriquecerá o seu pensamento com o uso de moeda corrente, que é algo, como ele diria, testado e aprovado. A outra parte da resposta reside na simplicidade. A escrita que desperta o leitor tende a ser constituída por palavras claras e fortes. Observe quantas palavras do governador são tudo menos vagas: folhas, vento, frio, ar, noite, caminho, bens materiais, solo, trabalho, respiração, corpo, coragem, justiça, paz, terra, ritos, colheita. São palavras familiares no melhor sentido do termo — elas captam o ritmo das estações e a rotina da vida. Observe também que todas elas são substantivos. Depois dos verbos, as suas melhores ferramentas são os substantivos concretos; eles ressoam com emoção.

Mas, essencialmente, a eloquência trafega em uma corrente mais profunda. Comove a partir daquilo que não é dito, deflagrando dentro de nós ecos de coisas que já sabemos a partir de nossas leituras, nossa religião ou nossa herança. A eloquência nos convida a investir uma parte de nós mesmos na transação. Não é por acaso que os discursos de Lincoln soavam como emanações da Bíblia do rei James; ele a conhecia quase de cor desde a infância e estava tão embebido de sua sonoridade que o seu inglês formal era mais elisabetano do que americano. O discurso de sua segunda posse reverberava frases e paráfrases bíblicas: "Pode parecer estranho que alguns homens se atrevam a pedir ajuda a um Deus justo para extrair seu pão do suor do rosto de outros homens, mas não devemos julgar para não sermos julgados". A primeira metade da frase toma emprestada uma metáfora do *Gênesis*, a segunda metade reformula um célebre mandamento de *Mateus*, e "Deus justo" vem de *Isaías*.

Se esse discurso me toca mais do que qualquer outro documento americano, não é somente porque sei que Lincoln foi assassinado cinco semanas depois de pronunciá-lo ou por me comover com a imensa dor que culminou nesse seu apelo a uma reconciliação que não guardava rancor de ninguém e que exprimia afeição por todos. É também porque Lincoln traz de volta alguns dos mais antigos ensinamentos do homem ocidental sobre escravidão, clemência e julgamento. Suas palavras continham duras conotações para os homens e mulheres que o ouviam em 1865, formados, como ele, pela Bíblia. Mas, mesmo no século 21, é difícil não sentir uma ira quase arcaica para ser compreendida na ideia de Lincoln de que Deus poderia desejar que a Guerra Civil continuasse "até que se consuma toda a riqueza pilhada em 250 anos de labuta não recompensada dos escravizados e até que cada gota de sangue derramada com o chicote seja paga com outra vertida com a espada, como se disse 3 mil anos atrás, e ainda precisa ser dito, 'as decisões do Senhor são verdadeiras e justas ao mesmo tempo'".

O discurso do Dia de Ação de Graças de Wilbur Cross também faz eco com verdades que estão dentro de nós. Emocionamo-nos fortemente com mistérios como o da mudança das estações e a generosidade da terra. Quem nunca olhou com uma admiração reverente para Órion? Nesses processos democráticos de "longa busca pela verdade" e "pela liberdade e pela justiça garantidas livremente", empenhamos partes das nossas próprias buscas pela verdade, aquilo que damos e aquilo que recebemos, em uma nação onde tantos direitos humanos foram conquistados e tantos outros ainda nos escapam. O governador Cross não roubou o nosso tempo explicando esses processos, e sou grato a ele por isso. Odeio imaginar de quantos clichês um orador rasteiro lançaria mão para nos falar muito mais — e nos nutrir muito menos.

Por isso, lembre-se dos costumes do passado ao contar a sua história. O que nos mobiliza nos textos com raízes regionais ou étnicas — a escrita do Sul, a escrita afro-americana, a escrita judaico-americana — é a sonoridade das vozes bem mais antigas do que a do narrador, falando em cadências extraordinariamente ricas. Toni Morrison, uma das mais eloquentes autoras negras, disse certa vez: "Lembro-me do linguajar das pessoas com as quais cresci. E a linguagem era tão importante para elas. Todo o seu poder estava ali. A sua graça, as suas metáforas. Uma parte dessa linguagem era muito formal e ligada à Bíblia, porque o costume é que, quando você tem alguma coisa importante para dizer, adote parábolas, caso tenha vindo da África, ou então um outro nível de linguagem. Eu queria usar a língua desse jeito, porque tinha a sensação de que um romance não seria negro apenas porque eu o escrevi, ou porque haveria nele personagens negros, ou porque falaria de coisas de negros. Era o estilo que contava. Aquilo tinha um estilo determinado. Era inevitável. Não saberia descrevê-lo, mas posso produzi-lo".

Decida-se por aquilo que pareça incomparável na sua herança pessoal. Incorpore-o, e isso o ajudará a atingir a sua própria expressividade.

Prazer, medo e confiança

Quando garoto não almejava me tornar, ao crescer, um escritor, muito menos — meu Deus! — um autor. Eu queria ser jornalista, e o jornal em que desejava trabalhar era o *New York Herald Tribune*. Lia-o todas as manhãs e adorava a sensação de prazer que ele me proporcionava. Todas as pessoas que trabalhavam no jornal — editores, escritores, fotógrafos, diagramadores — viviam momentos maravilhosos. Os textos costumavam ter um toque a mais de graça, de humanidade, de humor — algum mimo que os escritores e editores gostavam de oferecer a seus leitores. Eu achava que eles produziam o jornal apenas para mim. A ideia que correspondia ao supremo sonho americano, no meu caso, era me tornar um desses editores ou escritores.

Esse sonho se tornou realidade quando voltei para casa depois da Segunda Guerra Mundial e consegui um emprego no *Herald Tribune*. Trazia comigo a crença de que o prazer é um atributo de valor imensurável para um escritor ou uma publicação e estava agora na mesma sala daqueles homens e mulheres que haviam incutido inicialmente em minha cabeça essa ideia. Os grandes repórteres escreviam com gosto e entusiasmo, e os grandes críticos e colunistas, como Virgil Thomson e Red Smith, escreviam com elegância e uma confiança jovial em suas opiniões. Na *split page* — que era como se chamava a primeira página do segundo caderno do jornal na época em que eles tinham apenas dois cadernos —, a coluna política de Walter Lippmann, o mais venerado dos grandes mestres americanos, saía acima da charge de H. T. Webster, criador de "The Timid Soul" [A alma tímida], que também era uma verdadeira instituição americana. Eu gostava da tranquilidade com que se publicavam dois materiais de gravidades tão distintas em uma mesma página. E não passava pela cabeça de ninguém a ideia de jogar Webster para a seção de quadrinhos. Eram dois gigantes, partes de uma mesma equação.

No meio dessas almas alegres, havia um repórter de assuntos cotidianos da cidade chamado John O'Reilly, que era admirado pela sua cobertura impassível de casos curiosos ocorridos com homens e animais, trabalhados de forma a tornar sério o mais esdrúxulo dos temas. Lembro-me do artigo que ele fazia todos os anos sobre uma taturana cujas listras marrons e pretas supostamente indicariam, conforme a largura de cada uma delas, se o inverno que se aproximava seria rigoroso ou suave. Todo outono, O'Reilly se dirigia ao Bear Mountain Park com o fotógrafo Nat Fein — mais conhecido pela cobertura que fez da despedida de Babe Ruth no Yankee Stadium e que lhe valeu um prêmio Pulitzer — para observar amostras de taturanas que cruzavam a estrada, e o seu artigo era escrito de forma sarcástica com um ar de seriedade pseudocientífica, trazendo as devidas previsões. O jornal sempre publicava esse texto no pé da primeira página, em três colunas, com a imagem de uma taturana, com suas listras não muito bem definidas. Na primavera, O'Reilly retomava o assunto para informar aos leitores se as taturanas tinham acertado nas previsões, e, caso isso não tivesse acontecido, ninguém culpava nem a ele nem a elas. O que importava era divertir um pouco as pessoas.

Desde então, transformei esse senso de prazer em meu lema como escritor e como editor. O ato de escrever é um trabalho tão solitário que sempre procuro formas de me manter animado. Se alguma coisa engraçada me ocorre durante a escrita, eu a introduzo no texto apenas para me divertir. Se a acho engraçada, imagino que outras pessoas também a acharão engraçada e, quando isso ocorre, sinto que foi um bom dia de trabalho. Não me incomoda que um certo número de leitores não ache aquilo divertido; sei que uma boa parcela da população é desprovida de senso de humor e não faz a menor ideia de que há pessoas no mundo trabalhando para entretê-la.

Quando dava aulas em Yale, convidei certa vez o humorista S. J. Perelman para falar aos meus alunos, e um deles lhe fez a seguinte pergunta: "O que é preciso para ser um escritor engraçado?". Ele disse: "É preciso audácia, exuberância e alegria, sendo que o mais importante é a audácia". E acrescentou: "O leitor tem que sentir que o escritor se sente bem o bastante". A frase explodiu dentro da minha cabeça como fogo de artifício, esclarecendo toda a questão do prazer. E ele disse, ainda: "Mesmo que isso não seja verdade". E essa afirmação teve em mim quase o mesmo impacto, pois eu sabia que a vida de Perelman continha uma dose de depressão e trabalho duro bem maior do que a média. E, no entanto, ele se sentava todos os dias diante de sua máquina de escrever e fazia a língua inglesa dançar. Como não poderia estar bem? Ele sempre dava a volta por cima.

Como os atores, os bailarinos, os pintores e os músicos, os escritores precisam ligar o motor na hora de iniciar a sua performance. Há alguns autores que nos sugam tão fortemente para dentro de sua corrente de energia — Norman Mailer, Tom Wolfe, Toni Morrison, William F. Buckley Jr., Hunter Thompson, David Foster Wallace, Dave Eggers — que achamos que, quando eles se sentam para trabalhar, as palavras simplesmente jorram da mente deles. Ninguém imagina o esforço que fazem todas as manhãs para ligar o interruptor.

Você também precisa ligar o interruptor. Ninguém fará isso por você.

Infelizmente, há sempre outra corrente igualmente forte, porém negativa, em atuação: o medo. O medo de escrever se enraíza em muitos americanos em tenra idade, em geral na escola, e nunca vai embora totalmente. A folha de papel em branco, ou a tela do computador em branco, à espera de ser preenchida com nossas maravilhosas palavras, pode nos deixar paralisados, de modo que não escrevemos nada ou escrevemos palavras que estão bem longe de ser maravilhosas. Com frequência, eu mesmo fico desalentado com o lixo que vejo aparecer na minha própria tela quando começo a escrever apenas para cumprir uma tarefa — o trabalho do dia —, sem nenhum prazer. Meu único consolo é que poderei retomar essas frases desanimadoras no dia seguinte, depois de novo no outro dia, e assim por diante. A cada reescrita, procuro imprimir a marca da minha personalidade no material de que disponho.

É provável que o maior medo do escritor de não ficção seja o de não dar conta da tarefa. Na ficção, a situação é diferente. Porque os ficcionistas escrevem sobre um mundo inventado por eles mesmos, frequentemente em um estilo alusivo que eles também inventaram (Thomas Pynchon, Don DeLillo), não temos o direito de lhes dizer "isso está errado". Só o que podemos dizer é "comigo isso não funciona". Os autores de não ficção não dispõem desse respiro. Têm infinitas responsabilidades. Para com os fatos, as pessoas que entrevistaram, o local onde se passa a história e os acontecimentos ocorridos ali. Também têm responsabilidades para com as regras de seu ofício e os riscos inerentes aos exageros e confusões em seu texto: perder o leitor, confundir o leitor, irritar o leitor, não prender a atenção do leitor do começo ao fim do texto. A cada imprecisão na narrativa e a cada escorregão técnico, podemos dizer "isso está errado".

Como enfrentar todos esses temores relativos à desaprovação e ao fracasso? Uma forma de gerar confiança é escrever sobre assuntos que sejam do seu interesse e que o preocupam. O poeta Allen Ginsberg, outro escritor que veio falar aos meus alunos em Yale, foi questionado por um deles a respeito do momento em que ele decidiu, conscientemente, se tornar poeta. Ginsberg disse: "Não foi bem uma escolha — foi uma concretização. Eu tinha 28 anos e trabalhava como pesquisador de mercado. Um dia, disse ao meu psiquiatra que o que eu realmente gostaria de fazer era largar o meu emprego e só escrever poemas. O psiquiatra perguntou: 'E por que não?'. Eu disse: 'O que a Sociedade Americana de Psicanálise diria?'. Ele respondeu: 'Não temos uma linha oficial a esse respeito'. Então, eu fiz".

Nunca saberemos a dimensão da perda que esse fato significou para o setor de pesquisa de mercado. Mas ele foi, certamente, um grande momento para a poesia. Não há linha oficial: eis um bom conselho para escritores. Você pode ser a sua própria linha oficial. Red Smith, ao fazer um discurso em homenagem a um colega de crônica esportiva falecido, disse: "Morrer não é o problema. Viver é que são elas". Um dos motivos pelos quais sempre admirei Red Smith é que ele escreveu sobre esporte durante 55 anos, com graça e humor, sem ceder à pressão de escrever sobre algo "sério" que levou muitos cronistas esportivos à ruína. Ele encontrou na crônica esportiva aquilo que queria e gostava de fazer e, como isso combinava com ele, acabou por escrever mais coisas importantes sobre os valores americanos do que muitos autores que escreviam sobre coisas sérias e com tanta seriedade que ninguém conseguia lê-los.

Viver é que são elas. Escritores que escrevem de forma interessante tendem a ser homens ou mulheres que se mantêm sempre interessados. Essa é a grande questão para quem quer se tornar escritor. Escrevo para me dar uma vida interessante e uma formação contínua. Se você escreve sobre assuntos a respeito dos quais terá prazer em se aprofundar, esse prazer estará presente naquilo que escrever. O aprendizado é um estimulante.

Isso não quer dizer que não ficará nervoso quando tiver de adentrar território desconhecido. Como autor de não ficção, você será tragado inúmeras vezes por universos muito específicos e ficará preocupado, achando que não é qualificado para contar esta ou aquela história. Eu mesmo sinto essa ansiedade sempre que embarco em um novo projeto. Não foi diferente quando fui a Bradenton para escrever meu livro sobre beisebol, *Spring Training*. Embora tenha sido fã de beisebol a vida inteira, nunca tinha feito nenhuma reportagem esportiva, jamais havia entrevistado um atleta profissional. A rigor, eu não tinha credenciais para fazer aquilo. Qualquer uma das pessoas de quem me aproximei com o meu bloco de anotações — gerentes, treinadores, jogadores, árbitros, olheiros — poderia ter perguntado: "O que você já escreveu sobre beisebol?". Mas ninguém perguntou, porque eu tinha um outro tipo de credencial: a sinceridade. Estava claro para aqueles homens que eu realmente queria saber como eles faziam o seu trabalho. Lembre-se disso quando tiver de entrar em um território novo e precisar de uma dose de confiança. A sua melhor credencial é você mesmo.

Lembre-se também de que a tarefa pode não ter limites tão restritos quanto você imagina. Muitas vezes você vai deparar com algum aspecto da sua experiência ou da sua formação que lhe permitirá ampliar a matéria com reforços próprios. Toda redução do estranhamento ajudará a diminuir o seu medo.

Aprendi essa lição em casa, certa vez, quando, em 1992, recebi o telefonema de um editor da *Audubon* perguntando se eu toparia escrever algum texto para a revista. Respondi que não poderia. Sou da quarta geração de nova-iorquinos, minhas raízes são totalmente urbanas. "Não seria correto, nem para mim, nem para você, nem para a *Audubon*", disse ao editor. Nunca aceitei uma encomenda que não me achasse capaz de assumir e sempre procuro dizer imediatamente aos editores que eles deveriam procurar outra pessoa. O editor da *Audubon* respondeu — como todo bom editor deveria fazer — que tinha certeza de que poderíamos encontrar alguma coisa e, algumas semanas mais tarde, me telefonou de novo para dizer que a revista tinha decidido que já era hora de fazer um novo texto sobre Roger Tory Peterson, o homem que fez dos Estados Unidos um país de observadores de pássaros, sendo o seu *Field Guide to the Birds* [Guia prático de pássaros] um best-seller desde 1934. Estaria eu interessado? Eu disse que não conhecia muita coisa sobre pássaros. Os únicos que eu sabia identificar com certeza eram os pombos, que costumavam frequentar o beiral da minha janela em Manhattan.

Preciso sentir algum tipo de proximidade com a pessoa sobre a qual vou escrever. A empreitada sobre Peterson não surgira de uma ideia minha; ela apareceu para mim. Quase todos os perfis que eu havia escrito eram sobre uma pessoa cujo trabalho conhecia e admirava: figuras criativas como o cartunista Chic Young (*Blondie*), o compositor Harold Arlen, o ator britânico Peter Sellers, o pianista Dick Hyman e o escritor de livros de viagens Norman Lewis. A gratidão pelo prazer que a companhia deles me proporcionara durante anos e anos era uma fonte de energia quando me sentava para escrever. Se você quer que a sua escrita lhe traga prazer, escreva sobre pessoas que você respeita. Escrever com a finalidade de destruir alguém ou para criar algum escândalo pode ser tão destrutivo para o escritor quanto para o objeto do texto.

Algo, porém, me fez mudar de ideia em relação ao convite da *Audubon*. Aconteceu de eu assistir a um documentário no canal

PBS intitulado *A Celebration of Birds* [Celebração dos pássaros], um resumo da vida e da obra de Roger Tory Peterson. O filme era tão bonito que me deu vontade de saber mais sobre o personagem. O que me chamou a atenção foi que Peterson ainda esbanjava vitalidade aos 84 anos de idade — pintando quatro horas por dia e fotografando pássaros em seu habitat no mundo inteiro. *Isso* me interessou. Pássaros não são um assunto que me interesse especialmente, mas sobreviventes sim: como pessoas idosas vão seguindo em frente. Lembrei que Peterson vivia em uma cidade de Connecticut não muito distante de onde nossa família costuma passar os verões. Eu poderia simplesmente pegar o carro e encontrá-lo; se as vibrações fossem ruins, eu só perderia alguns litros de gasolina. Eu disse, então, ao editor da *Audubon* que iria tentar fazer algo mais informal, na linha "uma visita a Roger Tory Peterson", em vez de um longo perfil.

Obviamente, a coisa acabou se transformando em um longo perfil, com 4 mil palavras, pois, assim que vi o estúdio de Peterson, entendi que encará-lo apenas como um ornitólogo, como eu sempre fizera, seria deixar escapar o essencial da sua vida. Ele era, acima de tudo, um artista. Sua técnica como pintor é que tornara o seu conhecimento sobre pássaros acessível a milhões de pessoas e lhe propiciara a autoridade que tinha como escritor, editor e conservacionista. Perguntei-lhe sobre seus mentores e mestres — artistas americanos de primeira grandeza como John Sloan e Edwin Dickinson — e sobre a influência dos grandes pintores de pássaros como James Audubon e Louis Agassiz Fuertes, e, assim, minha reportagem se tornou uma reportagem sobre arte, sobre ensinar e sobre pássaros, envolvendo vários interesses pessoais meus. Era, também, uma reportagem acerca de sobreviventes; no alto dos seus oitenta e tantos anos, Peterson tinha uma agenda que representaria um fardo para qualquer homem de cinquenta anos.

Moral da história, para os autores de não ficção: ao receber uma encomenda, pense nela de forma ampla. Não parta do princípio de que um texto para a *Audubon* tenha de ser exclusivamente sobre natureza ou que um texto para a *Car & Driver* tenha de ser apenas sobre carros. Amplie os limites do seu tema e veja até onde ele pode levá-lo. Acrescente nele uma parte da sua própria vida; o texto não será o seu texto até que você o escreva.

Pouco tempo depois que a *minha* versão sobre a história de Peterson saiu na *Audubon*, minha mulher ouviu na nossa secretária eletrônica uma mensagem que dizia o seguinte: "É da casa do William Zinsser, que escreve sobre natureza?". Ela achou engraçado, e era mesmo. Mas, de fato, meu texto foi recebido pela comunidade dos observadores de pássaros como o perfil definitivo de Peterson. Se menciono isso, é para transmitir confiança a todos os autores de não ficção: uma questão de princípio para o ofício. Se tiver o controle das suas ferramentas — os fundamentos da arte de entrevistar e da construção ordenada do texto — e empregar na execução de uma encomenda toda a sua inteligência e sensibilidade, você poderá escrever sobre *qualquer* assunto. Eis o seu passaporte para uma vida interessante.

É claro que é difícil não se sentir intimidado diante dos conhecimentos de um especialista. Você pensa: "Esse sujeito conhece tanto a sua área de atuação que sou meio tolo de querer entrevistá-lo. Ele vai me achar estúpido". O motivo pelo qual sabe tanta coisa sobre aquilo que faz é justamente por aquilo ser o que ele faz. Você é um generalista que procura tornar acessível ao público aquilo que ele faz. Isso significa levá-lo a esclarecer pontos tão óbvios para ele que ele imagina serem óbvios também para qualquer pessoa. Confie no seu bom senso para definir o que você precisa saber e não tenha medo de fazer uma pergunta tola. Se o especialista achar que você é tolo, é problema dele.

O seu teste deveria ser: a primeira resposta do especialista é suficiente? Normalmente, não é. Aprendi isso quando fui contratado para fazer uma segunda incursão no território de Peterson. Um editor da Rizzoli, a editora de livros de arte, ligou para dizer que a empresa estava preparando um livro do tipo *coffee-table* sobre "A arte e a fotografia de Roger Tory Peterson", com centenas de imagens coloridas. Precisavam de um texto com 8 mil palavras, e eu, como a nova autoridade em Peterson, era convidado a escrevê-lo. Falando em coisas engraçadas...

Eu disse ao editor que tinha como princípio jamais escrever a mesma história duas vezes. Já havia escrito o meu texto para a *Audubon* com o maior capricho possível e não saberia como retrabalhá-lo. Se ele quisesse, poderia comprar e republicar o texto no livro. Ele concordou com isso, mas desde que eu pudesse acrescentar outras 4 mil palavras — numa costura invisível — que tratariam principalmente dos métodos adotados por Peterson como pintor e fotógrafo.

Isso me pareceu interessante, e então retornei a Peterson com um novo lote de perguntas, mais técnicas do que as que eu havia feito para o texto da *Audubon*. O público da revista queria ler algo sobre a sua vida. Agora, eu escreveria para leitores que queriam saber como o artista criava a sua arte, e minhas perguntas eram voltadas diretamente para os seus processos e técnicas. Começamos pela pintura.

"Chamo o meu trabalho de 'mídia mista'", disse Peterson, "porque meu objetivo principal é informar. Posso começar com uma aquarela transparente, depois uso guache, então aplico uma camada protetora de acrílico, em seguida trabalho em cima disso outra vez com acrílico ou com um toque de lápis-pastel ou lápis de cor ou mesmo com lápis preto, ou tinta de caneta — tudo o que for preciso para chegar aonde quero."

Eu sabia pelas entrevistas anteriores que a primeira resposta de Peterson raramente era suficiente. Era um homem taciturno, filho de imigrantes suecos, pouco expansivo. Perguntei-lhe qual era a diferença entre essa técnica de agora e os métodos que ele usava antes.

"Hoje em dia, ataco pelos dois lados", disse ele. "Tento acrescentar mais detalhes, sem perder o efeito de simplicidade." E silenciou de novo.

Mas por que, àquela altura da vida, ele sentia necessidade de pintar mais detalhes?

"Com o passar dos anos, as pessoas ficaram tão familiarizadas com o perfil reto dos meus pássaros", disse ele, "que começaram a querer algo mais: a visão das plumagens ou uma imagem que transmitisse uma sensação de terceira dimensão."

Depois da pintura, passamos para a fotografia. Peterson rememorou todas as máquinas fotográficas que ele tivera, a começar por uma Primo #9, que ele usara aos treze anos de idade, com lâminas de vidro e um fole, e terminou com fartos elogios às modernas tecnologias, como o autofoco e o flash de preenchimento. Como não sou fotógrafo, nunca havia ouvido falar em autofoco ou flash de preenchimento, mas bastou expor a minha ignorância para, então, aprender por que eles são tão úteis. Autofoco: "Se você conseguir captar o pássaro dentro do seu visor, a câmera cuida do resto". Flash de preenchimento: "O filme nunca consegue enxergar tanto quanto você. O olho humano vê detalhes nas sombras, mas o flash de preenchimento permite que a câmera capte esses detalhes".

A tecnologia, porém, é apenas tecnologia, lembrou Peterson. "Muitas pessoas acham que um bom equipamento torna as coisas fáceis", disse. "Iludem-se achando que a câmera faz tudo." Ele sabia muito bem o que estava querendo dizer com isso, mas *eu* precisava saber por que a câmera não fazia tudo. Quando o pressionei com o meu "por que não?" e o meu "o que mais é preciso?", recebi, não uma, mas três respostas:

"Como fotógrafo, você transmite o seu olhar e o seu senso de composição ao processo, assim como o seu entusiasmo — você não tira fotos ao meio-dia em ponto, por exemplo, ou no começo ou no fim do dia. Você também se preocupa com a qualidade da luz; um céu parcialmente nublado também pode produzir belas coisas. Conhecer o animal também ajuda tremendamente: antecipar o que o pássaro vai fazer. Você pode antecipar ações como o frenesi alimentar, quando os pássaros, viajando em pequenos grupos, pegam peixes. Esses momentos de frenesi em torno do alimento são muito importantes para um fotógrafo, porque uma das coisas elementares que os pássaros fazem é comer, e eles ficarão à disposição do seu olhar por bastante tempo enquanto comem. Na verdade, muitas vezes eles vão simplesmente ignorar você."

E assim fomos avançando, o sr. Especialista e o sr. Estúpido, até que eu consegui extrair uma série de ideias que achei interessantes. "Costumo voltar bastante a Audubon", contou Peterson — e *isso* era interessante —, "por isso consigo sentir as mudanças que acontecem ali por causa do movimento ambiental." Na infância, lembrou ele, todo menino que tivesse um estilingue atirava em pássaros; muitas espécies foram exterminadas ou ficaram próximas da extinção por causa de caçadores que as matavam para extrair a plumagem, para vender para restaurantes ou por mero esporte. A boa notícia, que ele vivera o bastante para testemunhar, era que muitas espécies estavam retornando de seus esconderijos, auxiliadas por cidadãos que agora exerciam um papel ativo na proteção dos pássaros e de seu habitat. Então, ele disse: "A atitude das pessoas em relação aos pássaros mudou a atitude dos pássaros em relação às pessoas".

Isso era interessante. Como escritor, fico impressionado com a quantidade de vezes que eu disse a mim mesmo "isso é interessante". Se você se pegar dizendo isso, preste atenção e siga o seu faro. Confie em que a sua curiosidade vai se conectar com a curiosidade dos seus leitores.

O que Peterson falou sobre a mudança de atitude das aves?

"Os corvos estão ficando mais dóceis", disse ele. "As gaivotas aumentaram — elas são as responsáveis pela limpeza dos depósitos de lixo. Os trinta-réis-pequenos começaram a construir ninhos no alto dos centros comerciais; alguns anos atrás, havia mil casais no telhado do Singing River Mall, em Gautier, Mississippi. Os tordos são bastante fáceis de encontrar nesses centros comerciais — eles gostam das plantas, especialmente da rosa multiflora, cujos frutinhos minúsculos eles podem engolir. Eles também gostam da agitação dos centros comerciais — ficam sentados ali dirigindo o tráfego."

Passamos várias horas conversando no estúdio de Peterson, um pequeno posto avançado das artes e das ciências — com cavaletes, tintas, pincéis, pinturas, impressos, mapas, câmeras, equipamentos fotográficos, máscaras tribais e estantes cheias de livros de referência e jornais —, e, ao final da visita, enquanto ele me acompanhava até a saída, eu perguntei: "Eu vi tudo que tinha de ver?". Muitas vezes, você obtém o melhor do seu material justamente na hora em que já guardou o lápis, naquele bate-papo sem compromisso. A pessoa entrevistada, já mais solta depois do árduo trabalho de tornar a sua vida apresentável para um estranho, faz algumas considerações adicionais importantes.

Quando lhe perguntei se já tinha visto tudo, Peterson disse: "Quer ver a minha coleção de pássaros?". Respondi que obviamente sim. Ele me levou então, fora da casa, por uma escada que descia em direção à porta de um porão, que ele destrancou, introduzindo-me em um subsolo cheio de armários e gavetas — o mobiliário típico para arquivos científicos remanescente do museu de alguma faculdade que nunca foi modernizada. Darwin poderia ter usado aquelas mesmas gavetas.

"Acumulei aqui umas 2 mil espécies que eu uso para pesquisa", disse ele. "A maior parte delas já têm cerca de cem anos e ainda são úteis." Ele abriu uma gaveta, tirou dali um pássaro e me mostrou a etiqueta, que registrava ACORN WOODPECKER, APRIL 10, 1882 [Pica-pau-das-bolotas, 10 de abril de 1882]. "Imagine isso! Este pássaro tem 112 anos", disse ele. Abriu depois outras gavetas e ergueu gentilmente outros velhos seres de finais da era vitoriana, levando-me a pensar também na presidência de Glover Cleveland.*

O livro da Rizzoli, com suas impressionantes pinturas e fotografias, foi publicado em 1995, e Peterson morreu um ano depois, encerrando finalmente a sua busca, depois de registrar "pouco mais de 4,5 mil" das 9 mil espécies de aves existentes no mundo. Foram prazerosas, para mim, as horas que passei com ele para os dois textos que escrevi? Não posso dizer que sim; Peterson era um ser demasiadamente melancólico, não muito divertido. Mas foi prazeroso dar conta de uma reportagem complicada que me obrigara a ir além das minhas experiências mais comuns. Eu também tinha capturado a minha ave rara e, quando guardei Peterson em uma gaveta junto com outras espécies da minha coleção, pensei: isso era interessante.

---

* Duas vezes presidente dos Estados Unidos, em 1885-9 e 1893-7. (N.T.)

A tirania do produto final

Durante o curso de escrita que dou há muitos anos na New School, em Manhattan, os alunos não raro me dizem ter tido uma boa ideia para um texto que se encaixaria perfeitamente na *New York* ou na *Sports Illustrated*. Isso é o que eu menos gosto de ouvir. Eles já conseguem até mesmo visualizar o seu trabalho impresso: o título, a diagramação, as fotografias e, acima de tudo, o crédito do autor do texto. Só o que falta é escrever o artigo.

Essa fixação pelo artigo concluído gera muitos problemas para os autores, desviando-os das decisões iniciais básicas que precisam tomar para definir o seu escopo, sua voz, seu conteúdo. É um problema bem americano. Nossa cultura valoriza sempre o resultado vitorioso: o campeonato da liga, a nota mais alta no exame. Os treinadores são pagos para vencer, os professores são valorizados de acordo com a colocação de seus alunos nas melhores faculdades. Conquistas menos glamorosas obtidas ao longo do caminho — o aprendizado, a sabedoria, o crescimento, a confiança, o saber lidar com o fracasso — não merecem o mesmo respeito porque não podem ser medidas.

Para os escritores, a vitória está no tamanho do cheque. Em palestras sobre o ofício da escrita, a pergunta feita com mais frequência a autores profissionais é: "Como se faz para vender um texto?". É a única pergunta a que eu não respondo, em parte por não ser qualificado para isso — não faço ideia do que os editores procuram no mercado hoje em dia; até gostaria de saber. Mas não respondo principalmente porque não tenho interesse em ensinar os escritores a vender seus textos. O que quero é ensiná-los a escrever. Se esse processo caminha bem, o produto andará por si, e provavelmente a venda acontecerá.

Essa é a premissa do meu curso na New School. Fundada em 1919 por intelectuais liberais com o nome de New School for Social Research, desde então ela se tornou uma das instituições de ensino mais vibrantes da cidade. Gosto de dar aulas ali porque sinto muita empatia pelo seu papel histórico: prover informação que ajude pessoas adultas a seguirem em frente na vida. Gosto de ir de metrô para as minhas aulas noturnas e de integrar a multidão de homens e mulheres que entram no prédio ou saem das aulas recém-terminadas.

Dei ao meu curso o nome de "Pessoas e lugares" porque são dois aspectos que, juntos, compõem o coração do texto narrativo. Entendo que, concentrando-me nesses dois elementos, posso ensinar muitas das coisas que os autores de não ficção precisam saber: como situar em um determinado local aquilo que pretendem escrever e como fazer com que as pessoas que vivem nesse local falem sobre aquilo que faz — ou fez — dele algo especial.

Mas com isso eu também pretendia fazer uma experiência. Como editor e escritor, descobri que a técnica menos falada e mais subestimada da escrita não ficcional é como organizar um texto longo: como reunir todas as peças do quebra-cabeça. Escritores costumam falar sem parar sobre como escrever uma frase clara. Mas peça-lhes que façam alguma coisa mais longa — um artigo ou um livro —, e as suas frases se espalharão pelo chão como bolas de gude. Todo editor de um texto longo conhece aquele momento sinistro do caos irreversível. De olho apenas na linha de chegada, o escritor nunca dá a devida atenção a como cumprir o percurso propriamente dito.

Sempre me perguntei como fazer para afastar os escritores dessa fascinação pelo ato finalizado da escrita. E, subitamente, tive uma ideia radical: eu faria um curso de escrita no qual não haveria obrigação de escrever.

Na primeira aula, minha classe reunia — como sempre — 24 adultos, entre os vinte e os sessenta anos, em sua maioria mulheres. Alguns eram jornalistas que trabalhavam para jornais, redes de televisão locais ou revistas especializadas. Na maior parte, eram pessoas que exerciam profissões variadas, mas queriam aprender a escrever para conferir um sentido à vida delas: descobrir quem realmente eram naquele momento, quem haviam sido antes e com que patrimônio vieram ao mundo.

Dediquei a primeira parte a nos apresentar uns aos outros e a expor alguns princípios da escrita sobre pessoas e lugares. Ao final, afirmei: "Na próxima semana, quero que venham aqui preparados para falar sobre algum lugar importante para vocês e sobre o qual gostariam de escrever. Cada um de vocês nos dirá *por que* quer escrever sobre esse lugar e *como* pretende escrever sobre ele". Nunca gostei, como professor, de ler os textos dos alunos em voz alta, a não ser que fossem excepcionalmente bons; as pessoas são muito suscetíveis em relação ao que escrevem. Mas calculava que elas não se sentiriam tão constrangidas se apenas dissessem o que estavam pensando. Os pensamentos não têm o comprometimento da palavra impressa; sempre podem ser alterados, reformulados ou abandonados. No entanto, eu não fazia ideia do que poderia acontecer.

Na semana seguinte, a primeira voluntária a falar foi uma jovem que disse que gostaria de escrever sobre a sua igreja, no lado norte da Quinta Avenida, onde recentemente acontecera um incêndio de proporções significativas. Embora já tivesse voltado a ser frequentada, suas paredes estavam enegrecidas, as madeiras carbonizadas, e tudo cheirava a fumaça. A moça achava tudo aquilo muito perturbador e gostaria de expor o que o incêndio havia significado para ela como membro da igreja e para a própria igreja. Perguntei-lhe o que ela se propunha a escrever. Ela disse que poderia entrevistar o pastor ou o organista, ou os bombeiros, talvez o sacristão ou o mestre de coro.

"Você está dando cinco boas ideias para textos a serem feitos por Francis X. Clines", eu disse, referindo-me a um repórter do *New York Times* que escreve bem e de forma vívida sobre assuntos locais. "Mas elas não são boas o bastante para você, nem para mim, nem para este curso. Quero que você vá mais fundo. Quero que você estabeleça alguma ligação entre você mesma e o lugar sobre o qual está escrevendo."

A jovem perguntou que tipo de texto eu tinha em mente. Respondi que relutava em lhe dar uma sugestão porque a ideia do curso era pensarmos coletivamente a respeito de possíveis soluções. Mas, como ela era a nossa primeira cobaia, eu faria uma tentativa. "Quando você for à igreja nas próximas semanas", eu disse, "simplesmente fique sentada ali e pense no incêndio. Depois de três ou quatro domingos, a própria igreja acabará mostrando a você o que esse incêndio significou." E acrescentei: "Deus fará com que a igreja diga a você o que o incêndio significou".

Houve uma pequena agitação na classe; os americanos são muito sensíveis a qualquer menção à religião. Mas os alunos logo entenderam que eu não estava brincando e, a partir desse momento, levaram a minha ideia a sério. A cada semana um dos presentes convidava os demais a conhecerem algo da sua vida, contando-nos alguma coisa sobre algum lugar relacionado aos seus interesses ou que despertou suas emoções e tentando definir como ia escrever sobre ele. Na primeira metade da aula, eu ensinava aspectos do ofício e lia trechos de autores de não ficção que haviam solucionado questões com as quais os alunos estavam se defrontando. A outra metade da aula era o nosso laboratório: uma mesa de dissecação de problemas de organização de texto encontrados por escritores.

O maior problema, de longe, era como compactar o texto: como extrair uma narrativa coerente de uma massa enorme e confusa de experiências, sentimentos e memórias. "Quero escrever um artigo sobre o desaparecimento das pequenas cidades do Iowa", disse uma das mulheres, descrevendo como o tecido social no Meio-Oeste havia se esgarçado desde o tempo em que ela era criança na fazenda de seus avós. Era um bom tema, bastante válido para a história social. Mas ninguém consegue escrever um artigo decente sobre o desaparecimento das pequenas cidades do Iowa; seria algo muito genérico, sem toque humano. A autora deveria escrever sobre uma pequena cidade do Iowa e abordar a sua história mais ampla por essa via; ainda assim, talvez se visse levada a fechar o foco ainda mais: uma loja, uma família ou um fazendeiro. Conversamos sobre diversas abordagens possíveis, e, gradualmente, a autora foi pensando na sua história dentro de uma escala mais humana.

Fiquei impressionado com a frequência com que os tateios de meus alunos acabavam levando a uma súbita revelação do caminho apropriado, então evidente para todos na sala de aula. Um homem disse que gostaria de tentar escrever um texto sobre a cidade onde viveu um período e que pensava em arriscar uma possível abordagem: "Eu poderia escrever sobre X". X, no entanto, não era interessante, nem mesmo para ele, pois não tinha nada que o distinguisse, da mesma forma que Y e Z, e P, Q e R, e o escritor continuava trazendo à tona fragmentos de sua vida, quando, quase acidentalmente, resvalou em M, uma lembrança soterrada, que não parecia ser muito importante, mas que era incontestavelmente verdadeira, reunindo em um único acontecimento tudo aquilo que o havia levado a querer escrever sobre a cidade. "É a sua história", disseram várias pessoas na sala; e era isso mesmo. O estudante se dera o tempo necessário para descobri-lo.

Essa libertação do imediato era o que eu queria introduzir no metabolismo dos meus alunos. Eu lhes disse que, se quisessem realmente escrever os seus textos, eu me sentiria feliz em lê-los, mesmo que me enviassem depois do final do curso, mas que o meu maior interesse era outro. O meu maior interesse residia no processo, não no produto final. Inicialmente, isso gerou certo desconforto. Assim são os EUA. Não era só uma questão de querer algum tipo de validação; tratava-se de um direito nacional. Alguns poucos me procuraram reservadamente, de forma quase furtiva, como se quisessem compartilhar comigo um segredo vergonhoso, e disseram: "Sabe, esse é o único curso de texto que eu já fiz que não é voltado para o mercado". É uma afirmação deprimente. Mas, depois de algum tempo, eles descobriram como é libertador se livrar de um prazo prefixado de entrega do texto, que sempre fora o seu maior monstro nos anos de escola, faculdade e pós-graduação ("é preciso entregar o texto até sexta-feira"), sempre insaciável. Eles se soltaram e passaram a se divertir procurando diferentes caminhos para chegar aonde queriam chegar. Alguns desses caminhos funcionavam, outros não. O direito de fracassar era libertador.

Relatei de passagem a experiência desse curso em uma oficina com professores do ensino fundamental e médio. Não esperava, necessariamente, que eles a considerassem pertinente para alunos daquela faixa etária — adolescentes com bem menos lembranças e vínculos do que os adultos. Mas eles me pediram mais detalhes. Quando perguntei por que eles tinham se interessado tanto, explicaram: "Você nos inspirou um novo esquema de tempo de trabalho". Com isso, queriam dizer que o sistema tradicional de deveres relacionados à produção de textos em curto prazo talvez fosse uma tradição que os professores seguiam há muito tempo sem submetê-la a um necessário questionamento. Começaram, então, a refletir sobre os deveres relacionados à escrita que poderiam propiciar mais espaço aos seus alunos e que poderiam ser avaliados a partir de diferentes expectativas.

A metodologia do meu curso — pensar em um lugar específico — é apenas um recurso de ordem pedagógica. O meu verdadeiro propósito era imprimir uma nova mentalidade nos escritores, que eles pudessem aplicar em qualquer projeto a partir dali, permitindo-se o tempo que fosse necessário para a sua execução. Para um dos meus alunos, um advogado com trinta e tantos anos, essa jornada levou três anos. Um dia, em 1996, ele me ligou para dizer que finalmente tinha conseguido domar o tema cujos problemas de organização ele havia exposto em sala de aula em 1993. Queria saber se eu não queria dar uma olhada no resultado.

O que chegou a mim foi um manuscrito com 350 páginas. Devo confessar que uma parte de mim não tinha a menor vontade de receber um manuscrito com 350 páginas. Mas uma parte maior de mim se sentia encantada com o fato de que o processo que eu tinha desencadeado avançara até a sua conclusão. Estava também curioso para saber como o advogado havia resolvido os seus problemas, pois eu me lembrava muito bem deles.

O lugar sobre o qual ele queria escrever, como nos disse em sala de aula, era a cidade no interior do estado de Connecticut onde ele havia nascido, e o seu tema era o futebol. Quando garoto, ele jogava no time da escola e fez uma amizade muito forte com outros cinco meninos que gostavam desse esporte tanto quanto ele, e agora queria escrever sobre essa experiência de união e a gratidão que tinha pelo futebol por ter lhe permitido vivê-la. Eu disse que era um bom tema para um escritor: memórias.

Os laços entre os meninos eram tão fortes, contou-nos o advogado, que os seis, já profissionais adultos, ainda eram ligados — continuavam a se encontrar regularmente — e ele também queria escrever sobre essa experiência e sobre o seu reconhecimento a essas amizades duradouras. Eu disse que isto também era um bom tema: um ensaio pessoal.

Mas havia mais. O advogado também queria escrever sobre a situação atual do futebol. As bases do esporte que ele conheceu tinham sofrido erosões por causa das mudanças sociais. Entre outras perdas, disse ele, está o fato de que os jogadores já não se trocam mais no vestiário; eles vestem seus uniformes em casa, vão de carro até o campo e depois voltam para casa. A ideia do advogado era atuar voluntariamente como técnico de futebol na sua antiga escola e escrever sobre o contraste entre o passado e o presente. Este era mais um bom tema: reportagem investigativa.

Gostei de ouvir as histórias do advogado. Elas me conduziam para dentro de um mundo que eu não conhecia, e a sua afeição por esse mundo exercia um forte poder de atração. Mas eu também sabia que ele tinha tudo para ficar louco, e disse isso a ele. Ele não tinha como abrigar todas essas histórias sob um mesmo teto; precisaria escolher uma delas, com uma unidade própria. No fim das contas, ele acabou colocando todas elas sob um mesmo teto, mas a casa teve de ser ampliada enormemente e o trabalho levou três anos.

Depois de eu ler o seu manuscrito, que se intitulava *The Autumn of Our Lives* [O outono de nossas vidas], ele me perguntou se eu achava que o texto era bom o suficiente para ser publicado. Ainda não, eu disse; precisava ser reescrito mais uma vez. Talvez ele simplesmente não quisesse fazer mais esse esforço. O advogado pensou um pouco e disse que, já que fora tão longe naquela viagem, faria, sim, uma tentativa.

"Mas, mesmo que ele nunca seja publicado", disse ele, "fiquei feliz por ter feito isso. Não consigo nem exprimir quanto isso foi importante para mim — quanto foi gratificante ter escrito sobre o que o futebol representou na minha vida."

Duas palavras finais me ocorrem agora. A primeira é busca. A segunda, intenção.

A busca é um dos componentes mais antigos da arte de narrar, um ato de fé sobre o qual nunca nos cansamos de ouvir. Olhando para trás, percebo que muitos alunos da minha turma, instados a pensar sobre um lugar que tivesse sido importante para eles, usaram esse esforço para empreender a busca por algo mais profundo do que o lugar em si: um sentido, uma ideia, um pedaço de seu passado. O resultado foi que as aulas sempre possuíam uma dinâmica bastante acolhedora para um grupo de estranhos. (Algumas turmas até promoviam pequenas reuniões.) Cada busca pessoal em que um aluno embarcava encontrava eco em alguma busca ou aspiração de outros. Moral da história: sempre que puder contar uma história sob a forma de uma busca ou de uma peregrinação, você se dará bem. Adicionando ao texto as suas próprias associações, os leitores farão uma boa parte do trabalho por você.

A intenção é aquilo que queremos com o nosso texto. Você pode chamar isso de a alma do escritor. Podemos escrever para afirmar algo ou para celebrar algo, ou podemos escrever para desmascarar ou destruir; a escolha é de cada um. A destruição é um tipo de jornalismo que vem sendo adotado há muito tempo, gratificando o bisbilhoteiro, o criador (ou criadora) de casos e o invasor de privacidades. Mas, seja como for, ninguém pode nos obrigar a escrever algo que não queremos escrever. É preciso preservar a intenção. Escritores de não ficção frequentemente esquecem que não são obrigados a aceitar tarefas duvidosas, fazer o trabalho sujo para editores que têm uma agenda própria — vender um produto meramente comercial.

Escrever tem a ver com caráter. Se os seus valores são sólidos, o seu texto será sólido. Isso começa com a intenção. Procure enxergar o que quer fazer e como pretende fazê-lo, e trabalhe do seu jeito, com sensibilidade e integridade, até a conclusão do texto. *Aí sim* você terá alguma coisa para vender.

Decisões de um escritor

Este é um livro sobre decisões — as incontáveis e sucessivas decisões que fazem parte de todo ato de escrever. Algumas decisões são grandes ("sobre o que eu devo escrever?"), outras são tão pequenas quanto a menor das palavras. Mas todas são importantes.

O capítulo precedente falava de grandes decisões: questões de forma, estrutura, condensação, foco e intenção. Este capítulo trata de decisões pequenas: as centenas de escolhas inerentes à organização de um texto longo. Considero que pode ser útil mostrar como são tomadas essas decisões usando um dos meus próprios trabalhos como o animal a ser dissecado.

Aprender a organizar um texto longo é tão importante quanto aprender a escrever uma frase clara e simples. Todas as suas frases claras e simples se desmancharão se você não tiver sempre em mente que a escrita é algo linear e sequencial, que a cola que a sustenta como um conjunto é a lógica, que se deve manter a conexão entre uma frase e a frase seguinte, entre um parágrafo e o parágrafo seguinte, entre um capítulo e o capítulo seguinte, e que a narrativa — a boa e velha "contação" de histórias — é o que arrasta os seus leitores sem que se deem conta do esforço realizado. A única coisa que eles devem notar é que você fez um plano bastante coerente para a realização do seu trabalho. Cada passo deve parecer inevitável.

Meu artigo intitulado "The News From Timbuktu" [Notícias de Timbuktu], publicado pela *Condé Nast Traveller*, representa apenas uma solução encontrada por um escritor para um determinado problema, mas ilustra, ao mesmo tempo, questões que podem ser aplicadas a todas as amplas tarefas da não ficção. Fiz comentários ao artigo [trechos a seguir], explicando as decisões tomadas ao longo de sua confecção.

A decisão mais difícil, em qualquer texto, é como iniciá-lo. O lide precisa fisgar o leitor com alguma ideia provocativa e continuar prendendo-o firmemente a cada parágrafo, acrescentando informações pouco a pouco. A importância das informações reside em fazer com que os leitores se sintam tão interessados que terão vontade de seguir adiante até o fim. O lide pode ser curto, do tamanho de um parágrafo, ou longo, conforme a necessidade. Você saberá quando ele chegou ao fim quando todo o trabalho necessário estiver concluído e você poderá adotar um tom mais relaxado, prosseguindo assim a sua narrativa. Aqui, o primeiro parágrafo transmite ao leitor uma ideia de impacto — que eu espero que nunca tenha lhe ocorrido antes:

> O que mais me impressionou quando cheguei a Timbuktu foi que as ruas do lugar eram todas de terra. Entendi subitamente a diferença entre a areia e o barro. Toda cidade começa com ruas barrentas que são pavimentadas à medida que seus habitantes prosperam e subjugam o ambiente. A terra representa uma derrota. Uma cidade com ruas de terra é uma cidade à margem.

Observe como essas cinco frases são simples: frases afirmativas, diretas, sem nenhuma vírgula. Cada frase contém uma ideia — e apenas uma. O leitor processa uma ideia por vez, e de forma linear, sequencial. Grande parte dos problemas, para um escritor, decorre da tentativa de fazer uma frase cumprir muitas funções ao mesmo tempo. Nunca tenha medo de cortar uma frase longa, dividindo-a em duas ou até três frases menores.

Era justamente por isso que eu estava ali: Timbuktu é o destino extremo para quem procura o limite. Da meia dúzia de lugares que sempre excitaram os viajantes à simples menção de seus nomes — Bali e Taiti, Samarkand e Fez, Mombaça e Macau —, nenhum se iguala a Timbuktu no que se refere à sensação de distância e isolamento que ele transmite. Fiquei surpreso com a quantidade de pessoas que, ao saberem de minha viagem, diziam achar até então que Timbuktu não era um lugar de verdade, ou que, caso fosse de verdade, não faziam a menor ideia de onde se localizava no mapa-múndi. Elas conheciam aquele nome — o sinônimo mais expressivo para algo quase inatingível, um presente dos deuses para os letristas de canções em busca de uma rima em "u" e uma metáfora para exprimir o quão distante um jovem apaixonado seria capaz de ir para conquistar a sua inconquistável garota. Mas, como lugar real, Timbuktu era, certamente, um daqueles reinos africanos "há muito tempo perdidos", como as Minas do Rei Salomão, que se revelaram inexistentes quando os exploradores da época vitoriana partiram em sua busca.

A primeira frase desse parágrafo decorre diretamente da última frase do parágrafo anterior; o leitor não tem nenhuma chance de se desviar. Depois disso, o parágrafo tem outro objetivo: ele reconhece aquilo que o leitor já sabe — ou sabe em parte — sobre Timbuktu. Dessa forma, o texto acolhe o leitor como um companheiro de jornada, uma pessoa que carrega para a viagem as mesmas emoções do autor. Ele também introduz algum tipo de informação — não fatos precisos, mas uma história saborosa. O parágrafo que se segue começa com o trabalho pesado — que não pode mais ser adiado. Observe quantas informações estão concentradas nestes três períodos:

> O reino perdido de Timbuktu, porém, foi, sim, encontrado, embora os homens que finalmente conseguiram fazê-lo depois de tantas provações — o escocês Gordon Laing em 1826 e o francês René Caillié em 1828 — devam ter se sentido cruelmente ridicularizados. A lendária cidade com 100 mil habitantes descrita pelo viajante Leo Africanus no século XVI — um centro de estudos com 20 mil alunos e 180 escolas do Alcorão — não passava de uma aldeia desolada com algumas poucas edificações de barro, cuja glória e população havia muito tinham desaparecido, e que sobrevivia apenas por causa de sua localização geográfica única, no cruzamento de duas importantes rotas de caravanas de camelos pelo Saara. Muito do que era comercializado na África, especialmente o sal vindo do norte e o ouro vindo do sul, o era em Timbuktu.

É o suficiente sobre a história de Timbuktu e a razão de sua fama. Um leitor de revistas não quer saber muito mais do que isso a respeito do passado da cidade e a sua importância. Não forneça ao leitor de um texto de revista mais do que aquilo que ele pede; se você quer contar mais coisas, escreva um livro ou um artigo para uma publicação acadêmica.

Bem, o que os seus leitores gostariam de saber agora? Faça a você mesmo essa pergunta ao final de cada trecho. Aqui, o que eles querem saber é o seguinte: por que *eu* fui a Timbuktu? Qual era o objetivo da minha viagem? O parágrafo a seguir vai diretamente ao ponto — mais uma vez, mantendo esticada a corda da frase anterior:

Viajei a Timbuktu justamente para observar a chegada de uma dessas caravanas. Fui uma das seis pessoas espertas ou tolas o bastante — ainda não sabíamos bem — para comprar um tour de duas semanas anunciado na edição dominical do *New York Times* por uma pequena agência de viagens de origem francesa especializada na África ocidental (Timbuktu fica no Mali, antigo Sudão francês). O escritório da agência fica em Nova York, e fui até lá na segunda-feira de manhã bem cedo para chegar antes de todo mundo. Fiz as perguntas de praxe, ouvi as respostas de praxe — vacina para febre amarela, vacina para cólera, comprimidos contra malária, não beber a água local — e recebi um folheto.

Além de explicar a gênese da viagem, esse parágrafo cumpre outra função: expor a personalidade e a voz própria do autor. Em textos sobre viagem, nunca esqueça que você é o guia. Não se trata apenas de levar os leitores para uma viagem; você precisa levá-los para a *sua* viagem. Faça com que se identifiquem com você — com as suas expectativas e apreensões. Isso significa transmitir-lhes uma ideia de quem você é. A expressão "espertas ou tolas o bastante" evoca um traço bastante familiar na literatura de viagem: o turista é sempre um otário ou um trouxa em potencial. Outra expressão descompromissada é aquela sobre chegar antes de todo mundo. Só a coloquei para me divertir um pouco. A rigor, nesse quarto parágrafo já é um pouco tarde para dizer onde fica Timbuktu, mas eu não consegui encontrar uma forma de fazer isso antes sem atrapalhar a estrutura do lide.

Eis o quinto parágrafo:

> "Esta é a sua chance de participar de uma extravagância única na vida — a anual caravana do sal Azalai para Timbuktu!", diziam as primeiras linhas do folheto. "Imagine isto: centenas de camelos

transportando um carregamento de sal precioso ('ouro branco' para os nativos do isolado oeste africano) fazem sua entrada triunfal em Timbuktu, uma antiga e mística localidade, meio deserto, meio cidade, com cerca de 7 mil habitantes. Os nômades vestidos de trajes multicoloridos que conduzem a caravana atravessaram 1.600 quilômetros ao longo do Saara para comemorar o fim de sua jornada com festas de rua e tradicionais danças tribais. Passe uma noite em uma tenda no meio do deserto tendo um chefe tribal como anfitrião."

Esse é um exemplo típico de como um escritor pode fazer com que outras pessoas trabalhem de forma útil para ele — usando as palavras delas, que normalmente são mais reveladoras do que as palavras do escritor. Nesse caso, não só o folheto conta para o leitor que tipo de viagem se prometia ali, mas também a sua linguagem possui uma graça própria, deixando clara a grandiloquência dos seus promotores. Esteja sempre atento para citações engraçadas ou autoexplicativas e utilize-as à vontade. Eis o último parágrafo do lide:

Bem, esse é o meu tipo de viagem, ainda que não necessariamente meu tipo de prosa, e coincidiu que também é o tipo de viagem que agradava à minha mulher e a outras quatro pessoas. Quanto à faixa etária, o grupo ia da meia-idade ao Medicare.* Cinco de nós éramos do centro de Manhattan, e havia uma viúva de Maryland — todos havia muitos anos habituados a fazer viagens para lugares limítrofes. Nomes como Veneza e Versalhes não eram dos que vinham à tona nos relatos sobre nossas viagens anteriores. Nem mesmo Marrakech, Luxor ou Chiang Mai. Nossa conversa era

---

* O autor se refere ao sistema de saúde pública dos Estados Unidos voltado para pessoas com 65 anos ou mais. (N.T.)

sobre Butão, Bornéu, Tibete, Iêmen ou Moluccas. Agora — graças a Alá! —, estávamos em Timbuktu. E nossa caravana de camelos estava prestes a chegar.

Isso fecha o lide. Esses seis parágrafos me custaram o mesmo tempo que todo o restante do texto. Mas foi só quando finalmente consegui amarrá-los que me senti com confiança para seguir adiante. Pode ser que outra pessoa conseguisse fazer um lide melhor para essa reportagem, mas *eu* não conseguiria. Naquele momento, senti que os leitores que haviam me acompanhado até ali continuariam a ler até o fim.

Não menos importantes do que as decisões sobre a estrutura são as decisões que temos de tomar em relação a cada palavra. A banalidade é inimiga do bom texto; o desafio é justamente não escrever como todo mundo. Um ponto que tinha de estar claro já no lide era a idade dos membros do nosso grupo. Inicialmente, escrevi alguma coisa razoável como "éramos cinquentões e sexagenários". Mas o meramente razoável é um trambolho. Não havia uma forma mais viva de passar essa informação? Parecia não haver. Mas, ao final, uma musa misericordiosa me presenteou com Medicare — daí a expressão "da meia-idade ao Medicare". Se procurar bastante, você sempre acabará encontrando algum nome apropriado ou uma metáfora para falar desses fatos pouco interessantes mas necessários da vida.

A frase sobre Veneza e Versalhes consumiu ainda mais tempo. Originalmente, eu havia escrito: "Nomes como Londres e Paris não eram dos que vinham à tona nos relatos sobre nossas viagens anteriores". Nada de muito divertido. Tentei pensar em outras capitais bastante populares. Roma e Cairo? Atenas e Bangcoc? Não eram muito melhores. Talvez a aliteração ajudasse — os leitores saboreiam todo esforço feito para satisfazer o seu senso de ritmo e cadência. Madri e Moscou? Tel Aviv e Tóquio? Muito artificial.

Parei, então, de pensar em capitais e comecei a pensar em cidades que estão sempre lotadas de turistas. Veneza saltou diante de mim, para a minha satisfação: todo mundo vai a Veneza. Que outra cidade desse tipo começa com V? Só Viena, que, no entanto, é próxima demais de Veneza sob vários aspectos. Por fim, pensando menos em cidades turísticas e mais em pontos turísticos, viajei mentalmente para fora das grandes capitais, e foi em uma dessas excursões que topei com Versalhes. E ganhei o meu dia.

Depois disso, eu precisava de um verbo mais vibrante do que "aparecer". Queria uma expressão que criasse uma imagem. Nenhum dos sinônimos normais parecia dar certo. Finalmente, encontrei "vinham à tona" — uma expressão ridiculamente prosaica. De fato, era perfeita: ela produz a imagem de algo ou alguém que aparece de vez em quando. Com isso, ficava em aberto, ainda, uma decisão: quais lugares turísticos excêntricos pareceriam banais aos olhos de seis excursionistas que compraram passagem para Timbuktu? Os três que acabei escolhendo — Luxor, Marrakech e Chiang Mai — eram bastante exóticos nos anos 1950, quando os visitei pela primeira vez. Hoje, já não são; a era da viagem em avião a jato tornou-os quase tão populares como Londres ou Paris.

Em seu conjunto, esse trecho levou quase uma hora para ser escrito. Mas eu não me aborreci em nenhum momento com isso. Ao contrário, ver a coisa se encaixar corretamente me proporcionou um grande prazer. Nenhuma decisão sobre a escrita é ínfima demais para não merecer uma grande quantidade de tempo. Você e o leitor sabem quando o seu trabalho minucioso é recompensado por uma frase bem-acabada.

Observe que há um asterisco ao final do lide (poderia ser também apenas um espaço em branco). Esse asterisco é uma sinalização. Ele informa ao leitor que você organizou o seu texto de uma determinada maneira e que uma nova etapa irá começar — talvez alguma mudança cronológica, como um flashback, uma mudança de assunto, de ênfase ou de tom. Aqui, depois de um lide bastante compacto, o asterisco permite que o autor tome fôlego e recomece, agora no passo mais relaxado de um contador de histórias:

> Para chegar a Timbuktu tomamos um avião em Nova York rumo a Abidjan, capital da Costa do Marfim, e de lá um voo para Bamako, capital do Mali, país vizinho, situado ao norte. Ao contrário da verdejante Costa do Marfim, o Mali é um país seco, com sua metade sul banhada principalmente pelo rio Níger e a metade norte formada quase que em sua totalidade por um deserto; Timbuktu é, literalmente, a última parada para os viajantes que atravessam o Saara em direção ao norte, ou a primeira parada para os que estão indo para o sul — um ponto muito cobiçado depois de semanas de calor e sede.
>
> Ninguém da nossa turma conhecia muita coisa sobre o Mali nem sabia o que esperar do país — nossos pensamentos estavam voltados para o encontro com a caravana do sal em Timbuktu, não para o território que tínhamos de atravessar até chegar ali. O que não esperávamos é que seríamos instantaneamente conquistados pelo país. O Mali era um mergulho em um universo de cores: pessoas bonitas trajando tecidos com um design inebriante, mercados efervescentes com frutas e verduras, crianças cujos sorrisos constituíam um milagre permanente. Desesperadamente pobre, o Mali era um país rico em pessoas. A cidade de Bamako e suas ruas arborizadas nos deixaram encantados com sua energia e segurança.
>
> Na manhã seguinte, bem cedo, saímos para uma viagem de dez horas em uma van que já havia tido os seus melhores dias — embora não muito melhores —, para chegar à cidade sagrada de Djenné, um centro medieval de comércio e de ensino islâmico no Níger, anterior a Timbuktu e que rivalizava em brilho com esta última.

Hoje em dia, só se consegue chegar a Djenné com uma pequena balsa. Enquanto sacolejávamos por diversas estradas indescritíveis, apressados para chegar antes do anoitecer, as torres e as agulhas da sua grande mesquita de barro, que lembrava um castelo de areia distante, escarneciam de nós parecendo recuar cada vez mais. Quando finalmente chegamos, a mesquita ainda lembrava um castelo de areia — uma elegante fortaleza que bem poderia ter sido construída por crianças. Arquitetonicamente (aprendi mais tarde), ela tinha um estilo sudanês; durante todos esses incontáveis anos, as crianças, nas praias, têm construído castelos no estilo sudanês. Descansar um pouco na velha praça de Djenné ao anoitecer foi um ponto alto da nossa viagem.

Mas os dois dias seguintes não foram menos ricos. O primeiro foi consumido viajando pela região do Dogon adentro. O Dogon, que fica em um talude de difícil acesso para forasteiros, é admirado pelos antropólogos pelo animismo da sua cultura e da sua cosmologia e pelos colecionadores de arte por suas máscaras e estátuas. As poucas horas que passamos escalando seus vilarejos e assistindo a uma dança de máscaras nos permitiram um lampejo muito breve de uma sociedade que não tinha nada de simples. O segundo dia foi consumido em Mopte, uma cidade de comércio no Níger de que gostamos muito, mas que também tivemos de deixar rapidamente. Afinal, tínhamos um encontro marcado em Timbuktu e um avião fretado para nos levar até lá.

Obviamente há muito mais a ser dito sobre o Mali do que o que está sintetizado nesses quatro parágrafos — muitos livros de especialistas já foram escritos sobre a cultura Dogon e os povos do rio Níger. Mas essa reportagem não era sobre o Mali, e sim sobre a busca por uma caravana de camelos. Por isso, eu precisava tomar uma decisão sobre o tamanho do texto. E minha decisão foi atravessar o Mali o mais rapidamente possível, contando no menor número de frases possível quais foram as estradas pelas quais tivemos de passar e o que era relevante nos lugares em que paramos ao longo do caminho.

Nessas horas, eu faço a mim mesmo uma pergunta muito útil: "De que trata *realmente* o texto?" (Não apenas "de que trata o texto?"). O apego por materiais que você reuniu a duras penas não é razão suficiente para incluí-los no texto se eles não são essenciais para o tema sobre o qual escolheu escrever. É preciso ter uma grande autodisciplina, beirando o masoquismo. O único consolo diante da perda de tanto material é que, na verdade, ele não será totalmente perdido: permanecerá no seu texto de uma forma intangível, que o leitor vai captar. Os leitores devem sempre sentir que você sabe mais coisas sobre o seu tema do que aquilo que colocou no papel.

Voltando ao "afinal, tínhamos um encontro marcado em Timbuktu":

> O que me deixou mais preocupado quando estive na agência de viagens foram as coordenadas precisas desse encontro. Perguntei à gerente da agência como ela podia ter certeza de que a caravana do sal chegaria exatamente no dia 2 de dezembro; nômades conduzindo camelos não são exatamente o tipo de gente que acredito trabalhar com uma planilha de horários. Minha esposa, que não padece desse meu otimismo em relação a forças vitais como camelos e agentes de viagem, estava convencida, desde o início, de que, ao chegarmos a Timbuktu, alguém nos diria que a caravana do sal tinha chegado, mas acabara de partir, ou, mais provavelmente, que não tinha nem dado notícias. A agente de viagem zombou da minha pergunta.
>
> "Temos um contato muito próximo com a caravana", disse ela. "Mantemos representantes no deserto. Se veem que a caravana vai atrasar alguns dias, eles nos avisam, e podemos então alterar o

itinerário dentro do Mali." Isso me pareceu sensato — os otimistas conseguem achar qualquer coisa sensata —, e agora eu estava em um avião não muito maior que o de Lindbergh, voando para o norte em direção a Timbuktu, sobre uma região tão inóspita que eu era incapaz de ver o menor sinal de vida lá embaixo. Enquanto isso, porém, centenas de camelos carregados de sacos de sal avançavam em direção ao sul para se encontrar comigo. Chefes tribais deveriam, a essa altura, estar pensando em como me entreter em sua tenda no meio do deserto.

Os dois parágrafos acima contêm evidentes doses de humor — pequenas brincadeiras. Mais uma vez, são parte do meu esforço para me divertir. Mas são também uma tentativa deliberada de sustentar um determinado tipo de persona. Uma das características mais antigas dos textos sobre viagens e dos textos humorísticos é a eterna credulidade do narrador. Com moderação, fazer-se de ingênuo — ou totalmente ludibriável — proporciona ao leitor o enorme prazer de se sentir superior.

O piloto circulou sobre Timbuktu para nos proporcionar uma visão aérea geral da cidade que nós, vindos de tão longe, queríamos visitar. As inúmeras construções de barro espalhadas pareciam abandonadas havia muito tempo, tão mortas quanto o forte Zinderneuf no final de *Beau Geste*; certamente não havia nenhum ser vivo ali. Em seu movimento de expansão, que gerou o cinturão seco que atravessa a África Central conhecido como Sahel, o Saara havia desde muito tempo deixado Timbuktu para trás, totalmente abandonada. Senti um calafrio; eu não queria ser deixado em um lugar tão abandonado como aquele.

A menção ao filme *Beau Geste* é um esforço de tocar em associações que os leitores fazem com aquilo que estão lendo. Muito da fama de Timbuktu se deve a Hollywood. Ao evocar o destino do forte Zinderneuf — Brian Donlevy interpretou no filme um comandante sádico da Legião Estrangeira francesa que expunha os cadáveres de seus soldados nos nichos da edificação —, revelo o meu próprio apego ao gênero e crio um vínculo com os aficionados do cinema. Meu objetivo é ativar no leitor alguma ressonância capaz de provocar uma reação emocional que os escritores não conseguem gerar sozinhos.

Duas palavras — "calafrio" e "abandonado" — demoraram para ser encontradas. Sendo a segunda uma ressonância das últimas palavras de Jesus, era certamente, ali, a mais apropriada para expressar solidão e desamparo.

No aeroporto, encontramos com o nosso guia local, um tuaregue chamado Mohammed Ali. Para um viajante animado, ele era como um sinal reconfortante — se alguém pode ser considerado dono dessa região do Saara, são os tuaregues, uma raça de berberes orgulhosos que se retirou para o deserto e fez deste uma espécie de reserva, não se submetendo, assim, nem aos árabes nem aos colonizadores franceses que depois ocuparam o norte da África. Mohammed Ali, que vestia a tradicional túnica azul dos homens tuaregues, tinha um rosto escuro e inteligente, um tanto árabe nos traços angulosos, e se movia com uma segurança que era evidentemente parte da sua personalidade. Quando adolescente, ele participou com o pai de uma *haj* [peregrinação] a Meca (muitos tuaregues acabaram se convertendo ao islamismo) e ficou por sete anos na Arábia Saudita e no Egito estudando inglês, francês e árabe. Os tuaregues têm também a sua própria língua, com um alfabeto bastante complexo, chamado *tamashek*.

Mohammed Ali disse que precisaria, primeiro, levar-nos ao posto policial para que nossos passaportes fossem averiguados. Vi filmes demais para conseguir me sentir tranquilo nesse tipo de situação, e, quando entramos em uma sala que mais parecia um calabouço para sermos interrogados por dois policiais armados, não muito longe de uma cela de prisão onde podíamos ver um homem e um menino dormindo, ocorreu-me mais um flashback, dessa vez de *As quatro penas brancas* e a cena dos soldados britânicos aprisionados em Omdurman. Meu peito continuava oprimido quando saímos dali e Mohammed Ali nos levou para conhecer a cidade miserável, mostrando-nos diligentemente os seus "pontos de interesse": a Grande Mesquita, o mercado e três casas totalmente dilapidadas com placas indicando que nelas haviam morado Laing, Caillié e o explorador alemão Heinrich Barth. Não vimos mais nenhum turista no local.

Mais uma vez, como no caso da menção a *Beau Geste*, a referência a *As quatro penas brancas* [*The Four Feathers*] provoca um calafrio em qualquer pessoa que tiver visto esse filme. O fato de ele ter se baseado em uma expedição real — realizada por Kitchener no Nilo para vingar a derrota sofrida pelo general Gordon no Mahdi — dá à frase um toque de medo. Obviamente a justiça árabe nos postos espalhados pelo Saara ainda está muito longe de ser misericordiosa.

O asterisco, por sua vez, indica novamente uma mudança de tom. É como se o texto dissesse: "Bem, basta de Timbuktu. Vamos agora focar o objeto principal da reportagem: a procura pela caravana de camelos". Introduzir esse tipo de divisão em textos longos e complexos não apenas ajuda o leitor a acompanhar o seu roteiro como também elimina uma parte da ansiedade inerente ao ato de escrever, permitindo que você separe o seu material em partes controláveis e as aborde uma de cada vez. O conjunto da tarefa parece menos grandioso, o que contribui para afastar o pânico.

No Hotel Azalai, onde parecíamos ser os únicos hóspedes, perguntamos a Mohammed Ali quantos turistas estavam em Timbuktu para encontrar com a caravana do sal.

"Seis", disse ele. "Vocês seis."

"Mas..." Alguma coisa dentro de mim me impediu de concluir a frase. Optei por outra abordagem. "O que quer dizer a palavra 'azalai'? Por que a caravana é chamada de Caravana do Sal Azalai?"

"Era a palavra usada pelos franceses", disse ele, "quando organizavam a caravana e todos os camelos faziam a viagem juntos uma vez por ano, sempre no começo de dezembro."

"E como fazem agora?", várias vozes perguntaram.

"Bem, a partir do momento em que o Mali ficou independente, eles decidiram deixar os comerciantes trazerem as suas caravanas a Timbuktu quando bem entendessem."

O Mali conquistou a independência em 1960. Estávamos em Timbuktu, portanto, para acompanhar um acontecimento que não ocorria havia 27 anos.

A última frase é uma pequena bomba atirada no texto. E fala por si só — apenas os fatos, por favor —, sem comentários. Não acrescentei nela um ponto de exclamação para chamar a atenção dos leitores de que aquele foi um momento surpreendente. Se o tivesse feito, retiraria deles o prazer de entender isso por conta própria. Acredite no seu material.

Minha mulher, como os demais, não ficou surpresa. Recebemos a notícia com tranquilidade, como velhos e experimentados viajantes que botavam fé em que, de um modo ou de outro, acabariam encontrando a sua caravana de camelos. Nossa reação foi, principalmente, de estupefação diante do descarado descumprimento dos cânones da propaganda não enganosa. Mohammed Ali não tinha conhecimento das vistosas promessas juradas pelo folheto da agência. Sabia apenas que tinha sido contratado para nos levar ao encontro da caravana do sal, e nos disse que na manhã seguinte sairíamos em busca de uma e passaríamos a noite no Saara. O começo de dezembro, disse ele, é o momento em que as caravanas começam a chegar. E não fez menção alguma à tenda de algum chefe de tribo.

Mais palavras escolhidas cuidadosamente: "cânones", "descarado", "vistosas", "juradas". Elas são vivas e precisas, sem ser compridas ou exóticas. Mais do que isso: são palavras pelas quais os leitores provavelmente não estavam esperando e que gostaram de encontrar. A frase sobre o chefe de tribo, que se refere a uma afirmação que estava no folheto, é outra sutil brincadeira. "Fechos" como esse, ao final do parágrafo, ajudam a empurrar o leitor para o parágrafo seguinte e o mantêm de bom humor.

Na manhã seguinte, minha mulher — que é a voz da razão no seu limite máximo — disse que não iria ao Saara se não fôssemos em dois veículos. Fiquei feliz, por isso, ao ver duas Land Rovers à nossa espera quando saímos do hotel. Em uma delas, um menino enchia um dos pneus dianteiros com uma bomba para pneu de bicicleta. Quatro de nós nos apertamos no banco traseiro de uma das Land Rovers; Mohammed sentou no da frente, ao lado do motorista. A segunda Land Rover levaria os outros dois membros do nosso grupo e dois meninos chamados de "aprendizes". Ninguém nos disse o que eles estavam aprendendo.

Outro fato alarmante que não requer nenhum tipo de ornamentação — o enchimento do pneu — e outra pequena brincadeira na última frase.

Partimos diretamente para o Saara. O deserto era uma superfície marrom ilimitada sem nenhum tipo de trilha ou caminho; a cidade maiorzinha mais próxima era Algiers. Esse foi o momento em que mais me senti no limite do nada. Uma voz dentro de mim disse bem baixo: "Isto é uma loucura. Por que você está fazendo isto?". Mas eu sabia por quê; eu estava em uma busca que remontava aos meus primeiros encontros com os livros dos "excêntricos do deserto" britânicos — uma gente solitária como Charles Doughty, sir Richard Burton. T. E. Lawrence e Wilfred Thesiger, que viveu entre os beduínos. Eu sempre me perguntara como seria levar uma vida austera como aquela. Que poderes ela tinha sobre aqueles ingleses obsessivos?

Mais uma recordação. A menção a Doughty e seus compatriotas é uma lembrança do fato de que a literatura sobre o deserto é tão poderosa quanto a filmografia sobre esse tema. Ela acrescenta mais um item à bagagem emocional que eu carregava e que o leitor tinha o direito de conhecer.

O trecho a seguir dá sequência à pergunta que fechou o parágrafo anterior:

Agora eu começava a entender. Enquanto avançávamos pelo deserto, vez por outra Mohammed Ali orientava o motorista: um pouco mais para a direita, um pouco mais para a esquerda. Perguntamos como é que ele sabia para onde estava indo. Ele disse que se guiava pelas dunas. As dunas, no entanto, eram todas muito parecidas. Perguntamos quanto tempo faltava para encontrarmos uma caravana do sal. Mohammed Ali disse que esperava que seriam mais três ou quatro horas. Continuamos avançando. Para os meus olhos, sempre habituados a ver objetos, não havia quase nada para olhar. Mas, depois de algum tempo, esse "quase nada" se tornou, ele próprio, um objeto — o próprio sentido do deserto. Tentei incorporar esse fato ao meu metabolismo. E isso me levou a uma resignação reconfortante, a tal ponto que esqueci totalmente por que tínhamos chegado até ali.

Subitamente, o motorista fez um giro à esquerda e parou o veículo. "Camelos", disse ele. Apertei os meus olhos urbanos, mas não consegui enxergar nada. Aos poucos, ela surgiu no meu foco, bem ao longe: uma caravana com quarenta camelos avançando com um passo majestoso rumo a Timbuktu, levando, como fazem as caravanas há mil anos, o sal extraído das minas de Traoudenni, localizada vinte dias ao norte. Avançamos, colocando-nos a uma distância de cerca de cem metros da caravana. Não poderia ser menos do que isso porque, como explicou Mohammed Ali, os camelos são criaturas nervosas, que entram em pânico facilmente diante de qualquer coisa "estranha". (Nós éramos, inegavelmente, estranhos.) Ele contou que os camelos sempre chegavam a Timbuktu para descarregar o sal tarde da noite, quando a cidade está vazia. Era o que havia a ser dito sobre a "entrada triunfal".

Era uma imagem arrebatadora, bem mais dramática do que seria uma marcha bem organizada. A solidão daquela caravana era a solidão de todas as caravanas que já atravessaram, desde sempre, o Saara. Os camelos eram amarrados uns aos outros e pareciam avançar em uníssono, com tanta precisão quanto as Rockettes* com seu ritmo ondulante. Cada camelo trazia de cada lado dois blocos de sal amarrados com cordas. O sal parecia mármore branco sujo. Os blocos (tal como eu pude medir depois no mercado em Timbuktu) têm 1,06 metro de comprimento, 45,7 centímetros de altura e 1,9 centímetro de espessura — o peso e o tamanho máximos, ao que parece, que um camelo pode suportar. Sentamos na areia e ficamos observando a caravana, até que o último camelo desaparecesse por trás de uma duna.

O tom é de uma narrativa linear — com uma sequência de frases declarativas. "Solidão", que não é exatamente o tipo de palavra que eu gosto, por ser "poética" demais, representou a

---

* Grupo tradicional de dança tipicamente americana, geralmente com dezenas de bailarinas. (N.T.)

única decisão difícil. Mas, ao final, percebi que não havia outra palavra capaz de cumprir a mesma função e, com alguma relutância, acabei ficando com ela.

Era meio-dia e o sol ardia de uma forma cruel. Voltamos para nossas Land Rovers e avançamos velozmente ao longo do deserto até que Mohammed Ali encontrou uma árvore que projetava uma sombra grande o bastante para abrigar cinco nova-iorquinos e uma viúva de Maryland, e ali ficamos até perto das quatro horas da tarde fazendo um piquenique, observando a paisagem inteirinha branca, cochilando um pouco, mudando nossa manta de lugar conforme a sombra se movia com o sol. Os dois motoristas passaram o tempo todo da sesta fuçando no motor de uma das Land Rovers, ao que parece para desmontá-lo. Um nômade apareceu não sei de onde e parou para nos perguntar se tínhamos um pouco de quinino. Outro nômade apareceu também não sei de onde e parou para conversar conosco por algum tempo. Depois, vimos dois homens avançando pelo deserto em nossa direção e atrás deles — seria a nossa primeira miragem? — havia outra caravana de sal, desta vez com cinquenta camelos, com seus contornos visíveis contra o céu. Tendo-nos visto, só Deus sabe como, de tão longe, os dois homens tinham saído da caravana para nos fazer uma visita. Um deles era um velho, que ria bastante. Sentaram-se ao lado de Mohammed Ali para saber as últimas novidades de Timbuktu.

A frase mais trabalhosa foi aquela sobre os motoristas fuçando no motor da Land Rover. Eu queria que ela fosse tão simples como as outras, mas com alguma pequena surpresa embutida — um toque de humor irônico. De resto, meu objetivo, a partir daí, foi contar o restante da história da forma mais simples possível:

Quatro horas se passaram sem que percebêssemos, como se tivéssemos dormido em uma região com outro fuso horário, o do Saara, até que, no fim da tarde, quando o calor do sol começava a arrefecer, voltamos para as Land Rovers, que, para minha surpresa, ainda funcionavam, e partimos para avançar pelo deserto em direção ao que Mohammed Ali chamou de nosso "acampamento". Imaginei, se não uma tenda de chefe de tribo, ao menos uma tenda qualquer — alguma coisa que tivesse a aparência de um acampamento. Finalmente paramos em um local que se assemelhava, espantosamente, ao que procuráramos ao longo de todo o dia. Nele havia, porém, uma pequena árvore. Algumas mulheres beduínas estavam agrupadas embaixo dela — vestidas de preto, com o rosto velado — e Mohammed Ali deixou-nos ali, no deserto, bem perto delas.

As mulheres se juntaram mais e recuaram um pouco à nossa chegada — brancos alienígenas caídos abruptamente no seu habitat. Estavam tão coladas umas às outras que pareciam uma barreira. Evidentemente, Mohammed Ali resolvera parar ao primeiro sinal de "cor local" que conseguira encontrar para os seus turistas, esperando que nos virássemos sozinhos a partir dali. A única coisa a fazer seria nos sentarmos e tentar parecer amistosos. Mas tínhamos total consciência de sermos intrusos, e provavelmente elas sentiam o nosso desconforto. Levou algum tempo até que aquela barreira preta se desfez e mostrou serem na verdade quatro mulheres, três crianças e dois bebês nus. Mohammed tinha se afastado. Parecia não querer falar com beduínos; talvez, como tuaregue, os visse como inferiores.

Mas foram as beduínas, justamente, que tiveram a elegância de nos deixar à vontade. Depois de retirar o véu do rosto e expor um sorriso de estrela de cinema — dentes brancos e olhos negros brilhantes em um rosto lindo —, uma das mulheres remexeu nos seus pertences e retirou dali uma manta e uma esteira, estendendo-as para que pudéssemos nos sentar. Lembrei-me, então, de que, segundo os livros, a figura do intruso não existe no deserto; todo mundo que aparece estava sendo, de alguma forma, aguardado. Logo depois, dois beduínos surgiram do deserto, completando a unidade familiar, que, então vimos, era composta de dois homens, duas esposas para cada homem e seus filhos. O marido mais velho, que tinha um rosto belo e forte, cumprimentou as suas duas mulheres com um tapinha delicado na cabeça de cada uma, como uma espécie de bênção, e se sentou perto de mim. Uma das mulheres serviu o jantar para ele — uma tigela com painço. Ele imediatamente ofereceu a tigela para mim. Embora eu tenha declinado, foi uma oferta que jamais esquecerei. Permanecemos em um silêncio amistoso enquanto ele comia. As crianças se aproximaram para fazer companhia. O sol já tinha se posto e a lua cheia aparecera para tomar conta do Saara.

Enquanto isso, nossos motoristas tinham estendido algumas mantas perto das duas Land Rovers e faziam uma fogueira com a madeira do deserto. Nós então nos agrupamos, com nossas próprias mantas, observamos o surgimento das estrelas no céu do deserto, jantamos uma espécie de frango e nos preparamos para dormir. Cada um dispunha de equipamento móvel próprio para fazer suas necessidades. Alertados de que as noites no Saara são frias, tínhamos trazido nossos agasalhos também. Depois de vestir o meu, enrolei-me em uma manta que logo amenizou a rigidez do chão do deserto e adormeci envolvido por uma quietude imensa. Uma hora depois, fui acordado por uma agitação igualmente imensa — nossa família beduína tinha trazido as suas cabras e camelos para passar a noite ali. E logo tudo silenciou novamente.

Na manhã seguinte, observei algumas pegadas na areia perto da minha manta. Mohammed Ali disse que um chacal havia aparecido durante a noite para pegar os restos do nosso jantar — os quais, pelo que eu me lembrava, deviam ser muito poucos. Mas eu não escutara nada. Estava ocupado demais sonhando que era Lawrence da Arábia.

[FIM]

Uma decisão sempre crucial em um texto é onde concluí-lo. Muitas vezes a própria história lhe dirá em que ponto ela quer se encerrar. Esse final não era o que eu tinha em mente de início. Como o objetivo da nossa viagem era encontrar uma caravana de sal, eu estava imbuído da ideia de que teria de completar o velho ciclo do comércio de sal: descrever como voltamos a Timbuktu e vimos o sal sendo descarregado, comprado e vendido no mercado. Mas, quanto mais eu me aproximava do momento de redigir esse trecho conclusivo, menos eu me sentia disposto. Ele surgia diante de mim como uma tarefa enfadonha, nem eu nem o leitor estaríamos interessados.

Subitamente, lembrei-me de que eu não tinha nenhum compromisso para com o conjunto da nossa viagem. Não precisava reconstituir *tudo*. O verdadeiro clímax da minha reportagem não era o encontro com a caravana do sal, mas sim o encontro com a hospitalidade imemorial das pessoas que vivem no Saara. Poucos momentos de minha vida podem ser comparados àquele em que uma família de nômades dona de quase nada se ofereceu para dividir comigo o seu jantar. Da mesma forma, nenhum outro momento poderia reproduzir mais vivamente o que eu procurava de fato encontrar no deserto e sobre o que todos aqueles ingleses escreveram — a nobreza de quem vive no limite absoluto.

Quando você extrai uma mensagem como essa do seu material — quando a sua história lhe diz que acabou, independentemente do que aconteceu depois —, procure a porta de saída. Eu saí rapidamente, detendo-me apenas o suficiente para garantir que todas as partes estavam íntegras: que o escritor-guia que começou a viagem era a mesma pessoa que a concluía. A referência jocosa a Lawrence preserva a persona, amarra toda uma série de associações e fecha o círculo da jornada. Ter entendido que eu então podia simplesmente parar foi uma sensação incrível, não só porque com isso a labuta tinha acabado — com o quebra-cabeça solucionado —, mas também porque esse final me pareceu perfeitamente bem. Era a decisão correta a ser tomada.

A título de postscriptum, gostaria de mencionar uma última decisão que um autor precisa tomar. Tem a ver com a necessidade dos escritores de não ficção de dar uma chance à própria sorte. Um comando que uso frequentemente para me manter em ação é "pegue o avião". Dois dos momentos mais emocionantes de minha vida foram resultado de eu ter pegado o avião a propósito do meu livro *Mitchell & Ruff*. Primeiro eu fui a Xangai com os músicos Willie Ruff e Dwike Mitchell quando eles introduziram o jazz na China, no Conservatório Musical de Xangai. Um ano depois, fui a Veneza com Ruff para ouvi-lo tocar cantos gregorianos com sua trompa francesa na Basílica de San Marco de noite, quando não havia ninguém ali, para estudar a acústica que inspirara a escola veneziana de música. Nos dois casos, Ruff não tinha nenhuma garantia de que conseguiria realmente tocar; eu poderia ter desperdiçado todo o meu dinheiro e meu tempo ao decidir acompanhá-lo. Mas eu peguei o avião, e esses dois textos longos, publicados originalmente na *The New Yorker*, são provavelmente os meus melhores artigos. Eu peguei o avião para Timbuktu em busca de uma caravana de camelos, que era uma aposta ainda mais arriscada, e peguei o avião para Bradenton para o *spring training* sem saber se eu seria bem recebido ou hostilizado. Meu livro *Writing to Learn* [Escrever para aprender] nasceu de um telefonema de um estranho. Ouvi a respeito de um projeto educacional tão interessante que peguei o avião para Minnesota para saber mais dele.

Pegar o avião me permitiu conhecer histórias no mundo inteiro e em todos os EUA — e ainda permite. Isso não quer dizer que não fico nervoso quando saio de casa em direção ao aeroporto; ao contrário, eu sempre fico — mas isso faz parte do jogo. (Um pouco de nervosismo dá um sabor especial ao ato de escrever.) Mas me sinto sempre revigorado quando volto para casa.

Como escritor de não ficção, você precisa pegar o avião. Se um assunto lhe interessa, vá atrás dele, seja no condado vizinho, no estado vizinho ou no país vizinho. Pois ele não virá à sua procura.

Decida o que você quer fazer. Depois, decida fazê-lo. E, então, faça-o.

Escrever histórias de família e memórias

Uma das frases mais tristes que eu conheço é "eu gostaria de ter perguntado à minha mãe sobre isso". Ou ao meu pai. Ou à minha avó. Ou ao meu avô. Como todos os pais sabem, nossos filhos não são tão fascinados como nós por nossa vida fascinante. Somente quando se tornam pais — e encaram os primeiros sinais do seu próprio envelhecimento — é que subitamente começam a querer saber mais sobre sua herança familiar e sua coleção de histórias e tradições. "Como *eram* exatamente aquelas histórias que meu pai costumava contar sobre sua vinda para os EUA?" "Onde *ficava* exatamente aquela fazenda no Meio-Oeste onde minha mãe cresceu?"

Escritores são os guardiães da memória, e é disso que trata este capítulo: como deixar algum tipo de registro de sua vida e da família em que você nasceu. Esse registro pode adquirir diversas formas. Podem ser memórias formais — um gesto cuidadoso de construção literária. Mas pode ser também uma história familiar informal, escrita para contar aos seus filhos e netos coisas sobre a família em que *eles* nasceram. Pode ser uma história oral que você registra gravando depoimentos de um pai ou de um avô idoso demais ou frágil demais para escrever. Ou ainda qualquer coisa que você queira que tenha este significado: algo que misture história com reminiscências. Seja como for, trata-se de um tipo importante de escrita. Memórias costumam morrer junto com seus donos, e o tempo muitas vezes nos pega de surpresa com a pressa com que se esvai.

Meu pai, um homem de negócios sem pretensões literárias, escreveu duas histórias familiares em sua velhice. Era uma empreitada perfeita para um homem sem talento se divertir sozinho. Sentado em sua poltrona favorita, de couro verde, em um apartamento localizado na parte de cima na Park Avenue, ele escreveu uma história sobre o seu lado da família — os Zinsser e os Scharmann —, recuando até a Alemanha do século 19. Depois, escreveu uma história sobre a loja de verniz da família, na rua 59 Oeste, fundada pelo seu avô em 1849. Fez tudo a lápis, em um bloco amarelo, sem parar para reescrever — nem no momento em que anotava, nem depois. Não tinha paciência para fazer nada que o obrigasse a repensar ou a agir mais lentamente. No campo de golfe, quando caminhava a passos largos em direção à bola, ele já avaliava o que fazer, sacava o taco e, sem se deter, fazia a jogada.

Depois de escrever suas histórias, meu pai mandou datilografá-las, mimeografá-las e encaderná-las com uma capa de plástico. Deu uma cópia com uma dedicatória pessoal a cada uma das três filhas, aos maridos, a mim, à minha mulher e aos seus quinze netos, alguns dos quais ainda nem sabiam ler. Gosto da ideia de que cada um tenha recebido a sua cópia; isso expressava o reconhecimento de cada um como participante da saga familiar. Não tenho ideia de quantos desses netos gastaram algum tempo com essas histórias. Mas aposto que pelo menos alguns se decidiram a isso e gosto de pensar que aquelas quinze cópias estão hoje bem guardadas na casa deles, entre o Maine e a Califórnia, à espera da *próxima* geração.

O que meu pai fez é, para mim, um modelo de produção de uma história familiar que não aspira a ser nada além disso; jamais lhe ocorreria a ideia de ver o texto publicado. Há muitas razões para escrever que não têm nada a ver com ser publicado. Escrever é um poderoso mecanismo de busca, e uma de suas satisfações é fazer um acerto de contas com a história da própria vida. Outra é digerir os golpes mais duros — perdas, dores, doenças, vícios, decepções, fracassos — e chegar a algum tipo de compreensão e apaziguamento.

As duas histórias contadas por meu pai foram ganhando minha admiração gradualmente. Acredito que, de início, fui mais reticente do que deveria em relação a elas; provavelmente via com certo menosprezo a facilidade com que ele encarara um processo que para mim era extremamente árduo. Ao longo dos anos, porém, flagrei-me em vários momentos mergulhando nelas para me lembrar de algum parente morto havia tempos ou me certificar de algum elemento geográfico da Nova York de antigamente, e a cada leitura eu gostava mais do texto.

Acima de tudo está a questão da voz. Não sendo escritor, meu pai não tinha nenhuma preocupação de encontrar o seu "estilo". Simplesmente escrevia da mesma maneira como falava, e agora, ao reler seus textos, é como se eu "ouvisse" a sua personalidade e o seu humor, seus usos e suas expressões, muitas delas ecoando o tempo em que esteve na faculdade, no começo dos anos 1900. É como se eu ouvisse também a sua franqueza. Ele não era sentimental no que dizia respeito a laços sanguíneos, e acho graça nas avaliações lapidares que faz do tio X, "de segunda classe", ou do primo Y, "que nunca valeu muita coisa".

Lembre-se disso quando escrever a história da sua própria família. Não procure ser um "escritor". Ocorre-me, agora, que meu pai era um escritor mais natural do que eu, que sempre estou mexendo e remexendo nos textos. Seja você mesmo e os seus leitores o seguirão aonde for. Tente cometer um ato de escrita e seus leitores pularão do barco para escapar. O seu produto é *você*. A negociação essencial em textos de memórias ou histórias pessoais é aquela que ocorre entre você e as experiências e emoções que lhe vêm à lembrança.

Em sua história familiar, meu pai não se esquivou do principal trauma da sua infância: o fim abrupto do casamento de seus pais quando ele e seu irmão Rudolph ainda eram pequenos. A mãe deles era filha de um imigrante alemão, um *self-made man* chamado H. B. Scharmann, que, em plena corrida do ouro, chegou adolescente à Califórnia em uma carroça coberta, após ter perdido a mãe e a irmã durante o trajeto. Frida Scharmann herdou o orgulho e a ambição irredutíveis do pai e, quando se casou com William Zinsser, um jovem promissor que integrava o seu círculo de amigos germano-americanos, viu nele uma resposta às suas aspirações culturais. Eles passariam as noites indo a concertos, à ópera e promovendo reuniões musicais. Mas, com o tempo, o marido promissor acabou demonstrando que não tinha tais anseios. Preferia ficar dormindo em sua poltrona depois do jantar.

Quanto foi amarga essa lassidão do marido para a jovem Frida Zinsser eu posso imaginar por tê-la conhecido já madura, sempre frequentando o Carnegie Hall, tocando Beethoven e Brahms ao piano, viajando para a Europa e estudando línguas estrangeiras, estimulando meu pai, minhas irmãs e a mim mesmo a nos aprimorarmos culturalmente. Seu ímpeto de realizar os sonhos frustrados de seu casamento nunca vacilou. Mas ela tinha também aquela tendência alemã de dar bronca em todos à sua volta e acabou morrendo solitária aos 81 anos de idade, depois de afastar de si todos os seus amigos.

Escrevi uma vez a respeito dela, muitos anos atrás, em um texto de memórias para um livro intitulado *Five Boyhoods* [Cinco infâncias]. Descrevendo a avó que conheci quando menino, elogiei a sua força, mas também observei que a presença dela era algo complicado em nossa vida. Quando o livro foi publicado, minha mãe defendeu a sogra, que não tinha facilitado nem um pouco a vida dela. "A vovó era na verdade muito tímida", disse ela, "e queria ser amada." Pode ser; a verdade está em algum lugar entre a minha versão e a de minha mãe. Mas, *para mim*, minha avó era daquele jeito. Era a verdade tal como eu a recordava, e foi assim que a escrevi.

Se menciono esse caso, é porque uma das perguntas mais frequentes que os autores de memórias se fazem é: devo escrever a partir do ponto de vista da criança que eu era ou do adulto que sou agora? As memórias mais poderosas, acredito, são as que preservam a unidade de um tempo e lugar relembrados: livros como *Growing Up*, de Russell Baker, *A Cab at the Door*, de V. S. Pritchett, ou *The Road From Coorain* [A estrada de Coorain], de Jill Ker Conway, evocam como era ser uma criança ou um adolescente em um mundo de adultos obrigados a lutar contra as adversidades da vida.

Mas, se você prefere o outro caminho — escrever sobre os seus anos iniciais a partir da perspectiva mais sábia da maturidade —, suas memórias não serão menos íntegras por causa disso. Um bom exemplo é *Poets in Their Youth* [Poetas na juventude], em que Eileen Simpson rememora os anos iniciais de sua vida com o primeiro marido, John Berryman, e seus famosos colegas poetas autodestrutivos, entre os quais Robert Lowell e Delmore Schwartz, cujos demônios ela, ainda noiva, era jovem demais para entender. Ao revisitar esse período em suas memórias, já como uma mulher mais velha, psicoterapeuta e escritora, ela usou seu conhecimento clínico para criar um retrato precioso de uma das maiores escolas poéticas dos EUA. Mas são, de todo modo, dois tipos de escrita. E você deve escolher um deles.

A história familiar escrita por meu pai trouxe-me detalhes sobre o casamento de sua mãe que eu não conhecia quando redigi as minhas próprias memórias. Agora, conhecendo esses fatos, posso compreender as sucessivas decepções que fizeram com que ela se tornasse a mulher que se tornou, e, se hoje eu tivesse de voltar a falar da saga de minha família, acrescentaria o combate sem fim contra as suas tormentas e tensões germânicas. (A família de minha mãe, formada por ianques da Nova Inglaterra — Knowltons e Joyces —, administrou a sua vida sem grandes dramas.) Eu acrescentaria também o lamento sem fim pelo enorme vazio bem no centro da história do meu pai. Em seus dois textos, as menções ao pai dele são raras, e o perdão, inexistente. Toda a sua simpatia se volta àquela angustiada jovem divorciada que era a sua mãe e à sua permanente firmeza de caráter.

No entanto, algumas das qualidades mais cativantes do meu pai — o charme, o humor, a vivacidade, os olhos incrivelmente azuis — devem ter vindo do lado dos Zinsser, não dos taciturnos Scharmann e seus olhos castanhos. Sempre me senti carente de mais dados sobre esse avô desaparecido. Sempre que perguntava sobre isso ao meu pai ele mudava de assunto e não tinha histórias para contar. Ao escrever a sua história familiar, memorize com o espírito aberto e guarde tudo aquilo que seus descendentes possam querer saber.

Isso me leva a outra pergunta que os autores de memórias se fazem: como fica a questão da privacidade das pessoas sobre as quais escrevo? Devo revelar coisas que possam ofender ou ferir os meus familiares? O que minha irmã pensará disso ou daquilo?

Não se preocupe com esse problema antecipadamente. Sua primeira tarefa é registrar a sua história tal como você a recorda *hoje*. Não olhe para trás para ver se os seus parentes estão lendo por cima dos seus ombros. Conte o que tiver vontade de contar, de forma livre e sincera, até o fim. Só então pense na questão da privacidade. Se você escreveu a história da sua família apenas para a sua própria família, não há nenhuma necessidade legal ou ética de mostrá-la a qualquer outra pessoa. Mas, se você tem em mente um público mais amplo — se pensa em distribuir para alguns amigos ou mesmo transformar em livro —, é recomendável mostrar aos seus familiares os trechos em que eles são mencionados. Trata-se de uma gentileza elementar; ninguém gosta de ser surpreendido por um texto já impresso. Isso também lhes dará tempo para lhe pedir a retirada de certas passagens — pedido que você pode acatar ou não.

Por fim, trata-se de um texto *seu* — foi você quem fez todo o trabalho. Se sua irmã vê nele algum problema, ela pode escrever as suas próprias memórias, que serão tão válidas quanto as suas; ninguém detém o monopólio de um passado comum. Alguns parentes dirão que você não deveria ter escrito certas coisas, principalmente se tiver exposto características não exatamente elogiáveis da família. Mas acredito que, em um nível mais profundo, a maioria das famílias quer deixar um registro de seus esforços para constituir justamente uma família, por mais imperfeitos que esses esforços possam ter sido, e seus parentes verão com bons olhos e lhe agradecerão por você ter feito esse trabalho. Isso, *se* você o fizer honestamente e não com motivações impróprias.

Quais seriam essas motivações impróprias? Permita-me voltar à febre das memórias nos anos 1990. Até então, os autores de memórias encobriam com um véu as suas experiências e pensamentos mais escandalosos; certa polidez era algo ainda consensualmente aceito. Surgiram, então, os talk shows, e o pudor saiu de cena. De repente, nenhum episódio rememorado era tão sórdido, nenhuma família era tão disfuncional que não pudessem ser expostos à excitação das massas por meio de TV a cabo, revistas e livros. O resultado foi uma avalanche de textos de memórias, muitos deles apenas terapêuticos, com seus autores usando o gênero para chafurdar em revelações pessoais e na autocompaixão e para atacar todos aqueles que alguma vez lhes tivessem feito algum mal na vida. Não se tratava de escrever, mas de se lamuriar.

Mas ninguém hoje em dia se lembra desses livros; os leitores não se apegam a lamentações. Não use as suas memórias para remoer velhas queixas e fazer acertos de contas; descarregue esse rancor em outro lugar. As memórias publicadas nos anos 1990 de que nos lembramos hoje são aquelas que foram escritas com amor e senso do perdão, como *The Liar's Club*, de Mary Karr, *As cinzas de Angela*, de Frank McCourt, *A vida deste rapaz*, de Tobias Wolff, e *A Drinking Life*, de Pete Hamill. Embora a infância que eles descrevem tenha sido dolorida, esses autores eram tão fortes interiormente quando jovens como são hoje na idade adulta. Não somos vítimas — é isso que eles querem que saibamos. Viemos de um grupo de pessoas falíveis e sobrevivemos sem ressentimentos para seguir adiante em nossa vida. Para eles, escrever suas memórias se tornou um ato de cura.

Isso pode ser um ato de cura para você também. Se você souber olhar para o seu próprio lado humano e para o lado humano das pessoas com quem cruzou ao longo da vida, seja qual for o tamanho da dor que elas lhe impuseram ou que você impôs a elas, os leitores se apegarão à sua história.

Chegamos, agora, à parte mais difícil: como organizar essa coisa toda. A maioria das pessoas que começam a escrever memórias se assusta e fica paralisada diante da dimensão da tarefa. O que colocar? O que deixar de fora? Por onde começar? Onde parar? Como dar uma forma à história? O passado chega a elas em milhares de fragmentos, criando o desafio de estabelecer algum tipo de ordem no conjunto. Por causa dessa ansiedade, muitas memórias permanecem durante anos escritas apenas pela metade, ou simplesmente deixam de ser escritas.

O que pode ser feito? Você deve tomar uma série de decisões de redução do conteúdo. Por exemplo: em uma história familiar, uma decisão importante será escrever sobre apenas um dos ramos da família. As famílias são organismos complexos, especialmente se você considera sua trajetória voltando várias gerações. Opte por escrever sobre o lado materno da família, ou o paterno, mas não sobre os dois. Retome o outro lado mais adiante, como um projeto separado.

Lembre-se de que, nas suas memórias, o protagonista — o guia turístico — é você. Você precisa encontrar um esquema narrativo para a história que pretende contar e não abrir mão do controle. Isso significa deixar de fora das suas memórias muitas pessoas que não precisam estar ali. Como irmãos e irmãs.

Um dos meus alunos em um curso sobre memórias era uma mulher que queria escrever sobre a casa em que havia crescido, em Michigan. Sua mãe tinha falecido, a casa acabara de ser vendida, e ela, seu pai e seus dez irmãos teriam ali uma reunião para decidir o que fazer com os objetos. Escrever sobre essa tarefa, ela pensou, a ajudaria a entender a sua infância no interior daquela grande família católica. Eu concordei com isso — era um quadro perfeito para escrever memórias — e perguntei como ela pretendia fazer.

Ela disse que começaria entrevistando o pai e todos os seus irmãos, para conhecer a lembrança que eles tinham da casa. Perguntei-lhe se a história que ela queria escrever era a história *deles*. Não, ela respondeu; era a história *dela*. Nesse caso, eu disse, entrevistar todos esses irmãos seria uma total perda de tempo e de energia. Só então ela começou a vislumbrar a forma mais apropriada para a sua história e a preparar a sua própria cabeça para confrontar a casa e suas lembranças. Poupei-lhe centenas de horas de entrevistas, transcrições e tentativas de encaixar tudo em suas memórias, sendo que nada disso pertencia a elas. Trata-se da *sua* história. Você precisa entrevistar apenas os parentes que tenham alguma visão muito específica da situação familiar ou que conheçam uma história que ajude a montar um quebra-cabeça que você não consiga solucionar por conta própria.

A seguir, mais um caso, de outra turma.

Uma jovem judia chamada Helen Blatt estava decidida a escrever sobre a experiência de seu pai como sobrevivente do Holocausto. Ele havia fugido de seu vilarejo na Polônia aos catorze anos — um dos poucos judeus que conseguiram partir —, pegado o caminho para a Itália, depois Nova Orleans e, finalmente, Nova York. Tinha, agora, oitenta anos, e sua filha o convidou para retornar com ela àquele vilarejo polonês, onde ela poderia saber mais coisas sobre os seus primeiros anos e escrever sua história. Mas ele não aceitou o convite; sentia-se fragilizado demais, e o passado era muito doloroso.

Ela resolveu, então, viajar sozinha, em 2004. Fez anotações, tirou fotografias e conversou com pessoas da localidade. Mas não conseguiu descobrir elementos que a habilitassem a escrever algo à altura da história do pai. Ficou muito chateada com isso. Seu desânimo era palpável na sala de aula.

Por alguns instantes, eu não consegui pensar em nada para lhe dizer. Ao final, eu disse: "Não se trata da história do seu pai".

Quando entendeu o que eu estava dizendo, ela me lançou um olhar do qual me recordo até hoje.

"É a *sua* história", eu disse. E ponderei que ninguém teria dados suficientes — nem mesmo os estudiosos do Holocausto — para reconstituir os primeiros anos da vida de seu pai; muito do passado dos judeus na Europa havia simplesmente desaparecido. "Se você escrever sobre a sua própria busca do passado do seu pai", eu disse, "você também estará contando a história da vida dele e daquilo que ele deixou como herança."

Logo vi que acabava de tirar um peso imenso de suas costas. Ela deu um sorriso que nenhum de nós na sala tinha visto antes e disse que começaria a escrever a história imediatamente.

O curso chegou ao fim sem que eu recebesse nenhum texto dela. Telefonei-lhe depois, e ela disse que ainda estava escrevendo e que precisava de mais tempo. Então, um dia, chegou-me pelo correio um manuscrito com 24 páginas. Intitulado "Returning Home" [Voltando para casa], ele contava a peregrinação de Helen Blatt a Plesna, uma pequena cidade rural no sudeste da Polônia que nem sequer aparecia no mapa. "Sessenta e cinco anos depois", escrevia ela, "eu era o primeiro membro da família Blatt que a cidade via desde 1939." Fazendo-se conhecer aos poucos pelos habitantes locais, descobriu que muitos familiares do pai — avós, tios e tias — ainda eram lembrados ali. Quando um senhor mais velho disse "Você se parece com a sua avó Helen", experimentou "uma sensação irresistível de segurança e tranquilidade".

Eis como ela encerra o texto:

Depois que voltei para casa, eu e meu pai passamos três dias juntos. Ele assistiu a cada minuto do vídeo de quatro horas que eu gravara como se estivesse vendo uma obra-prima. Queria ouvir todos os detalhes de minha viagem: com quem me encontrei, os lugares onde estive, o que eu vi, de quais comidas eu gostei e de quais não gostei, e como fui tratada. Assegurei-lhe que fui recebida de braços abertos. Embora não haja nenhuma fotografia que possa me mostrar como era o rosto de meus parentes, consigo hoje construir mentalmente uma imagem da personalidade deles. O fato de ter sido tão bem tratada por pessoas totalmente estranhas a mim é reflexo do respeito de que os meus avós gozavam naquela comunidade. Trouxe para o meu pai algumas caixas com cartas e presentes dados por seus velhos amigos: vodca polonesa, mapas, fotografias e desenhos de Plesna.

Enquanto lhe contava as minhas histórias, ele parecia uma criança excitada esperando para abrir o seu presente de aniversário. A tristeza de seus olhos também havia desaparecido; ele parecia feliz e inebriado. Eu achava que, ao ver a propriedade da família no vídeo, ele fosse chorar; e, de fato, o fez, mas as suas lágrimas eram de alegria. Parecia tão orgulhoso que lhe perguntei: "Papai, por que você sente tanto orgulho vendo tudo isso? É pela sua casa?". Ele respondeu: "Não, é por você! Você se transformou nos meus olhos, ouvidos e pernas. Obrigado por ter feito essa viagem. Estou me sentindo como se eu mesmo tivesse estado ali".

Meu último conselho em relação à diminuição do leque de temas pode ser resumido em duas palavras: pense pequeno. Não esquadrinhe todo o seu passado — ou o passado de sua família — a fim de encontrar episódios que considere "importantes" o bastante para merecerem ser incluídos em suas memórias. Tente localizar momentos menores que estejam ainda vivos dentro das suas lembranças. Se você consegue lembrar deles, é porque contêm alguma verdade universal que os leitores saberão reconhecer a partir da própria vida.

Essa foi a principal lição que aprendi ao escrever em 2004 um livro intitulado *Writing About Your Life* [Escrever sobre a sua vida]. São memórias de minha própria vida, mas, no meio do caminho, eu também intercalava explicações sobre as decisões que eu tinha tomado para reduzir e organizar o texto. Nunca senti que minhas memórias precisassem incluir todas as coisas importantes que aconteceram comigo — uma tentação muito comum quando pessoas já mais idosas se sentam para fazer um resumo da vida delas. Muitos capítulos das minhas memórias são sobre episódios menores que não foram objetivamente "importantes", mas que foram importantes *para mim*. Por terem sido importantes para mim, eles também tocavam na sensibilidade dos leitores, atingindo uma verdade universal importante *para eles*.

Um dos capítulos trata de um jogo mecânico de beisebol com que brinquei milhares de horas com meu amigo de infância Charlie Willis. O capítulo começa explicando que em 1983 eu escrevi para o *New York Times* um artigo relatando essa minha obsessão infantil. Eu dizia que minha mãe devia ter jogado fora o brinquedo quando entrei no Exército. "Mas em meio ao nevoeiro da memória eu ainda vejo a palavra WOLVERINE. O que 'Rosebud' era para o Cidadão Kane, 'Wolverine' é para mim — uma chave quase irremediavelmente desaparecida. Menciono isso, aqui, para se alguém por acaso encontrar esse jogo em algum sótão, porão ou garagem. Pego o primeiro avião para ir até o local — assim como Charlie Willis."

Poucos dias depois, começaram a chegar cartas de outros homens que haviam tido aquele jogo e que se lembravam de ter passado horas a fio brincando com ele com seus amigos de infância. A última carta vinha de Booneville, Arkansas, e eu não consegui acreditar no nome do remetente: WOLVERINE TOY COMPANY [Fábrica de brinquedos Wolverine]. A carta era assinada por William W. Lehren, vice-presidente comercial. "Deixamos de fabricar o 'Pennant Winner' em 1950", dizia ele, "mas procurei em nosso museu e descobri que ainda temos um conosco. Se algum dia o senhor estiver aqui por perto, eu adoraria convidá-lo para disputar algumas partidas."

Nunca fui a Booneville, mas, em 1999, Bill Lehren se aposentou e, tendo se mudado para Connecticut, um belo dia telefonou para mim. Ele me disse, então, que tinha comprado da Wolverine aquele último "Pennant Winner" e perguntou se eu ainda tinha interesse em disputar uma partida com ele. Poucos dias depois, ele apareceu em meu escritório em Nova York e abriu um pacote com aquele brinquedo que eu não via fazia mais de sessenta anos. Ele era maravilhoso. Bastou que eu olhasse para o seu campo verde metálico e brilhante para começar a sentir na ponta dos dedos o bastão tal como eu o acionava com uma mola, aguardando o lançamento. Podia sentir também os botões de "rápido" e "devagar", um de cada lado, que detonavam o lançamento em diferentes velocidades. Bill e eu colocamos o jogo sobre o tapete e pusemos mãos à obra — dois sujeitos na casa dos setenta anos ajoelhados um em cada extremidade do campo, trocando de lado a cada turno. O sol se pôs, e o céu sobre a Lexington Avenue escureceu. Mas nós nem nos demos conta disso.

Era um tema muito específico para tratar em um texto; poucas pessoas tiveram um jogo mecânico de beisebol. Mas todo mundo teve na infância um jogo, um brinquedo ou uma boneca favorita. O simples fato de eu ter tido esse brinquedo e de tê-lo reencontrado na outra ponta da minha vida não poderia deixar de criar uma conexão com leitores que quisessem voltar a ver mais uma vez os *seus* brinquedos, jogos ou bonecas favoritos. A identificação que eles tinham não era com o meu jogo de beisebol, mas sim com a *ideia* de jogo — uma ideia universal. Lembre-se disso ao escrever as suas memórias e cuide para que a sua história não seja grande demais a ponto de não interessar a ninguém além de você mesmo. As histórias menores que ainda pulsam na sua lembrança possuem uma ressonância própria. Acredite nelas.

Outro capítulo de *Writing About Your Life* trata do período em que prestei o serviço militar, durante a Segunda Guerra Mundial. Como a maioria dos homens da minha geração, lembro-me dessa guerra como uma experiência crucial em minha vida. No meu texto, porém, não escrevi nada sobre a guerra em si. Contei apenas a história de uma viagem que fiz pelo norte da África depois que o nosso navio nos deixou em Casablanca. Meu companheiro de armas e eu fomos colocados em um trem formado por vagões de madeira velha chamados de "quarenta-e-oito" porque haviam sido usados pelos franceses na Primeira Guerra para transportar ou quarenta pessoas ou oito cavalos. As palavras QUARANTE HOMMES OU HUIT CHEVAUX* ainda estavam gravadas neles.

Ao longo de seis dias, eu permaneci sentado na porta aberta do vagão com as pernas penduradas sobre o solo do Marrocos, da Argélia e da Tunísia. Foi a viagem mais desconfortável que já fiz — e a melhor de todas. Não conseguia acreditar que estava no norte da África. Eu era um filho superprotegido de WASPs do nordeste dos EUA; ninguém que crescera ou estudara comigo jamais havia mencionado a existência dos árabes. Agora, subitamente, eu estava diante de uma paisagem onde tudo era novidade — cada imagem, cada som, cada perfume. Os oito meses que eu acabaria passando naquele território tão exótico marcaram o início de um caso de amor que nunca mais terminaria. Eles fizeram de mim alguém que passou a vida viajando para a África, a Ásia e outras regiões distantes. Aqueles dias também mudaram a minha maneira de pensar o mundo.

Lembre-se: as suas melhores histórias muitas vezes terão menos a ver com os assuntos do que com aquilo que eles significam — não com o que você *fez* em uma determinada situação, mas com a forma como essa situação afetou você e o ajudou a ser quem você é.

Quanto à forma de reunir e organizar as suas memórias, o meu último conselho — mais uma vez — é: pense pequeno. Divida a sua vida em pedaços manejáveis. Não procure enxergar o produ-

---

* Em francês, "quarenta homens ou oito cavalos". (N.T.)

to final, o grande edifício que tem em vista. Isso só aumentará a sua ansiedade.

O que eu sugiro é o seguinte: sente-se à sua escrivaninha na segunda-feira de manhã e escreva alguma coisa sobre algum acontecimento que está vivo em sua memória. Não precisa ser longo — três páginas, cinco páginas —, mas precisa ter um começo e um fim. Guarde esse episódio em uma pasta e toque a vida normalmente. Faça a mesma coisa na terça-feira de manhã. O episódio de terça-feira não precisa ter nenhuma relação com o de segunda. Use aquilo que lhe vier à memória; o seu subconsciente, tendo sido chamado a trabalhar, começará a trazer o seu passado de volta para você.

Faça isso durante dois meses, ou três meses, ou seis meses. Não fique impaciente, querendo começar a escrever logo as suas "memórias" — aquele texto que você tinha em mente antes de começar. Então, um dia, retire da pasta todos os textos que guardou e espalhe-os pelo chão. (Muitas vezes o chão é o melhor amigo do escritor.) Leia-os em sequência, veja o que lhe transmitem e que configuração emerge deles. Eles lhe dirão sobre o que as suas memórias serão — e sobre o que elas não serão. Eles lhe mostrarão o que é essencial e o que é secundário, o que é interessante e o que não é, o que é emocionante, importante, incomum, engraçado, o que deve ser aprofundado e ampliado. Você começará a enxergar o corpo narrativo da sua história e o caminho a seguir.

A partir daí, tudo o que você precisará fazer será reunir as peças.

Escreva tão bem quanto puder

Às vezes me perguntam se consigo lembrar o momento em que me dei conta de que queria ser escritor. A rigor, esse momento não existiu. A única coisa que eu sabia era que gostaria de trabalhar para um jornal. Mas posso apresentar uma série de atitudes que incorporei muito cedo em minha vida e que me guiam desde então. Elas vieram dos dois lados da família, por caminhos diferentes.

Minha mãe gostava de bons textos, e os encontrava nos jornais com a mesma frequência que nos livros. Tinha o hábito de recortar colunas e artigos que lhe agradavam pela excelência no uso da língua, pela perspicácia ou pela visão original que continham a respeito da vida. Por causa dela, desde muito pequeno aprendi que um bom texto pode ser encontrado em qualquer lugar, mesmo no jornal mais modesto, e que o que conta é o texto em si, não o veículo em que foi publicado. A partir daí, sempre procurei escrever tão bem quanto podia, dentro dos meus padrões; nunca alterei o meu estilo para me adaptar ao tamanho ou à suposta formação intelectual do público para o qual escrevia.

Minha mãe era também uma mulher bem-humorada e otimista. São dois quesitos que facilitam a escrita, assim como a vida, e um escritor que tenha a sorte de carregá-los em sua bagagem certamente começará o seu dia com uma dose a mais de autoconfiança. Em princípio, eu não estava destinado a ser escritor. Meu pai era um homem de negócios. Seu avô viera da Alemanha na grande onda imigratória de 1848 trazendo uma fórmula para produzir verniz. Ele construiu uma pequena fábrica em um terreno pedregoso ao norte de Manhattan — onde é agora o cruzamento entre a rua 59 e a Décima avenida — e abriu um negócio a que deu o nome de William Zinsser & Company. Guardo comigo uma fotografia daquela cena pastoral; o terreno descia em direção ao rio Hudson, e a única criatura viva era uma cabra. A empresa permaneceu nesse mesmo lugar até 1973, quando foi transferida para Nova Jersey.

É bastante raro que um negócio se mantenha em uma mesma família em um mesmo quarteirão de Manhattan por mais de um século, e eu, sendo um menino, não tinha como escapar da pressão de dar continuidade a tudo aquilo, pois eu era o quarto William Zinsser e o único filho homem; quis o destino que antes de mim meu pai tivesse três filhas. Naquela Idade das Trevas, a ideia de que as filhas poderiam tocar um negócio tão bem quanto os filhos, ou até mesmo melhor do que eles, estava a décadas de distância. Meu pai amava o seu negócio. Em nossas conversas, nunca me pareceu que ele o encarava como uma empreitada apenas para ganhar dinheiro; era uma arte, que precisava ser praticada com imaginação e usando somente os melhores materiais. Ele era apaixonado pela qualidade e não tinha paciência para coisas de segunda categoria; nunca entrava em uma loja de olho em pechinchas. Cobrava mais pela sua mercadoria porque a produzia com os melhores ingredientes, e sua empresa, assim, prosperou. Ela representava um futuro já estabelecido para mim, e meu pai estava ansioso pelo dia em que eu começaria a trabalhar com ele.

Mas, de forma inevitável, o dia que chegou foi outro. Pouco tempo depois do meu retorno da guerra, comecei a trabalhar para o *New York Herald Tribune* e precisei dizer ao meu pai que não iria tocar adiante o negócio da família. Ele recebeu a notícia com a sua habitual generosidade e me desejou felicidade no campo que havia escolhido. Não há presente melhor do que esse para um jovem ou uma jovem. Eu estava liberado de atender às expectativas de outra pessoa, que não eram as que combinavam comigo. Eu estava livre para vencer ou perder à minha maneira.

Somente mais tarde pude entender que eu carreguei em minha jornada outro presente de meu pai: uma crença profunda de que a qualidade é sua própria recompensa. Eu também nunca entrei em uma loja de olho em pechinchas. Embora a figura literária de nossa casa fosse a minha mãe — colecionadora compulsiva de livros, amante da língua inglesa, autora de cartas deslumbrantes —, foi do mundo dos negócios que eu absorvi a minha ética como artesão e, ao longo dos anos, sempre que me vi reescrevendo interminavelmente o que já havia reescrito interminavelmente antes, com a determinação de escrever melhor do que qualquer outra pessoa que estivesse disputando o mesmo espaço, a voz interior que eu ouvia era a do meu pai falando sobre verniz.

Além de querer escrever o melhor possível, eu queria escrever de uma maneira que entretivesse as pessoas o máximo possível. Quando digo a aspirantes a escritores que eles precisam pensar em si mesmos, pelo menos em parte, como produtores de entretenimento, eles não gostam de ouvir isso — a palavra lhes soa parque de diversões, malabaristas, palhaços. Mas, para obter algum sucesso, você precisa fazer com que o seu texto se destaque em um jornal ou revista por entreter mais do que todos os outros. Você precisa encontrar uma maneira de elevar o seu ato de escrever ao nível de um entretenimento. Normalmente, isso significa fisgar o leitor com alguma surpresa agradável. Há muitos instrumentos para isso: humor, histórias, paradoxos, uma citação inesperada, um dado muito forte, um detalhe exótico, uma abordagem indireta, uma composição elegante de palavras. Esses aparentes divertimentos se tornam, na verdade, o seu "estilo". Quando dizemos gostar do estilo de um determinado escritor, o que queremos expressar é que gostamos da sua personalidade, pelo menos tal como ele a manifesta no papel. Diante da possibilidade de escolher entre duas companhias para uma viagem — e o escritor é alguém que nos convida a viajar com ele —, normalmente optamos por aquela que achamos que se esforçará para tornar a viagem mais excitante.

Diferentemente da medicina ou de outras ciências, a escrita não tem novas descobertas com que nos surpreender. Não corremos nenhum risco de ler no nosso jornal matutino que foi introduzida uma mudança total na maneira de escrever uma frase clara — essa informação é conhecida desde a Bíblia do rei James. Sabemos que os verbos são mais fortes do que os substantivos, que os verbos na voz ativa são melhores do que os na voz passiva, que palavras e frases curtas são mais fáceis de ler do que as longas, que detalhes concretos são mais fáceis de processar internamente do que as abstrações vagas.

Evidentemente, essas regras são flexíveis. Os escritores da era vitoriana tinham predileção pelo ornamento e não consideravam a brevidade uma virtude, e muitos autores contemporâneos, como Tom Wolfe, saíram dessa prisão e transformaram a exuberância arrojada da linguagem em uma fonte de energia positiva. Acrobatas com esse tipo de recursos, porém, são raros; a maioria dos escritores de não ficção faria bem melhor se se mantivesse agarrada às cordas da simplicidade e da clareza. Podemos dispor de novas tecnologias, como o computador, para nos livrar de certos fardos na elaboração do texto, mas, no conjunto, nós sabemos o que precisamos saber. Trabalhamos, todos, com as mesmas palavras e os mesmos princípios.

Onde está, então, o limite? Noventa por cento da resposta se encontra na dura tarefa de conquistar o controle das ferramentas discutidas neste livro. Acrescente alguns poucos itens ou talentos naturais, como um bom ouvido musical, um senso de ritmo e sensibilidade para com as palavras. Mas a vantagem final é a mesma que é válida para qualquer outra atividade competitiva. Para escrever melhor do que os outros, você precisa *querer* escrever melhor do que os outros. Precisa dedicar uma atenção obsessiva a cada detalhe do ofício. E deve estar disposto a defender aquilo que escreveu contra os vários intermediários — editores, agentes, *publishers* — cujas visões podem ser diferentes da sua, cujos padrões podem não ser tão elevados quanto os seus. Muitos escritores são induzidos a se resignar a um padrão inferior àquilo que poderiam dar de melhor.

Sempre senti que o meu "estilo" — a projeção cautelosa no papel daquilo que eu penso que sou — é o meu principal ativo no mercado, algo meu que pode me diferenciar dos outros escritores. Por isso, nunca quis que ninguém metesse a mão nele e, quando submeto um artigo, faço de tudo para protegê-lo, com unhas e dentes. Muitos editores de revistas já me disseram que sou o único autor que eles conhecem que se preocupa com o que acontece com o seu texto depois de ter sido pago por ele. A maioria dos escritores não gosta de discutir com um editor, porque não quer aborrecê-lo; são tão agradecidos pelo fato de serem publicados que aceitam que o seu estilo — em outras palavras, a sua personalidade — seja violado publicamente.

No entanto, defender aquilo que escreveu é sinal de que você está vivo. Sou conhecido como bastante ranzinza nesse ponto — brigo até mesmo por um ponto e vírgula. Mas os editores me aguentam porque podem ver que sou sério. Na verdade, essa minha postura ranzinza jogou a meu favor muito mais do que contra mim. Editores com uma empreitada incomum várias vezes pensaram em mim porque sabiam que eu dedicaria ao trabalho uma atenção igualmente incomum. Sabiam também que eu entregaria o texto no prazo acertado e que ele seria bem-feito. Lembre-se de que a profissão de escritor de não ficção requer mais do que apenas saber escrever. Requer confiabilidade. Os editores deixarão de lado os escritores com os quais não podem contar.

O que nos remete, aliás, aos editores. São amigos ou inimigos — deuses que nos salvam de cometer pecados ou sujeitos desocupados que passam por cima das nossas almas poéticas? Como tudo neste mundo, existem de todos os tipos. Lembro com muita gratidão de uma meia dúzia de editores que refinaram meus textos mudando o seu foco ou as suas ênfases, questionando o seu tom, detectando alguma fragilidade de lógica ou estrutura, sugerindo outro lide, me dando espaço para conversar com eles quando eu não conseguia decidir sozinho qual caminho seguir, cortando diferentes tipos de excesso. Houve duas ocasiões em que cortei um capítulo inteiro de um livro porque os editores me disseram que ele não era necessário. Mas, se esses editores me vêm à lembrança, é acima de tudo pela sua generosidade. Eles demonstravam um grande entusiasmo, qualquer que fosse o projeto que tínhamos de pôr de pé juntos, como escritor e como editor. A sua confiança em que eu podia dar conta da tarefa sempre me fez seguir adiante.

O que um editor acrescenta a um texto é o olhar objetivo que o autor perdeu há muito tempo, e não há limites para as formas como ele pode melhorar um manuscrito: cortando, moldando, clarificando, evitando centenas de inconsistências de tempos verbais, pronomes, localizações e tom, destacando as frases que podem ser lidas de forma ambígua, quebrando frases inconvenientes por sua extensão e subdividindo-as em outras mais curtas, puxando o autor de volta para a trilha principal quando ele se perde em atalhos, erguendo pontes ali onde o escritor se desvinculou do leitor por não dar a devida atenção às transições no interior do texto, questionando julgamentos ou opções de gosto. A mão do editor deve ser, também, invisível. Qualquer coisa que ele venha a introduzir com suas próprias palavras não deve soar como suas próprias palavras; elas têm de soar como palavras do escritor.

Não há como agradecer o suficiente aos editores por esses gestos de salvação. Mas, infelizmente, eles podem também causar um estrago considerável. Em geral, os prejuízos adquirem duas formas: alteração do estilo e alteração do conteúdo. Vejamos, primeiro, o estilo.

Um bom editor gosta, mais do que tudo, de um texto em que ele não precisa fazer praticamente nada. Um editor ruim tem compulsão de fazer emendas, como se, com suas intervenções, quisesse provar para alguém que ele não esqueceu as minúcias da gramática e dos usos da língua. Ele leva tudo ao pé da letra, caçando buracos na estrada em vez de desfrutar a paisagem. Muito frequentemente, nem sequer lhe ocorre que o escritor está escrevendo de ouvido, procurando produzir um som ou um ritmo próprio, jogando com as palavras apenas pelo prazer do jogo verbal. Um dos momentos mais desoladores para um escritor é aquele em que percebe que o seu editor não entendeu aquilo que ele está tentando fazer.

Lembro-me de vários momentos desse tipo. Um deles, de importância menor, refere-se a um artigo que escrevi sobre um programa chamado Artistas Visitantes, que levava artistas e músicos a cidades economicamente desfavorecidas do Meio-Oeste. Eu as descrevi assim: "Elas não se parecem com as cidades que são visitadas por muitos artistas visitantes". Quando as provas do texto chegaram, essa mesma frase estava assim: "Elas não se parecem com as cidades que costumam estar no itinerário de muitos artistas visitantes". Era uma mudança irrelevante? Não para mim. Eu tinha usado a repetição de propósito porque é um recurso de que eu gosto — ele pega os leitores de surpresa e os diverte no meio da frase. Mas o editor se lembrou da regra que determina a substituição de palavras repetidas por sinônimos e corrigiu o meu erro. Quando telefonei para reclamar, ele se mostrou surpreso. Discutimos por um bom tempo, e nenhum dos dois queria ceder. Ao final, ele disse: "Você realmente está incomodado, certo?". Eu me incomodo porque uma alteração como essa abre caminho para outras iguais, e o escritor precisa assumir uma posição. Cheguei, algumas vezes, a pedir textos meus de volta a revistas que fizeram mudanças inaceitáveis. Ao permitir que aquilo que o diferencia dos demais seja eliminado do texto, você acaba perdendo uma de suas principais virtudes. E perde também sua virtude.

Em termos ideais, a relação entre autor e editor deveria ser de negociação e confiança. Muitas vezes acontece de um editor fazer uma mudança que deixa mais clara uma frase obscura e, inadvertidamente, excluir um ou outro detalhe importante — um fato ou uma nuance que o autor colocou por razões que o editor ignora. Nesses casos, o escritor deve pedir que esse detalhe seja colocado de volta. E o editor, se estiver de acordo, deve atendê-lo. Mas, ao mesmo tempo, deve insistir em seu direito de intervir no que quer que não esteja claro. A clareza é algo que todo editor deve ao leitor. Um editor jamais deveria permitir que fosse impresso algo que ele próprio não consegue entender. Se *ele* não entende, no mínimo mais uma pessoa também não entenderá, o que já é demais. Em resumo, trata-se de um processo em que o autor e o editor trabalham o manuscrito juntos, buscando para cada problema uma solução que sirva melhor ao texto final.

É um processo que pode ser conduzido corretamente seja por telefone, seja pessoalmente. Não permita que editores utilizem a distância ou a própria falta de organização como uma desculpa para alterar o seu trabalho sem a sua autorização. "Estávamos fechando", "Já estávamos atrasados", "A pessoa que fala normalmente com você estava doente e não veio", "Tivemos uma mudança total aqui na semana passada", "O novo diretor acabou de entrar", "O texto acabou caindo na pilha errada", "O editor está em férias" — essas frases enjoativas escondem uma série enorme de incompetências e falhas. Uma das mudanças mais desagradáveis entre as que ocorreram no meio editorial foi a erosão da cordialidade, hábito antes rotineiro. Os editores de revistas, em especial, passaram a desdenhar inúmeros procedimentos que deveriam ser automáticos: avisar o autor de que recebeu o texto, lê-lo com um mínimo de rapidez, dizer se está OK, mandar o texto de volta imediatamente se não estiver, cooperar com o autor caso haja necessidade de mudanças, enviar-lhe provas para revisão, verificar se recebeu o pagamento devidamente. Os escritores já são suficientemente vulneráveis para ter de viver ainda a humilhação de telefonar toda vez para saber como está o texto e para implorar pelo pagamento.

Prevalece, hoje, a ideia de que essa "cordialidade" não passa de afetação e, por isso, pode ser dispensada. Ao contrário, ela é algo intrínseco à profissão. Faz parte do código de honra que sustenta todo o negócio, e os editores que se esquecem disso estão brincando nada mais nada menos do que com os direitos fundamentais dos escritores.

Essa arrogância atinge o patamar da injúria quando um editor vai além das mudanças de estilo e invade o reino sagrado do conteúdo. Ouço com frequência escritores freelances dizerem: "Quando recebi a revista, li o meu texto e quase não consegui reconhecê-lo. Eles reescreveram todo o lide e me fizeram dizer coisas em que não acredito". Este é um pecado capital — adulterar a opinião de um autor. Mas os editores acabam fazendo aquilo que os autores permitem que eles façam, principalmente quando o tempo é curto. Os escritores contribuem para a sua própria humilhação ao deixar que seu texto seja reescrito por um editor que o altera atendendo a interesses próprios. A cada recuo, lembram ao editor que ele pode tratá-los como a diaristas. Mas, no fim das contas, os escritores só devem servir a seus próprios interesses. O que você escreve é seu e de mais ninguém. Leve o seu talento tão longe quanto puder e cuide dele como da sua própria vida. Só você sabe quão longe pode ir; editor algum saberá. Escrever bem significa acreditar no seu texto e acreditar em você mesmo, assumindo riscos, ousando ser diferente, empurrando você mesmo em direção à excelência. Você escreverá bem à medida que se lançar a escrever.

Minha definição favorita de um escritor cuidadoso vem de Joe DiMaggio, embora ele não fizesse ideia de que era isso que ele estava definindo. DiMaggio foi o melhor jogador de beisebol que vi na vida, e, no entanto, ninguém parecia mais relaxado do que ele. Cruzava longas distâncias no campo com passadas largas e elegantes, chegando sempre antes da bola, fazendo a apanhada mais difícil parecer algo simples e rotineiro; e, mesmo quando estava com o bastão, rebatendo a bola com uma força inacreditável, não aparentava fazer esforço algum. Eu me maravilhava com esse jeito de quem não está se esforçando, justamente porque o que ele realizava era impossível sem um esforço diário enorme. Certa vez um repórter lhe perguntou como ele fazia para jogar tão bem e de modo tão regular e constante, e ele disse: "Eu sempre achava que, nas arquibancadas, havia pelo menos uma pessoa que nunca tinha me visto jogar e eu não queria decepcioná-la".

Fontes

A maior parte do material citado aqui foi escrita originalmente para alguma revista ou jornal e posteriormente reproduzida em livro. De maneira geral, as fontes mencionadas a seguir se referem à primeira edição em livro. Muitas dessas edições estão esgotadas, mas podem ser consultadas em bibliotecas públicas. Em outros casos, o livro foi reimpresso e pode ser encontrado facilmente.

Páginas

40-1 Prefácio de E. B. White para *A Basic Chicken Guide*, de Roy. E. Jones. Copyright © 1944 Roy E. Jones. Reimpresso com autorização de William Morrow & Co. Publicado também em *The Second Tree From the Corner*, Harper & Bros., 1954.

42-3 "The Hills of Zion", de H. L. Mencken. Em *The Vintage Mencken*, seleção de Alistair Cooke. Vintage Books (brochura), 1955.

44-5 *How To Survive in Your Native Land*, de James Herndon. Simon & Schuster, 1971. Reproduzido com autorização de Simon & Schuster, uma divisão da Gulf & Western Corporation.

75-7 *The Lunacy Boom*, de William Zinsser. Harper & Row, 1970.

79-80 *Slouching Toward Bethlehem*, de Joan Didion. Farrar, Strauss & Giroux, 1968. Copyright © 1966 Joan Didion. Reproduzido com autorização do editor.

81-2 *The Dead Sea Scrolls, 1947-1969*, de Edmund Wilson. Copyright © renovado em 1983 Helen Miranda Wilson. Reproduzido com autorização de Farrar, Strauss & Giroux, Inc.

86 "Coolidge", de H. L. Mencken, em *The Vintage Mencken*.

87 *Pop Goes America*, de William Zinsser. Harper & Row, 1966.

116 *Spring Training*, de William Zinsser. Harper & Row, 1989.

143-4 *The Bottom of the Harbor*, de Joseph Mitchell. Little, Brown and Company, 1960. Reproduzido com autorização de Harold Ober Associates, Inc. Copyright © 1960 Joseph Mitchell. Republicado em edição da Modern Library (Random House), 1994.

150-2 *Slouching Toward Bethlehem*.

152-4 *Coming Into the Country*, de John McPhee. Farrar, Strauss & Giroux, 1977.

154-5 "Mississippi Water", de Jonathan Raban. Copyright © 1993 Jonathan Raban. Reproduzido com autorização de Aitken & Stone Ltd. O texto integral foi publicado originalmente em *Granta*, edição número 45, outono de 1993.

156-7 "Halfway to Dick and Jane: A Puerto Rican Pilgrimage", de Jack Agüeros, em *The Immigrant Experience*, editado por Thomas Weeler, Doubleday, 1971.

157 "The South of East Texas", de Prudence Mackintosh, em *Texas Monthly*, out. 1989.

158-9 *The Right Stuff*, de Tom Wolfe. Copyright © 1979 Tom Wolfe. Reproduzido com autorização de Farrar, Strauss & Giroux, Inc.

159-60 *The Offensive Traveller*, de V. S. Pritchett. Alfred A. Knopf, 1964.

162 *The Fire Next Time*, de James Baldwin. Copyright © 1962, 1963 James Baldwin. Copyright renovado. Publicado por

Vintage Books. Reproduzido com autorização dos herdeiros de James Baldwin.

164-5 *American Places*, de William Zinsser. HarperCollins, 1992.

171-2 *One Writer's Beginnings*, de Eudora Welty. Copyright © 1983, 1984 Eudora Welty. Reproduzido com autorização dos editores, Harvard University Press, Cambridge, Mass.

173-4 *A Walker in the City*, de Alfred Kazin. Harcourt, Brace, 1951.

174-6 "Back to Bachimba", de Enrique Hank Lopez, de *Horizon*, inverno de 1967. American Heritage Publishing Co., Inc.

177-8 *The Woman Warrior*, de Maxine Hong Kingston. Copyright © 1975, 1976 Maxine Hong Kingston. Reproduzido com autorização de Alfred A. Knopf, Inc.

178-9 "For My Indian Daughter", de Lewis P. Johnson, *Newsweek*, 5 de setembro de 1983.

180 *Clinging to the Wreckage*, de John Mortimer. Penguin Books, 1984.

181-2 "Ornament and Silence", de Kennedy Fraser. Publicado originalmente na *The New Yorker*, 6 de novembro de 1989. Copyright © 1989 Kennedy Fraser. Reproduzido com autorização. Incluído posteriormente em *Ornament and Silence: Essays on Women's Lives*, de Kennedy Fraser. Alfred A. Knopf, 1996.

186-7 "Death of a Pig", em *The Second Tree From the Corner*, de E. B. White, Harper & Bros., 1953.

221-6 "The News From Timbuktu", de William Zinsser. *Condé Nast Traveller*, out. 1988.

228-41 "The News From Timbuktu", de William Zinsser. *Condé Nast Traveller*, out. 1988.

Índice remissivo

Aciman, André, 169
Act One (Hart), 169
adjetivos, 31, 47: como substantivos, 47; desnecessários, 91
advérbios, 90
Agüeros, Jack, 156
aliteração, 226
Allen, Woody, 86
American Heritage Dictionary, The, 54, 58, 61; ver também dicionários
American Places (Zinsser), 163
ansiedade, ver medo de escrever
Arlen, Harold, 202
Arlen, Michael J., 169
Asimov, Isaac, 57
audácia, 198
autodisciplina, 230

Bach, J. S., 189
"Back to Bachimba" (Lopez), 174, 176
Baker, Russell, 169-70, 248
Baldwin, James, 161
banalidade, 138, 226; ver também clichês
Barzun, Jacques, 57
Beau Geste [filme], 231, 233
beisebol, escrever sobre, 114-5, 185, 201

Bernstein, Theodore M., 57
Bíblia, 82
Bíblia do rei James, 89, 194-5, 263
Biblioteca Pública de Nova York, 129-30
"Block That Chickenfurter" (Zinsser), 75
Blondie [quadrinho cômico], 202
"bloqueio da página em branco", 35
Bottom of the Harbor, The (Mitchell), 142-3
Branch, Taylor, 125
Broun, Heywood, 131
Buckley Jr., William F., 198
Burton, Richard, 236
buscas, 195
Bush, George H. W., 36, 192
Bush, George W., 27, 192

Cab at the Door, A (Pritchett), 169-70, 248
Canfield, Dorothy, 131
Canfield, Henry Seidel, 131
Capote, Truman, 124
Careful Writer, The (Bernstein), 57
Caro, Robert A., 125
Carson, Rachel, 124
Carter, Jimmy, 61

Child, Julia, 107
Churchill, Winston, 82, 137, 180, 192
cinzas de Angela, As (McCourt), 169, 251
citações, 46, 146, 225: como fecho, 86; edição de, 139-40, 142-3
clareza, 23: editar em busca de, 267
clichês, 48-9, 67: em textos sobre viagem, 148-9; no lide, 79
Clines, Francis X., 213
Clinging to the Wreckage (Mortimer), 179
Clinton, Bill, 61
Clube do Livro do Mês, 123-4, 131
Coming Into the Country (McPhee), 152
como escrever, 107
compactação, 214
complexo do texto definitivo, 70
computador, escrever com o, 112
condescendência, 187
confiança, 32, 37, 186, 196-7, 200-1, 204, 210, 226, 261, 265, 267
controle do material, 70
Conway, Jill Ker, 248
Coolidge, Calvin, 85
credibilidade, 99
Cross, Wilbur, 191-5
Cuomo, Mario, 192
curiosidade, 203, 208

Da próxima vez, o fogo (Baldwin), 161
De Kooning (Stevens e Swan), 125
Dean, John, 24-5
decisão, 56, 71, 89-90, 216, 222, 224, 232, 235-6, 246
Delbanco, Andrew, 125
DeLillo, Don, 199
detalhes concretos, 74, 263
dicionários: *American Heritage Dictionary, The*, 54; *Webster's New World Dictionary*, 49
Didion, Joan, 79, 122, 150
DiMaggio, Joe, 269
discurso: Ação de Graças (Cross), 192
ditado, 99

diversão, 154
dois-pontos, *ver* pontuação
Doughty, Charles, 236
Drinking Life, A (Hamill), 169, 251

E o vento levou (Mitchell), 131
editar, 20-3, 107-12; *ver também* reescrever
editores, 264-7, 269
Education of Henry Adams, The (Adams), 174
Eggers, Dave, 198
ego, 37, 169
Eisenhower, Dwight, 192
eleitos, Os (Wolfe), 83, 122, 158
Elements of Style, The (White), 8, 51
Eliot, T. S., 155
energia, 112, 198, 202, 252
entrevistas, 128-45: com especialistas, 205-7; ética nas, 138; gravador para, 135; preparação para, 134; uso de citações em, 128, 138-45
entusiasmo, 71, 128, 148, 196, 207
escrever, medo de, 11, 162, 199
escrita, modelos de, 49
escritores, personalidade de, 39, 166-7, 185, 224, 264
estilo, 30-5, 37: em entrevistas, 138; na intenção do autor, 219; *ver também* voz ética
eufemismo, 26
exageros, 98
excessos, 24-9
exércitos da noite, Os (Mailer), 124
Exiles (Arlen), 169
expressividade, 137, 164, 193, 195

facilidade, 185
Fala, memória (Nabokov), 169
Fierce Attachments (Gornick), 169
finais, 83-7, 242
foco, 214
Folhas da relva (Whitman), 174
"For My Indian Daughter" (Johnson), 178

274

Ford, Gerard, 36
frase: curta, 93, 263, 266; lide, 73-4; última, 85
Fraser, Kennedy, 181
Friedan, Betty, 83
Friedman, Thomas L., 125
Fuertes, Louis Agassiz, 20

Ginsberg, Allen, 200
gíria, 54, 187
Gornick, Vivian, 169
gosto, 188-9: definição de, 187; questionando o, 266-7
gramática, 186-7; *ver também* sintaxe
Grasso, Ella, 191
Grimes, Burleigh, 76-8
Growing (Woolf), 169
Growing Up (Baker), 169, 248

Haig, Alexander, 27
"Halfway to Dick and Jane" (Agüeros), 156
Hamill, Pete, 169, 251
Hard Times (Terkell), 135
Harding, Warren G., 86
Harper's [revista], 124
Hart, Moss, 169
Hemingway, Ernest, 55, 89, 122-3
"Hen (An Appreciation), The" (White), 40
Herndon, James, 44
hipérboles, *ver* exageros
história: familiar, 221-59; oral, 135
Hochschild, Adam, 125
Houseman, John, 169
How to Survive in Your Native Land (Herndon), 44
humor, 198
Hyman, Dick, 202

imaginação, frescor da, 189
imitação, aprender com, 190
individualidade, 166-8; *ver também* personalidade de escritores
integridade, 9-10, 136, 219

intenção, 218
ironia, 109-10

Jackson, Jesse, 192
jargão: no jornalismo, 47-9; uso do, 61-3
Johnson, Lewis P., 178
Johnson, Samuel, 58
Johnson, Walter, 77
jornalês, 47, 57
jornalismo: investigativo, 217; jargão no, 47-9; literatura e, 121-4, 126; *new journalism*, 146; parágrafos no, 102-3; voz na primeira pessoa, 33

Kamzic, Nic, 116
Karr, Mary, 169
Kazin, Alfred, 172-4
Kennedy, John F., 192
King Leopold's Ghost (Hochschild), 125
Kingston, Maxine Hong, 176
Kluger, Richard, 125

Lardner, Ring, 59, 126
Last Brother, The (McGinniss), 142
Lawrence, T. E., 161, 236, 242
leitores, *ver* público
Lemann, Nicholas, 125
Lenin's Tomb (Remnick), 125
Lewis, Norman, 202
Leyland, Jim, 114, 115
Liar's Club, The (Karr), 169
lides, 73-83: "do café da manhã à hora de dormir", 81; "têm em comum", 79; clichê, 79; em texto de viagem, 224-5; em texto esportivo, 76; famosos, 82, 83
Life [revista], 74, 124
Lin, Maya, 163
Lincoln, Abraham, 89, 192, 194
linguagem: oral, 58, 135-6, 193; machismo na, 104-6; política na, 26, 35-6
Lippmann, Walter, 197

literatura, não ficção como, 27, 121-4, 126
locuções desnecessárias, 26
lógica, 220, 265
Look [revista], 74
Lopez, Enrique Hank, 174, 176
lugares, escrever sobre, 147-65, 211-3, 229

machismo, ver linguagem: machismo na
Mackintosh, Prudence, 157
Mailer, Norman, 31, 93, 124, 198
Making of the Atomic Bomb, The (Rhodes), 125
Malcolm, Janet, 142
Manuscritos do Mar Morto, 81
Marquand, John P., 123
Marx, Groucho, 87
Masson, Jeffrey M., 142
Mauldin, Bill, 26
McCourt, Frank, 169, 251
McCullough, David, 125
McGinniss, Joe, 142
McPhee, John, 152-4
Mead, Margaret, 83
Melville (Delbanco), 125
memórias, 166-82, 214-8, 244-59: autobiografia, 169; história familiar, 244-59
Mencken, H. L., 42-4, 85, 125-6
Mitchell & Ruff (Zinsser), 136, 242
Mitchell, Dwike, 136, 242
Mitchell, Joseph, 126, 142-6
Moore, Marianne, 61
Morley, Christopher, 131
Morris, Edmund, 125
Morrison, Toni, 195, 198
Mortimer, John, 179
"Mr. Hunter's Grave" (Mitchell), 143-5
Mumford, Lewis, 55

Nabokov, Vladimir, 169
narrativa, 220-1
new journalism, 146

New School, 10, 210-1
New York Herald Tribune, 125, 196, 262
New Yorker, The, 68, 102, 124, 142, 242
Nixon, Richard M., 24, 63, 192

O'Reilly, John, 197
One Writer's Beginnings (Welty), 169, 171
Orwell, George, 26
Out of Egypt (Aciman), 169

Paine, Thomas, 51
palavras, 47-52: da moda, 27, 60; latinas, 89
Paper, The (Kluger), 125
parágrafos, 102-3: transição entre, 74, 220-1
Parting the Waters (Branch), 125
Path Between the Seas, The (McCullough), 125
Perelman, S.J., 198
permissão, 117, 167-8, 182
Peterson, Roger Tory, 202-9
Poets in Their Youth (Simpson), 248
política, ver linguagem: política na
"política e a língua inglesa, A" (Orwell), 26
pontuação, 93-5: dois-pontos, 95; ponto de exclamação, 93-4, 97; ponto e vírgula, 94; ponto final, 93
Porter, Katherine Anne, 57
Power Broker, The (Caro), 125
preposições: no final da frase, 58; verbos com, 24, 28, 47
primeira pessoa, voz na, 33-5, 68, 71; evitar, 34
Pritchett, V. S., 159, 161, 169-70, 185, 187, 248
processador de texto (escrevendo com computador), 112
Promised Land, The (Lemann), 125
pronomes: impessoais, 34; não machistas, 104-7; unidade dos, 68
público, 38-46
Pynchon, Thomas, 199

qualificativos, 28, 92
quatro penas brancas, As [filme], 233

Raban, Jonathan, 271
raízes étnicas, 136, 191, 195
reescrever, 107-11
relaxamento, 32, 228
Remnick, David, 125
Reno, Janet, 61, 236
reportagem investigativa, 217
ressonância, 86, 232, 257
Reston, James, 35
Rhodes, Richard, 125
Richardson, Elliot, 36
ritmo, 51-2
Road From Coorain, The (Conway), 248
Rodgers, Marion Elizabeth, 125
Roget's Thesaurus, 50
"Romaine 7.000, Los Angeles 38" (Didion), 79
Rombauer, Irma S., 82
Roosevelt, Franklin D., 21, 192
Ruff, Willie, 136, 242
Rumpole of the Bailey (Mortimer), 179
Run-Through (Houseman), 169
Ruth, Babe, 197

sangue frio, A (Capote), 124
Saturday Evening Post, 124
Scherman, Harry, 123, 131
Scopes, John, 42
Sellers, Peter, 202
Shakespeare, William, 89
Silent Spring (Carson), 124
simbolismo, 17
simplicidade, 20-3
Simpson, Eileen, 248
sinônimos: de "ele disse", 141; dicionário de, 50
sintaxe, 31, 93: estilo e, 186; formal, 58, 186
Smith, Red, 90, 196, 200
"Some Dreamers of the Golden Dream" (Didion), 150

Specimen Days (Whitman), 174
Spock, Benjamin, 83
Spring Training (Zinsser), 114, 201
Stark, Freya, 161
Steel, Ronald, 125
Stevens, Mark, 126
Stevenson, Adlai, 192
subconsciente, 101
substantivos: abstratos, 97-8; como adjetivos, 47; como verbos, 28, 47, 61; rastejantes, 98; simples, 193
sugestão, 213
surpresa, 87
Swan, Annalyn, 126

Talese, Gay, 146
televisão, 124, 192
tempo verbal, unidade de, 68
tensão, *ver* decisão
Terkel, Studs, 135
Texas Monthly, 157
"Thank God for Nuts" (Zinsser), 76
Theodore Rex, 125
Thesiger, Wilfred, 161, 236
Thomas, Lewis, 122, 126, 185
Thompson, Hunter, 198
Thomson, Virgil, 57, 196
Thoreau, Henry David, 19, 21, 89, 161, 170, 174
Thurber, James, 89, 185
tom: mudanças de, 95-6; unidade de, 68
transições, 74: edição de, 109, 266; para mudança de tom, 96
Truman (McCullough), 125
Tuchman, Barbara W., 55
Twain, Mark, 163

unidade, 67-72
usos, 53-64; *American Heritage*, comissão de, 54, 58, 61

verbos, 88-9: substantivos como, 28, 47, 61, 193; voz ativa, 88-9, 263; voz passiva, 88-9, 263

viagens, escrever sobre, 165-213, 229; *ver também* lugares, escrever sobre
vida deste rapaz, A (Wolff), 251
voz, 185-95: expressividade, 190-5; lugar-comum, 185-90

Walden (Thoreau), 19, 22, 161, 170, 174
Walker in the City, A (Kazin), 172
Wallace, David Foster, 198
Watergate, 24, 63
Webster, H. T., 197
Webster's New World Dictionary, 58
Weinberger, Caspar, 36
Welty, Eudora, 169, 171-2
White, E. B., 7-8, 12, 42, 51, 185-7, 190: *Elements of Style, The*, 8, 51; "Hen (An Appreciation), The", 40
White, William Allen, 131
Whitman, Walt, 174

Williams, Ted, 77
Wills, Gary, 122
Wilson, Edmund, 81, 126
Wilson, Woodrow, 43
Wolfe, Tom, 31, 83, 122, 146, 158, 198, 263
Wolff, Tobias, 251
Woman Warrior, The (Kingston), 177
Woolf, Leonard, 169
Woolf, Virginia, 123, 180-1

Young, Chic, 202

Zinsser, William: *American Places*, 163; "Block That Chickenfurter", 75; *Mitchell & Ruff*, 136, 242; "News from Timbuktu, The", 221-43; "Thank God for Nuts", 76; *Spring Training*, 114; *Writing About Your Life*, 255, 257; *Writing to Learn*, 136, 242

Copyright © 2006 William Zinsser
Copyright da tradução © 2021 Editora Fósforo
Publicado por acordo com a HarperCollins Publishers.

Com a autorização do autor, deixam de ser publicados nesta edição os seguintes capítulos, que fazem parte da edição americana: "Science and Technology", "Business Writing: Writing in Your Job", "Sports", "Writing About the Arts: Critics and Columnists" e "Humor"; e estas seções do capítulo "Bits and Pieces": "Contractions" e "That and Which".

Todos os direitos reservados. Nenhuma parte desta obra pode ser reproduzida, arquivada ou transmitida de nenhuma forma ou por nenhum meio sem a permissão expressa e por escrito da Editora Fósforo.

Título original: *On Writing Well*
DIRETORAS EDITORIAIS Fernanda Diamant e Rita Mattar
EDIÇÃO E PREPARAÇÃO Três Estrelas
COORDENAÇÃO EDITORIAL Juliana de A. Rodrigues
ASSISTENTES EDITORIAIS Mariana Correia Santos e Cristiane Alves Avelar
ÍNDICE REMISSIVO Três Estrelas e Maria Claudia Carvalho Mattos
REVISÃO Anabel Ly Maduar
PRODUÇÃO GRÁFICA Jairo da Rocha
CAPA Bloco Gráfico
PROJETO GRÁFICO DO MIOLO Alles Blau
EDITORAÇÃO ELETRÔNICA Página Viva

Dados Internacionais de Catalogação na Publicação (CIP)
(Câmara Brasileira do Livro, SP, Brasil)

Zinsser, William, 1922-2015
  Como escrever bem : o clássico manual americano de escrita jornalística e de não ficção / William Zinsser ; tradução Bernardo Ajzenberg. — São Paulo : Fósforo, 2021.

  Título original: On Writing Well
  Bibliografia.
  ISBN: 978-65-89733-51-5

  1. Arte de escrever 2. Língua inglesa — Estilo 3. Língua inglesa — Retórica 4. Relatórios — Redação I. Título.

21-85194   CDD — 808.042

Índice para catálogo sistemático:
1. Inglês : Retórica   808.042
Eliete Marques da Silva — Bibliotecária — CRB/8-9380

1ª edição
3ª reimpressão, 2025

Editora Fósforo
Rua 24 de Maio, 270/276, 10º andar, salas 1 e 2 — República
01041-001 — São Paulo, SP, Brasil — Tel: (11) 3224.2055
contato@fosforoeditora.com.br / www.fosforoeditora.com.br

Este livro foi composto em GT Alpina e
GT Flexa e impresso pela Ipsis em papel
Golden Paper 80 g/m² para a Editora
Fósforo em fevereiro de 2025.

A marca FSC® é a garantia de que a madeira utilizada na fabricação do papel deste livro provém de florestas gerenciadas de maneira ambientalmente correta, socialmente justa e economicamente viável e de outras fontes de origem controlada.